アタッチメントを応用した養育者と子どもの臨床

ダビッド・オッペンハイム＋ドグラス・F・ゴールドスミス［編］
数井みゆき＋北川 恵＋工藤晋平＋青木 豊［訳］

ミネルヴァ書房

ATTACHMENT THEORY IN CLINICAL WORK WITH CHILDREN:
Bridging the Gap between Research and Practice
by
David Oppenheim and Douglas F. Goldsmith

Copyright © 2008 The Guilford Press
A Division of Guilford Publications, Inc.
Published by arrangement with The Guilford Press and Tuttle-Mori Agency, Inc.

序　文

　1991年にワシントン州シアトルで開かれた児童発達研究協会（Society for Research in Child Development, SRCD）の2年おきの大会時に，アタッチメント理論の臨床応用についてのシンポジウムが開かれた。臨床実践においてアタッチメントの問題をどのように取り扱うかについて学びたい満場の聴衆に向けて，メアリー・エインズワースやメアリー・メイン達が講演を行った。その内容は大変すばらしいものではあったが，まだまだ挑まなければならない課題も山積みであった。アタッチメント理論と研究の進展が，臨床家に未曾有の可能性をもたらす一方，研究を基盤とした理論や方法を臨床現場に応用する際の複雑さや落とし穴に関しても，注意を促す明白なメッセージが示されていた。この分野もご多分に洩れず，実証科学と臨床実践との長年の溝に直面したわけである。臨床的問題に関連するような質の高い知識は，大学の実験室に集積されているのだが，この知識は最前線の臨床家には届かずにいた。このことは単に研究での発見を広めればいいということではない。研究で使う概念や方法を臨床現場に応用する際には，真剣に向き合わねばならない重要な課題がある。概念や方法の統一性を維持しつつも，同時に，子どもであれ親であれ，あるいは家族という集団であれ，個別のケースが持つ複雑性に適合するように，十分に柔軟性を持ち，意味あるものとして，それらが使われなければならないのである。

　われわれは，特にアタッチメント理論や研究を臨床家に教える体験から，日々の仕事の中で研究と臨床との間の緊張感によく慣れ親しんでいた。研究論文は大変価値があって臨床理論に欠落している多くの問題を説明してくれるような情報が満ち溢れていると思うのだが，これらの論文の内容から臨床ケースへと飛躍することが読者にとって一種の冒険として大抵残されていた。アタッチメント研究には臨床的な価値が高いとわれわれが確信していたところに，上

記のSRCDで極めて重要なシンポジウムが開催されたことが刺激となり，アタッチメント研究と臨床応用との"橋渡し"に焦点を当てた会合を連続して開くようになった。ユタ州のソルトレイクシティにある子どもセンターによって最初の会合は1999年に開始され，それ以来1年に1回継続的に開かれている。その会合に，それぞれの分野を代表する研究者や臨床家を講演に招いて，"研究者の立場としては"，自身が展開している研究上の概念や方法をどのように理解しているのか，また，"臨床家としては"，それらをどのように臨床実践に応用しているのか，について話をしてもらった。この本はこうした一連の会合の内容の一部をまとめたものでもあるが，他の研究会からの情報も含んでいる。これらの会合で，複雑な理論を臨床応用する際に必然的に伴う課題に，われわれは1つのグループとして立ち向かい議論をしてきた（*Infant Mental Health Journal*の2004年，4月－8月，第25巻4号の特集号も参照して欲しい。この号ではアタッチメント理論の臨床応用についての特集が組まれており，それはわれわれのグループが以前に提出した出版物である）。本書の各章には，アタッチメント研究における最新の情報を反映する独自の考えや概念，方法が載せられており，著者たちは研究を臨床実践に応用する際に予測できることについて記述するのみならず，臨床事例を使って，アタッチメントの視点が実際にいかにして臨床応用されているかを記述している。言い換えるならば，読者は実証科学と臨床現場の両方に精通している専門家によって，この2領域の谷間を道案内してもらえることだろう。

　勿論，アタッチメント研究から，これほど多くの臨床での応用を可能とした知識が生み出されたのは，偶然の出来事ではない。結局のところ，アタッチメント理論自体が臨床の世界に深い根を有しているのである。アタッチメント理論は，ジョン・ボウルビーによって生み出されたものであるが，彼の目的は，時代遅れの考えに取って代わって臨床実践の手がかりになるような，説得力があり科学的な根拠を持った理論を臨床家に提供しようとすることであった。アタッチメント理論は，精神病理の原因を発達早期の養育者との分離体験や，特に親子関係に根差した不遇な情緒体験に見出そうとする仮説を提供した。ア

タッチメント理論はまた，それらの精神病理に対する適切な治療について，多くの洞察を与えもした。しかしながら，これらの革新的なアイデアは，臨床家集団には熱意をもって受け入れられることがなかったのである。事実，ボウルビーの同僚達の多くが，彼の理論を避け，自分達の臨床には役に立たないと考えたのである。一方，心理学の学問的領域にいる人々は，アタッチメント理論をよりオープンに受け入れた。臨床心理学と発達心理学を専門とするメアリー・エインズワースがボウルビーの考えの多くを裏付ける実証研究を行った後，特にその傾向が強まった。エインズワースは，母親と乳幼児の早期の相互作用を念入りに観察した結果，発達早期のアタッチメントの機能及び重要性について，ボウルビーが提示した仮説を力強く支持したのである。エインズワースが，ストレンジ・シチュエーション法—乳幼児と親との間の情緒的つながりについて，その安心感の質を評価するための行動観察パラダイム—を開発し，これに基づく研究成果を発表すると，さらにアタッチメント理論は受け入れられるようになった。この行動観察法によって，アタッチメントの個人差について信頼性高く評価することが可能になり，発達早期の関係性の中で乳幼児がどのように安心感や不安を表現するかについて，定義し概念化することができるようになった。1980年代と90年代に，発達心理学の領域では，アタッチメント理論はさらに受け入れられ影響力を持つようになり，その時点で，早期の情緒的発達についての最も説得力のある理論であると多くの研究者がみなすようになっていた。さらにアタッチメント理論の影響力は，発達心理学を超えて社会心理学および臨床心理学へと徐々に広がりを見せていった。

　健常者を対象にした研究での確固たるエビデンスを基盤に，1980年代の半ばになると，この理論の臨床応用について興味が高まった。特に臨床応用のため，重要な更なる進歩が生まれたのは，アタッチメント研究が表象の領域に広がったことによる。アダルト・アタッチメント・インタビューがメアリー・メインたちにより開発されたことによって，アタッチメント研究は，子どもの親に対する行動パターンとしてのアタッチメントの絆を扱うだけではなく，発達してゆく子どもの心の中で，これら行動パターンが表象モデルへと変革してゆくプ

ロセスを探究できるようにもなった。こうして親が過去に体験してきた関係性や，親と子どもとの相互作用が，子どもの心の意味の構造にどのように反映されるのかについて，アタッチメント研究は取り組むこととなったが，この問題こそ，臨床現場での最大の関心事であり，臨床に関連する問題だったのである。このようにアタッチメント研究が発展し，その影響力が増したことで，臨床的なアタッチメント研究が数多く生み出されたのだが，当時の研究は，健常者を対象とした研究から得られた概念や方法を活用しながら，臨床上の疑問について検討したり，アタッチメントに基づいた介入を開発したりしようとするものであった。そういった訳で，ボウルビーがアタッチメント三部作の初版を出版し，しかし彼の考えは臨床家集団には受け入れられなかったという時期から30年から40年を経てようやく，アタッチメント研究は臨床上の問題を探究すべく当初の目的に立ち戻ったのであり，本書はこれら一連の作業の流れにのっとったものとも言える。本書はしかし，アタッチメント理論の臨床応用を，さらに一歩先に進めようとしている。各章の著者はアタッチメントの考えや方法を，単に概念的に臨床的な問題に応用することを求められたのではない。それに加えて，それら概念や方法が実際の臨床場面でどのように利用されるかを読者と共有することをも著者は求められており，実際彼らは，アタッチメントの視点が臨床現場でユニークな貢献をしていることを事例とともに説明している。

　アタッチメント概念の臨床応用をより深く理解したい思いがあり，評価と介入にアタッチメントの視点を加えたいと思っているような，子どもと家族に関わる臨床家を本書の主だった読者としてわれわれは想定している。全ての章で理論や研究の背景情報について述べてはいるが，アタッチメントについての基本的概念や方法については既に読者に馴染みがあることを前提としているため，本書では，アタッチメント理論の概要をまとめて提示はしていない。過去数十年のアタッチメント研究の膨大な発展を考えれば，アタッチメントの基礎をまとめるのに1冊の本が必要となるのである！　アタッチメントについての紹介や概観については他に良書が出版されており（例えば，キャッシディーとシェーバーの『ハンドブック・オブ・アタッチメント』[1999]），それらを参照し

てもらいたい。
（訳注1）

　本書は研究者も読者として想定している。研究に基礎づけられた方法や概念が臨床家や，助けを求めて臨床現場に現れる家族とその子ども達にとって役立つことに，興奮したり満足したりするような発見が，臨床現場にあまり馴染みのない研究者でも得られるだろう。さらに，本書を読むことで，臨床応用される際に研究者たちが認めている理論がぎりぎりのところまで解釈されて用いられていることや，更なる検討を必要とする領域があること，そして，今後の研究のための新たな課題があることに研究者は気付くかもしれない。実証的科学と臨床実践とのギャップを橋渡しするということは，科学を臨床に翻訳するといった一方通行の努力ではない。研究者と臨床家がともに報いられるような2車線による相互交流的な努力が必要なのである。

本書の概観

　本書は大きく2部に分かれている。第Ⅰ部は5章から成っており，特に養育の様々な側面を評価する方法についての研究と，それの臨床への応用について述べられている。第Ⅱ部は4章から成っており，子どもと親とに対するアタッチメントの原理に基づく心理療法的介入法が記されている。

　チャールズ・ジーナーによる第1章には，子どもについて親が持つ表象を評価するために作られた，「子どもに対する作業モデル面接(Working Model of the Child Interview)」を用いて，重篤な関係性の困難を抱える母－乳幼児を，どのように評価し治療するかが描かれている。この章には，母親の応答に続いて，臨床家が何を考えて，どこを観察し，どのような仮説を立てたかを含んだ説明とともに，その面接からの抜粋が多く例示されている。その様な記述から，読者は臨床家と同じ目線に立ちながら，相談者が母親として子どもや自分をどの

（訳注1）　日本においては，数井みゆき・遠藤利彦（編著）『アタッチメント——生涯にわたる絆』が概説書として，2005年にミネルヴァ書房より発刊されている。

ように体験しているかをよりよく理解するために，この面接を用いながら，ジーナーが印象や仮説を発展させていくプロセスをたどることができる。この章では，事例には，治療計画の作成も含まれており，母親に治療者の見立てをどう伝えたのか，そして治療は実際にどう展開したのかについても述べられている。

ニナ・コレン-カリーとその同僚たちもまた，子どもについて母親が持つ表象に焦点を当てており，特に子どもの立場から世界を見るという**洞察性**（insightfulness）の能力について述べている。この章では，幼児を持つ2名の母親の治療について詳しく説明されている。両名とも，他から治療を勧められて紹介されてきた。この人達の治療の前後に測定した洞察力アセスメントの結果について論じている。治療の前後に行った面接のやりとりを例示しながら，洞察性に欠けることを示す具体的な指標について説明し，また，2人の母親が洞察性を高めたことについても記述されている。同章では，洞察性が無いとみなされた治療前の面接においても，2人の母親が実際に成し遂げた成果を予見しうるようなプラスの兆候を見出せたことを強調している。著者は，自分の子どもに共感することが極めて難しい親に対しても，治療者がバランスのとれた見立てを行い，親と共に取り組むような治療計画を立てる上で，この情報こそが，とても重要なものであると考えている。

次の章では，ミリアム・スティール達が，虐待を受けた後に養子となった子ども達の評価と治療にアタッチメントの視点を応用することについて述べている。養子になったばかりの子どもとその養育者とが共に遊ぶ相互作用を注意深く観察することで，深刻な心的外傷体験をした子どもがアタッチメント関係を育んでいくために極めて重要な，養育者による"アタッチメント促進的行動"を見定めることができると本章では強調している。こうした子どもは一見拒絶的な行動をすることが多く，そうされると養育者がひるんでしまいがちなのだが，この観察で気付いたことを養育者に内省的に伝え返すことによって，養育者は子どもの良い面に気付いたり，新たな角度から子どもを理解したりしやすくなるということも説明している。

序　文

　メアリー・ドジャー達による第4章では，里親が里子にどれだけ深く気持ちを向けているかによって，子どもの発達に及ぼす影響が異なることを論じている。同章では，里子に対して里親が持つ考えや思いを評価するために開発された，「この子は私の赤ちゃん」インタビュー（This Is My Baby interview）が紹介されている。このインタビューに対する里親の回答の仕方から，その里親が里子に対してどの程度深く思いを持っているかが評価できる。同章では，深く思っている状態から，浅い状態までの幅広い多くの事例が示されている。さらに，里子に対する里親の気持ちの深さに個人差がある理由を説明できるような，子どもと里親の特徴についても報告している。また，里親に深く気持ちを向けてもらえないことが，里親養育を受けている子どもの発達になぜ悪い影響を与えるのかについて，アタッチメントに基づく理論的な説明をしている。

　第5章でダビッド・オッペンハイム達は，自分の子どもに深刻な発達の問題を診断された後に，親がどのような感情的な過程を経るのかについて，また，その過程が子どもの発達に大きな影響を与えることについて議論している。喪失と解決についてのアタッチメント理論の枠組みを活用しながら，親が子どもの診断を受け入れて，その事実について受容するという決意ができないと，親子関係に悪影響が生じてしまう理由を説明している。「診断への反応面接（the Reaction to Diagnosis Interview）」を例示しながら，受容の決意ができている状態やそれが難しい状態が様々な形で語られていることを強調しながら，親への面接にその決意がどのように表れているかを示している。この章ではさらに，診断への決意についての実証的研究を概観し，発達の問題について診断を受けた子どもを持つ親に対する臨床応用についても論じられている。

　本書の第Ⅱ部は，エイミー・ブッシュとアリシア・リーバーマンによる章で始まる。心的外傷によるストレスが子どもに及ぼす悪影響について明らかにしてきたトラウマ研究，ならびに，子どもが受けるトラウマの衝撃を緩和したり，トラウマからの回復を助けたりする上での安定したアタッチメントの重要性について検討してきたアタッチメント研究という，2つの重要な研究の流れについてこの2名は述べている。トラウマを被った乳幼児の治療にあたっては，ア

タッチメント理論とトラウマ理論とに基礎づけられた"二重のレンズ"が必要であると強調している。この章では家庭内暴力にさらされてきた2人の乳幼児と母親の事例が包括的に提示されており，子ども－親心理療法（精神療法）が，どのようにしてアタッチメントとトラウマとの相互的悪影響のもつれをほどき，子ども達をより健康な発達の経路へと回復させることができたかを説明している。

　その次の章では，バート・パウエル達が，安全感の輪という考え方に則ったアタッチメント理論とアタッチメント研究に基づいた早期介入プログラムであるサークル・オブ・セキュリティを紹介している。このプログラムは，子どもや自分についての内的表象によって，子どもの情緒的欲求を正しく受け止めているか，それとも歪曲して捉えてしまっているのかを，養育者が見つめ直せるよう支援するために開発されたプログラムである。介入方法の手順としては，乳幼児を持つ養育者を対象にグループで行い，対象となっている養育者と子どもとの相互作用を録画したビデオの中から，注意深く選ばれ編集された親子のビデオクリップを豊富に用いて，養育者の内省機能を高めるよう働きかける。同章は，この介入の基本的な考え方についての包括的な説明で始まる。次に著者らは，詳細なケース提示を行って，基本的な考え方に沿って実際にどのように実践されているのかを説明すると共に，理論と臨床事例の内容とを行きつ戻りつしながら，介入の理論的根拠を示したり，介入を受けている母親が示した反応についての考察を述べたりしている。特に分離への過敏さを持つ養育者が役割逆転を起こしてしまうという問題の重大性を強調した上で，そうした養育者が子どもの感情世界を"共感できる状態へと移行"していける経験を実際に持てるように支援することが，治療として必要であると述べている。

　最後から2番目の章では，ドグラス・ゴールドスミスが，アタッチメントに基づいた介入を行っている治療的幼稚園のプログラムを紹介している。治療的幼稚園と併行して，親子にも働きかけていく介入によって，拒絶されたり，虐待を受けたり，トラウマを被ったりした経験のせいで子ども達が形成するに至った不健全な内的作業モデルを変化させようという考えが中心にある。本章

で著者は，不健全な内的作業モデルを持っているせいで，子どもが新たに良好なやりとりを提供してくれる相手と出会った時ですら，これまでの不健全な経験に基づく予測通りの関係性が繰り返されてしまい，更なる悪循環を断ち切ることが難しい理由を説明している。続いて同章では，子どもが持つ不健全な予想を変化させ，友達や治療者，自分自身をプラスの期待を持って捉えるという新しい体験ができるようになるために，幼稚園で実際に取り組まれている方法を詳細に述べている。関係性に焦点づけられた介入の例が，養子になった2歳の子どもと養母の事例によって詳細に描かれている。この事例では，子どもが持つ不健全な内的作業モデルの根底に，恐怖や強い攻撃性，保護を必死に求める欲求があることが示されている。さらに，子どもが安心感を感じたり，他者を頼れたりするために幼稚園のプログラムが役に立ったこと，また，親子の治療セッションによって，子どもが示す問題行動や拒絶的な行動の根底にある情緒的欲求を，母親が正しく理解できるようになったことについても，その過程を詳しく説明している。

　アリエッタ・スレイドによる最終章では，成人への長期にわたる個人療法を行う際に，"子どもを心に抱き続けること (keeping the child in mind)" という方法が有益であることが示されている。スレイドはまず，無秩序型アタッチメントという概念を紹介し，子どもがそうなる原因として，子どもを脅かしたり，自らが怯えたりするような行動を親がとる場合に加えて，無力な，あるいは敵意に満ちた心的状態に親がある場合も含まれるという理論展開を行っている。次に，トラウマのようなつらい心的状態を成人が断片化した状態で意識化していることに，無秩序型アタッチメントのような経験が関連しているという仮説を提示しており，この仮説が事例提示の背景となっている。クライエントは，自分の親との関係においても，子どもへの養育行動においても，無秩序型の特徴を持つことが事例によって示されている。加えて，このような関係性の困難が治療者との関係性においても再現され，そのため治療者は，クライエントが経験してきたような感情の調節困難や恐怖感，解離などの多くを追体験することになる。無秩序型がどのように生じるのかについてのアタッチメント理論や

行動レベルの説明を理解することにより，治療者が患者の体験を想像し，それを体験に近い言葉に変えて伝えることで，本当はケアされたい気持ちを根底に抱えるクライエントの恐怖感に対する共感性が高まることを，スレイドは発見している。

　最後になるが，発展してきたアタッチメント研究がいろいろなところで臨床に応用されていることに，われわれは興奮しており，それを読者と共有できることを望んでいる。過去や現在のアタッチメント関係に起因する，関係性の障壁や情緒的な問題を乗り越えるために，子どもや親たちは支援を求めており，それに対して臨床家や研究者としてのわれわれが共感性を持って理解を高めることはとても大切である。そのために，アタッチメントの視点がとても有意義であることを，本書の各章が明瞭に描き出していると信じている。

文　献

Cassidy, J., & Shaver, P. R. (Eds.). (1999). *Handbook of attachment: Theory, research, and clinical applications.* New York: Guilford Press.

日本語版序文

　2008年の夏に，人生において初めて日本を訪れるという大変幸運な機会に恵まれました。^(訳注1)西洋と東洋が混じり合った，この特別な国を旅行し，私がここ数年取り組んできたアタッチメントを基礎とする研究や臨床活動について，日本の同僚や専門家と分かち合う機会を持てました。全てのミーティングやシンポジウム，また，会話を通して，アタッチメント理論や研究，その臨床的な応用における発展について，大変熱心に学ぼうとし，分かち合おうとし，議論しようとしている皆様と出会いました。この滞在期間中に，数井みゆき先生から本書の日本語訳の出版について話をもらい，私は大変喜んだのです。数井先生と私は大学院で一緒に学び，その時以来，日本という文化について大変興味を持つようになりました。数井先生とは，日本という文化におけるアタッチメント理論の適応性などについて沢山の議論をしてきました。そして，私の今回の訪問までに，数井先生が日本での研究活動を通して，アタッチメント理論を紹介するという大変な努力をしてきたことを知ったのです。その流れで，われわれの本に興味を持ってくれたと聞き，とても嬉しく思いました。

　この本は2年前に，ゴールドスミス先生と私が編集したもので，それが暖かく受け入れられていることを2人とも嬉しく思っています。様々な背景を持ち，多様な困難性や問題を呈する子どもや親，また成人などと共に，アタッチメント理論の枠組みの中で活動をしている臨床家や研究者をこの本の中で紹介し，結びつけています。ただし，本書は臨床的な技法や治療のマニュアルを提示しているわけではありません。むしろ，アタッチメントに基礎を置く視点を応用

（訳注1）　第11回世界乳幼児精神保健学会大会への出席をかねて。

することによって，問題の根底やそれが生じる背景，そして，支援を提供するアプローチの仕方に対して，いかに有益な洞察が得られるかを提示しています。そして，それはクライエントにとって機能を改善し，より良い精神状態へと回復していくことに役立つことになるでしょう。

　アタッチメントはどのように形成されるのか，アタッチメントの発達的な意味合いはどういうことなのか，さらに，それが阻害されたり問題を抱えるとどうなるのか，といったアタッチメントの過程が人類に分け隔てなく見られること，幅広い文化の状況に渡ってあてはまることを，アタッチメント理論は明確に提示しています。同時に，アタッチメント理論はまた，普遍的で基盤的なアタッチメント過程がどういった形で表出されるかについては，検証されたある特定の文化に依存して，多様性がみられることも議論しています。自分が生きている環境に個人が柔軟に適応できることの大切さについても明確にしており，このことは本書の日本の読者にも当てはまると思います。別の言い方をすれば，日本の読者が本書を読んで興味を持ったり役立ちそうなことを見つけてくださり，関わっている子どもたちや家族，あるいは，個人についてより良く理解できるようになることを願っています。また一方で，欧米にいるアタッチメント研究者やアタッチメントを基礎とした臨床活動をしている治療者が報告している本書の考え方を，日本の読者が，毎日の治療活動などで直面する課題や，安定したアタッチメントや健康的な情動発達を促進するための試みに，文化に応じて適切に応用して下さることも願っています。

2009年4月

ダビッド・オッペンハイム

もくじ

序　文
日本語版序文

第Ⅰ部　アタッチメント研究で使うアセスメントの臨床利用

第1章　母子の関係性を形成するための治療計画
　　　　　──子どもに対する作業モデルインタビューを臨床的に応用して
　　　　　………………………………………チャールズ・H・ジーナー…3

関係性のアセスメントのモデル ……………………………………………5
症例の紹介 ……………………………………………………………………5
最初の紹介経緯 ………………………………………………………………6
相互作用の評価 ………………………………………………………………7
子どもに対する作業モデルインタビューの抜粋 …………………………8
乳児についての母親の表象 …………………………………………………31
初期の仮の治療方針 …………………………………………………………32
母親と共に行った総括 ………………………………………………………34
治療のまとめ …………………………………………………………………35
結　論 …………………………………………………………………………36

第 2 章　子どもの内的世界を心に留めておけること
　　　　　――治療的幼稚園における母親への洞察力のアセスメント
　　　　　　　　　……………ニナ・コレン-カリー，ダビッド・オッペンハイム，
　　　　　　　　　　　　　　　　　　　　ドグラス・F・ゴールドスミス…39

　　母親の洞察力……………………………………………………………41
　　アナとトム………………………………………………………………45
　　ドリスとデブラ…………………………………………………………57
　　臨床的示唆………………………………………………………………67

第 3 章　虐待された子どもとその養親に対する治療的介入
　　　　　――アタッチメント関係を促進する行動を特定していく
　　　　　　　　　…ミリアム・スティール，ジル・ホッジ，ジェイン・カニュイック，
　　　　　　　　　　ハワード・スティール，デボラ・ダゴスティーノ，インガ・ブルム，
　　　　　　　　　　　　　　　サウル・ヒルマン，ケイ・ヘンダーソン…71

　　現在の介入プロジェクトの背景…………………………………………79
　　養子縁組介入研究………………………………………………………81
　　親子の協同構築を通してのアセスメント………………………………83
　　事例提示：トンプソン一家……………………………………………85
　　結　　果…………………………………………………………………91
　　討　　論…………………………………………………………………96

第4章　里親ケアにおける養育責任者としての役割
──「この子は私の赤ちゃん」インタビューからの洞察
………………メアリー・ドジャー，ダミオン・グラッソ，
オリバー・リンドハイム，エリン・ルイス…*108*

アタッチメント理論と養育に責任を持つこと ……………………………*109*
養育責任の高さと低さの例 ……………………………………………*111*
養育責任を持つことと他の変数との関連 ……………………………*119*
なぜ，養育に責任を持つことは重要なのか ……………………………*121*
臨床的示唆 ………………………………………………………………*123*
結　論 ……………………………………………………………………*125*

第5章　子どもの診断に関する親の解決と親子関係
──「診断への反応インタビュー」からの洞察
………………ダビッド・オッペンハイム，スマダール・ドルエフ，
ニナ・コレン−カリー，エフラト・シャー−センソー，
ヌリット・イルミア，シャハフ・ソロモン…*130*

喪失と悲嘆の作業：ボウルビーの理論 …………………………………*131*
喪失やトラウマの解決：メインとヘス …………………………………*132*
子どもが受けた診断に対する親の解決の状態：ピアンタとマービン ……*134*
自閉症スペクトラム障害の診断に対する親の面接 ……………………*135*
「診断への反応インタビュー」：研究による検証 ………………………*152*
診断に関する解決と治療的な介入 ………………………………………*156*

第Ⅱ部　アタッチメント理論と心理療法

第6章　アタッチメントとトラウマ
――家庭内暴力にさらされた幼い子どもを治療するための統合的アプローチ
………エイミー・L・ブッシュ，アリシア・F・リーバーマン…165

ドメスティック・バイオレンス：アタッチメント－養育システム内部でのトラウマ ……167
子どものトラウマからの回復を促進するためにアタッチメント関係を
　利用すること ……172
クルズ家：アタッチメントとトラウマの相互的な影響に関する事例研究 …174
子ども－親心理療法の結果：研究が明らかにすること ……196
結　　論 ……198

第7章　サークル・オブ・セキュリティという取り組み
――事例研究："自分がもらえなかったものを与えることはつらいよね"
………バート・パウエル，グレン・クーパー，ケント・ホフマン，
ロバート・マービン…205

サークル・オブ・セキュリティによる治療的介入 ……206
中核的過敏さ ……211
事例の呈示 ……214
結　　論 ……241

もくじ

第 8 章　子どもの不健全な内的作業モデルに変化を起こす
　　　　——治療的幼稚園においてアタッチメントを基礎とする治療方略を用いて
　　　　……………………………ドグラス・F・ゴールドスミス…*247*

安全基地を育成する ……………………………………………*250*
子どもに対する親の表象 ………………………………………*253*
治療的幼稚園における関係性を基礎とした治療法 ……………*254*
初回面接と治療関係の形成 ……………………………………*261*
治療的幼稚園での介入経過 ……………………………………*267*
親子心理療法 ……………………………………………………*269*
結　　論 …………………………………………………………*273*

第 9 章　未組織型の母親と未組織型の子ども
　　　　——感情の調整が不全な状態での心理化と治療によってもたらされる変化
　　　　………………………………アリエッタ・スレイド…*276*

アタッチメントとケアを求めることについての概要 …………*278*
アナローザとソフィア …………………………………………*280*
シンシアとルイーザ ……………………………………………*284*
結　　論 …………………………………………………………*302*

索　　引

xvii

第Ⅰ部　アタッチメント研究で使うアセスメントの臨床利用

第1章　母子の関係性を形成するための治療計画
―― 子どもに対する作業モデルインタビューを臨床的に応用して

チャールズ・H・ジーナー

　メインやキャプラン，およびキャシディ（Main, Kaplan & Cassidy, 1985）が独創的で将来に大きな影響を与えることになったアダルト・アタッチメント・インタビュー（Adult Attachment Interview）の論文を公表した時，アタッチメント研究における最も重要な1つの進展が成し遂げられた。その論文はいくつかの理由でアタッチメント研究に大きな突破口を与えたのである。第1に，ストレンジ・シチュエーション法で分類される乳幼児のアタッチメントのタイプと強く関連する親の側の特徴を，アダルト・アタッチメント・インタビューによって評価することが可能になった。アダルト・アタッチメント・インタビューに至るまで，一貫性を持って説明できるような研究方法が得られていなかったのである。第2に，親のアタッチメントに対する養育経験についての語りの質に焦点を当てることによって，メインら（1985）は話す意味内容よりも，語り方に焦点を移したのである。乳幼児について親がどのように語るかを評価することは，従来より乳幼児とその家族に対する臨床の中心的課題であったが，アダルト・アタッチメント・インタビューはこの語りの質を評価するための公式の方法を提供したのであり，そのためアダルト・アタッチメント・インタビューは臨床現場に応用できるアプローチの1つとなった（Boris, Fueyo, & Zeanah, 1997）。第3に，メインら（1985）は，アダルト・アタッチメント・インタビューにより計測される構成概念を表象に結びつけるために，その構成概念を認知心理学とボウルビー（Bowlby, 1969/1982）により理論化された内的作

業モデルについての所見とに，関連付けることができたのである。

このメインらによる重要な突破口を後追いする形で，われわれのグループは子どもについての親の表象を評価すべく，「子どもに対する作業モデルインタビュー」（Working Model of the Child Interview, 以下WMCI; Zeanah, Benoit, & Barton, 1986）を開発した。この面接法は臨床研究に利用することを意識して作成されたものである。WMCIは，端的に言うなら乳幼児についての親の語りを引き出すべく作られている。面接そのものとその得点化の詳細については以下の括弧内論文を参照してもらいたい（Zeanah, & Benoit, 1995; Zeanah, Larrieu, Vallier, & Heller, 2000）。アダルト・アタッチメント・インタビューの得点法を参照して作られたので，WMCIの得点法も語りの性質に焦点が当てられてはいるが，この得点化を行わなくとも，WMCIは臨床応用可能であることをわれわれは見出している。

公表された多くの研究によって，研究方法としてWMCIは妥当性があると認められている（Benoit, Parker, & Zeanah, 1997; Benoit, Zeanah, Parker, Nicholson, & Coolbear, 1997; Huth-Bocks, Levendosky, Bogat, & van Eye, 2004; Huth-Bocks, Levendosky, Theran, & Bogat, 2004; Rosenblum, McDonough, & Muzik, 2004; Schechter et al., 2005; Zeanah, Benoit, Hirshberg, Barton, & Regan, 1994）。これらの研究により，WMCIは時間的安定性が高く，母子間の相互作用における行動との関連が見出され，リスク状態や臨床的な様態と有意味な関連性が見出されている。

この章の目的は，臨床でWMCIを用いることにより，特定の乳幼児－親の関係性をどのように理解することができるのか，そして，その後の治療の進め方を示唆する重要な所見がどのように得られるかについて，詳細に示すことにある。関係性のアセスメントの例を紹介した後，そのアセスメント方法をもう少し詳しく述べていく。本章の記述のほとんどが，WMCIの抜粋と，それについての私のコメントから構成されているが，そのコメントは抜粋に書かれた面接内容をどのように他のデータと統合し，治療計画の立案に利用するかを記載したものである。その後，関係性の評価から導かれた心理療法の進め方について

説明し,実際行われた治療について要約する。本章の目的は,読者にWMCIそのものが提示してくる素材をもとに,臨床的な治療計画を作っていく過程を見てもらうことにある。そのために,面接からの引用は通常より長くなっている。それは,母親がわが子をどのように理解し体験しているのか,そして,その子についてのその母親の表象がどの治療法を使ったらいいのかを教えてくれることを,読者に分かってもらいたいためである。

関係性のアセスメントのモデル

われわれは他の出版物で,関係性のアセスメントについての取り組みを説明している (Zeanah et al., 2000)。短く述べると,スターン-ブラッシュウェイラーとスターン (Stern-Brushweiler & Stern, 1989) に従って,乳幼児と親の関係性の外的な要素(観察可能な相互作用)と内的な要素(主観的認識)の両方を重要であると考えている。相互作用が時に関係性と同義語であるかのように扱われるが,彼らのモデルは,相互作用を親と乳幼児が関わっている観察可能な繰り返し行われる行動のパターンとしてのみ示している。子どもは親にとってどのような存在なのかという親の主観的な経験や,その子についての表象は客観的に評定されうるだろうが,一方で,乳幼児の主観的体験は推測するしかない。これらの要素を我々がどのように評定し統合するかを示すために事例を用いて説明していく。

症例の紹介

以下で紹介する事例は,関係性障害であると私が判断している乳幼児とその母親である。関係性の障害という観点で捉えたため,紹介された理由となった乳児に見られる従来の兆候や症状については,私はあまり大きな関心を持たず,それよりも母子関係の質に興味を持った。こういった関心のため,治療上の最重要点として,母親と私に対して子どもが示す行動の意味を理解しようと試み

た。

　WMCIにより明らかとなっていった主なテーマは，母親の自己非難のスタイルの性質や子どもから拒絶されているという感覚を母親がもっていること，夫からサポートを受けていないと感じていること，何時も充分に行えていないと心配しながら完璧な母親になりたいと願っている母親の願望などであった。さらに，子どもに対して完璧であることやコントロールしたいという欲求と願望を満たすことに対する暗黙の期待があった。これら各々のテーマは，その母親にとって，自分の子は自分にとってどのような意味を持つ存在なのかを問う経験をもたらしていた。

　読者は筆者のコメントが，面接が進むにつれ少しずつ長くなり詳細になることに気付くはずである。というのも初期には，治療の計画が立てられなかったが，面接が進み，母親自身や子ども，さらに子どもとの関係が明らかになるにつれて，少しずつ治療計画が構成されていったからである。治療における詳細な要素を，振り返ってつけ加えたりするのではなく，むしろ治療計画が始めにどのように作られ，後に症例の充分な理解に向かってどのように育っていったかを読者に学んでもらいたい。

最初の紹介経緯

　経験豊富な小児科医が電話で，睡眠と授乳の問題がある月齢3か月の男児と，その小児科医の15年の臨床経験の中で"最も不安の高いその子の母親"とを紹介してきた。
　35歳の母親は妊娠中の合併症もなく，その子は初産であった。母親は子どもについて心配が沢山あると語った。赤ん坊は極端にいらついており，一日中断続的に泣き続け，常に母親の注意を必要としているかのようで，関わらないとすぐにぐずる，というように母親は感じていた。授乳が難しいという問題もあり，1時間ごとにお腹が空くようなのだが，長時間，飲むことを拒むというのである。またその子は左乳房でしか授乳されておらず，さらに乳房というより

は乳首が好きなようだった。睡眠については，その子は初め"寝すぎ"ていたが，最近は1度に1時間か1時間半しか寝なくなったとのことである。また，この子が本で読んだようにちゃんと世界と関わっていないようなので，正常に発達しているかどうか心配だと母親は訴えた。明らかに母子は両方とも疲れ切っていた。

　母親は小児科医に助けを求めたが，その一方で，子育てや乳幼児の発達についての書籍や雑誌を熱心に愛読してもいた。母親へのサポートはあまり多くはなかったが，どのように赤ん坊を扱うのが一番いいかについて，親戚や友達から多くのアドバイスを受けてはいた。これら全ての支援にも関わらず，問題は悪化し続けているようであった。

　母親は休職中で，結婚して6年であり，夫は小規模な自営業者であった。初め夫との仲がうまくいっていないことをやんわりと語った。赤ん坊ができることで，不仲な夫婦関係が親密になるのではないかと彼女は期待していたのだが，それは実現されておらず，一部の問題は出産に関係して起因しているとのことであった。母親の原家族との関係はうまくいっておらず，夫側の家族は他の州に住んでいた。こういった状況でこの母親は孤立して支えを得られていないと感じているようであった。

　彼女は自分の父親（赤ん坊にとって祖父）について"距離を感じ""喜ばせることが困難な"人であると述べ，また，実母（赤ん坊にとって祖母）の方について，関わってはくるが要求がましく"怒りに満ち""満足させるのが難しい"人であると語った。また，この母親は学校での成績は上位で，成績がその当時の自己評価の唯一の源泉であったようで，実際，大学を卒業したことについてはとても自慢気であった。

相互作用の評価

　第2回目のセッションでは，「対面式（face to face）の相互作用評価法」を用いてアセスメントを行った（Tronick, Als, Adamson, Wise, & Brazelton, 1978）。

これは乳児と養育者との社会的相互作用を最大限評価できる状況を提供してくれる。このケースに用いた部分は，それぞれ2分間に及ぶ以下の4つの場面から構成されていた。それらを母親への教示で表すと，（1）お子さんといつものやり方で遊んだり声をかけてあげたりしてください，（2）できるだけお子さんから一番良い反応を引き出すよう関わってください，（3）無表情でいてください，（4）お子さんといつものやり方で遊んだり声をかけてあげたりしてください，である。

観察された相互作用は特記すべきものであった。始まるや否や，母親は自分の顔を子どもの顔にかなり近づけて，じっと見つめ，話し，笑い，子どもにさわり始めたが，その後も矢継ぎ早にそれらの刺激を与え続けた。それに対して赤ん坊はもがき，視線を外し，時に空気をごくごくと飲み込むように見えることもあった。無表情場面が始まるまでの最初の4分間，母親はこの矢継ぎ早の刺激を与え続けた。無表情場面になると，母親は視線を合わしているのであるが，赤ん坊は初めて母親の目を直接見つめ始めた。無表情場面では，通常，赤ん坊はある程度の苦痛を示し，母親への関わりから外れようとする仕草を示すものであるが，このケースにおいては赤ん坊は母親の顔と目にくぎ付けになっているようであった。赤ん坊は何とほぼ2分間ずっと視線を合わし続けたのである。

この赤ん坊の反応は普通に観察されるのと全く逆であった。無表情場面では，親が全く反応しないために，社会的な反応に対する乳児の期待が裏切られることになる。その結果，この場面の間，ほとんどの赤ん坊が苦痛を感じ情動の調節がうまくいかなくなる。しかし，このケースでは，その間，母親が過剰な刺激を与えなかったので，赤ん坊は母親をより良く"受け入れ"ているかのようであった。

子どもに対する作業モデルインタビューの抜粋

対面式の次のセッションで，WMCIを行った。このインタビューは親が子ど

もに気を取られず質問に応えられるように，通常子どもを伴わず親単独で行うことをわれわれは勧めている。しかし，実際にはこのインタビューの間も子どもと一緒にいることを選ぶ母親もいる。このケースでは，赤ん坊同伴で面接が行われたため，母親と赤ん坊の行動を少し抜粋として書き加えることとする。

抜粋1

　　面接者：妊娠していると分かった時のことを思い出してください，どんな風にそのことを感じましたか？　計画的な妊娠でしたか，それともそうではありませんでしたか？

　　母親：私の側では十分に計画していました。結婚して6年半が経っていて，妊娠が分かった時点では6年でした。結婚した初めの日から赤ん坊が欲しかったんです（赤ん坊，しゃっくりする）。けれどもなかなか妊娠できず，それで排卵日を予測する検査をやって，排卵日であると検査で出たので，で夫に「今しかないのよ，でないと妊娠できないわ」って言ったんです。でその検査を始めた最初の月に妊娠したのです。

　　面接者：妊娠したことについて，どんな風に感じましたか？

　　母親：感激はしました。けれども死んじゃうんじゃないかと怖くなりました。というのも私は，というのも私って，ちょっと神経質な人間だからです。なので妊娠中ずっと何か悪いものを吸い込んじゃうんじゃないか，何か悪いものを食べたりするんじゃないかと，ひどいノイローゼになってしまうんじゃないかと思ったんです。そんなふうだから，あまり妊娠を楽しめなかったのです。何か悪い方に物事が進むと確信していたものですから。で最初の2，3か月はひどいつわりでした。多くの妊婦さんはそうだとは思いますが。で吐いてしまうと何もおいしくなくなってしまって。それで耐え難かったんですが，ブロッコリをのどから詰め込むようにしたりしました。皆そういう体験をするんじゃないかしら。

　　面接者：ご主人は，妊娠がわかってどんな反応でしたか？

　　母親：彼はショックみたいでした。というのも夫は，えーっと，私は，私

は妊娠することについて6年間も話し続けたんですが，妊娠しなかったので，夫はぜんぜん妊娠について考えてなかったと思うんです……いつか起こるとは思っていたのかも知れませんが，現実的に妊娠について考えたことがなかったのだと思います。えーっと，夫は唖然としていたと思います。で妊娠中ずっと私はがっかりしていたのです。彼は赤ん坊を望んでいなかった，んー，望んでいた，少なくとも夫は私達が子どもを持ったことに対して，心から熱中したことがなかったんです。よくこんなふうに言ってました「そうだね，僕は君が妊娠してることに感情的に入り込めないんだ」って。で私は「これ私と読まない？」とか「これ見たくない？」とか「子どものこととか，いろいろ，話したくないの？」とか言ってました。そうすると彼は「今から5か月後に起こることに熱くなることなんかできないよ」と応えました。だから妊娠中ですら，彼にとって子どもができたことの現実感がなかったと思います。それで私は，出産教室に申し込みました。彼は教室に行くことをとても嫌がって，実際ある時寝ちゃったんですね，私は屈辱的な気持ちでした。えーっと，この人は赤ん坊の存在をぜんぜん感じたくないって……そう思って，それで私はがっかりしたのです。ところが出産中の彼は素晴らしかった。夫は私の子宮収縮をモニターしているようで，完全に熱中していました。その様は信じられなかったくらいです。ですから妊娠中は失望してはいましたが，最後にはうまくいったという訳です。

コメント：WMCIの最初のいくつかの質問は，発達歴の聴取に似通ってはいるが，乳児の生育歴の詳細な事実よりも，親がその子と共にどのような体験をしていたかに質問の焦点はある。発達歴の事実よりむしろ主観的体験を反映すべく，乳児との関係についてより多く語ってもらうことに重点化している。アタッチメントについての他のインタビューと同様に，WMCIは部分的には物語的性質に依拠している。そのため，母親の語る赤ん坊についての物語が重要となる。ここに示した初めの部分の抜粋において，出産前ですら，赤ん坊について母親が明白な不安と失望とを体験していたことがはっきりと表れている。初

診の際にも不安と失望は重要な臨床的問題として持続していたが，出産前ですら，明らかな夫婦関係における失望感と結びついていたことが重要であると考えられた。夫や原家族からサポートが得られておらず，母親が孤立感を持っていたこともまた際立っていた。このように親がサポートを得られていないと感じると，赤ん坊に得られていないサポートを求めるようになり，子どもに役割逆転となる期待を持ちやすくなる。

抜粋2

　　面接者：では他のことをお尋ねします。出産前に赤ん坊にどんな印象を持っていましたか？

　　母親：えーと，羊水検査をして男の子であることは知ってました。産む前から，変な病気にかかっていたらどうしようとか心配をしても仕方ないので，検査でこの子は男の子なんだなと分かったというわけです。思い間違うことは時々あると聞いたし。えーと，どんな印象を持ってたのかしら？

　　面接者：赤ん坊はどんな性格だろうと思いましたか？

　　母親：あー，えーと（含み笑いをする），この子はかわいくて素敵な天使みたいだと思ってました（笑う，もう一回）。

　コメント：産まれる前の子どもについての親の表象が，極端に良いものであることは珍しくない（Zeanah, Zeanah, & Stewart, 1990）。けれども，この母親が妊娠時に胎児について抱いていた認識と，出産後の赤ん坊との悪戦苦闘の対照は著しいものであった。この母親は子どもを理想化し，事態を全て良くしてくれる"素敵なかわいい天使"という元気付けられるイメージを持つことによって，不安な妊娠期に自分を支えようとしていた。そこで，この母親の理想化がどれほど正常範囲からずれているのだろうか，というのが私の次の問いであった。

抜粋3

　　母親：わたしは乳児ってよく眠るものだと思っていましたが，この子が実

際かなり寝ると分かると，寝すぎじゃないかしらとすごく心配になりました。ちょっと見てください，こんなふうにこの子は泣くんです，この子は（といって母親は赤ん坊の泣きまねをした）。大丈夫よ（と赤ん坊を宥めた）。

面接者：お子さんは少し泣くんですか？

母親：はい，（赤ん坊に向かって）高い高いする？　どう？（母親は赤ん坊を静めるべく，彼女の体の前で赤ん坊をあちこちにと持ち上げゆすった。）んー，わからないですね。何が起こるかも分からないし。このかわいいガーバー赤ちゃん（the Gerber baby）(訳注1) を私は望んではいたと思います。えーと，小さいので沢山のことができるとは思っていませんでした。正直に言うと，6か月から8か月ぐらいは赤ん坊って，親の腕の中で眠っているものみたいに思っていました。私は，ただそうではないと……この子はこんなふうだろうと私が考えていたのとは違っていたんです，こんなふうに出産直後からすでに髪がふさふさで，赤ん坊ってあんなだろうと私が思っていたイメージとこの子は違っていたんです。

面接者：じゃあ，ちょっとした驚きだったんですね。

母親：そうです。

コメント：母親の語りから，この母親が混乱し，困惑していることが分かる。外見について予想外であったことは，この母親が予期しえなかったその子の行動やパーソナリティの多くの側面によって，もっと深いところでの驚きに繋がっていた。（過剰に）理想化された出産前のイメージによって，産まれてきた赤ん坊に対して，ありのまま受け入れるという心の準備がうまくできなかったのではないか，という前述の心配にこのことが加わった。胎児に対する期待と出産後の乳児についての認知との大きなギャップは，関係性障害を示唆することが多い。

（訳注1）アメリカでベビーフード等の販売をしている会社の，赤ん坊向け製品の全てのパッケージに印刷されている5か月の笑っている，かわいい赤ん坊の名字がガーバーであり，かわいい赤ん坊の代名詞のように使われている。

第1章　母子の関係性を形成するための治療計画

抜粋4

（赤ん坊はぐずって泣いている。）

母親：予定より1か月前に，祭日の週末に生まれました。おー，よしよし（と赤ん坊を宥める）。何かを食べればいいのかしら？　やってみます。（授乳を始めた。）飲んでみない？　いらないの？（母親は胸から赤ん坊を引き離した。）えーと，私の両親がその週末にやって来て，私たちとダニエルと一緒に過ごしました。大丈夫，大丈夫よ。（赤ん坊を抱いて立ち上がり，揺らし始めた。）1時間なら，こうしていられるわ。

面接者：この子がぐずるとこんなふうにするんですか？

母親：えー，えー，そうです，背中が痛くなって耐えられなくなるまで続けます。

コメント：印象的な語りからの情報というよりも，相互作用を見ることで，いくつかのことが明らかであった。インタビューのこの時点までに，母親は赤ん坊がぐずるとすぐに対応しようとしていた。ところが実際に赤ん坊が泣きだすと，宥めようと懸命に前後にゆらしたり，母親の前で体をいっぱいに伸ばさせたりと，"良い"母親であると赤ん坊に経験してもらうための悪銭苦闘を展開しても，母親は上手く宥めることが困難であった。なんとなく，この悪戦苦闘の様子は，彼女がなりたかった母親像と，しかしそのような母親にうまくなれずに，もがいている気持ちを表しているようだった。

抜粋5

面接者：出産について話していただけますか？

母親：出産については，長い間ちょっとばかり失望していて，えーと，全部が混沌としていましたし，私は，夫が出産のことについて決して話し合いたくないと思ってましたから。出産後すぐに出産台で授乳し抱きしめたいと心から願っていたのですが，本当にそうだったのですが，出産で疲れ過ぎてしまって授乳することを忘れてしまったんです。赤ん坊を抱きたいということも忘れてしまい，それでそこにいた人達は，赤ん坊を私から

第 I 部　アタッチメント研究で使うアセスメントの臨床利用

持って行って遠ざけてしまったんです。5時間はそのままで，その後やっと私に赤ん坊を戻してくれました。私の所に戻ってくるやいなや，赤ん坊が吐いてしまったので，今度は3時間赤ん坊をまた連れて行ってしまいました。その後はあまりにがっかりしてしまって，もうそこで授乳する機会はありませんでした。出産直後に母乳をあげるという美しいイメージを持っていたのに。忘れてしまったんです！　頭がぜんぜん働かなくって。それで，えーと，私の腕に赤ん坊を戻してくれた時，夫は電話をするためそこにいなくて，で，その時そこに夫はいるべきだったし，皆に電話するのももう少し後でも出来るのにと感じたんです。で，とてもがっかりしました，そうとしか言わざるを得ません。でも出産自体はとても良い体験でした。薬も必要なかったですし，出産の時夫は，すぐそばにいましたから。

　コメント：ここでもそうであるが，母親が予想していた体験と現実の体験とを比較して母親が失望していることが明らかである。さらに自己非難と自分のために夫がその場にいなかったことについて，彼女が傷ついていることも再度明らかになっている。これらのテーマはインタビューの後の部分や治療の過程でさらに深まり展開していった。

抜粋6

　面接者：座れたら座ってみてくれますか？
　母親：(腕で赤ん坊をゆすりながら母親はまだその時点で立っていた。) はい，あなたも座りたい，坊や？　あー，良い子ね。(子ども用のいすに母親が赤ん坊を置くと，すぐに大泣きした。) あー，良い子になってよ。(赤ん坊のおでこを優しくトントンとしながら。) あらあら，ぐずっちゃうの？　揺すってあげた方が良いでしょうか，それとも放っておいた方が？ (当惑して面接者を見つめて，懇願する様子で肩をすくめた。)
　面接者：座ったままで揺すってみてはいかがでしょうか？
　母親：やってみます。(母親が優しくその様にし始めると，赤ん坊はすぐに泣きやんだ。) こうするのが好きなんだ？　これはいいわ。とにかく，予防

接種の後の反応で医者に診てもらった方がよいのでは，と心配でしたが，そうせずに，それで大丈夫でした。

　コメント：母親は大変居心地が悪いながらも赤ん坊を揺すっていなければと思っていたが，それがあまりに大変になったので，私は母親が少し楽になるようにと介入した。母親は少し楽になって赤ん坊は泣かずにいられたが，介入してしまい，"専門家"として母親の能力を見くびった感じがして，私は良い気分がしなかった。

抜粋7

　母親：この子は一方のおっぱいしか飲まないんです。両方飲まないのです。今日まで，授乳はまだ，両方は欲しくないんです，あー（赤ん坊がくしゃみをする），大丈夫？　それにこの子は5分とか10分以上は飲まないんですが，20分以上とか，もっと飲むのだと思ってました。それで充分に飲めてないんじゃないかと心配になってしまうんです。

　コメント：赤ん坊が"一方の乳首からしか飲まない"ことを，母親は拒絶されていると体験していることは明らかであった。子どもから拒絶されているという感覚は，このインタビューにおいて，もう1つのテーマであった。

抜粋8

　面接者：赤ん坊から離れた時は，あなたにとってどういう感じでしたか？　そして，坊やにとっては？

　母親：私は離れたことなどありません。（頭を"いいえ"という風にふりながら。）今に至るまでありません。

　面接者：2，3分も離れたことはないですか？

　母親：えーと，どんな時なのかしら？

　面接者：たぶんちょっと店に出かけた時などですが。

　母親：（"いいえ"という風に頭を振り，笑った。）私は離れることに耐えられませんから。そうですね，そういうのには，耐えられませんから。分かっ

ているんです。この子は甘やかされているって，そう本で読みましたよ，3か月までは赤ん坊を甘やかすことなどできないと。赤ん坊が泣けば何時もすぐに反応してあげなければならないし，そうすれば赤ん坊は世界に対して良い見込みを持つことができる，私がやってきたのはそういうことです。えーと，それで，この子は抱かれているか，私が一緒に遊んでいるか，揺らしてほしい時にはそのようにしているし，そうでなければ泣いてしまいますから。この子と陥ってしまったこのサイクルを，どのようにして断ち切るかが分からないのです。昨夜は一晩中ぐずぐずと，ぐずり続けました。結局は寝かしつけましたが，その間夫はソファーでテレビを見ており，シャワーを浴びたかったので，この子をベビーベッドに寝かせました。でシャワーを浴びていました。で，リンスを取るためにシャワー室を出ると，この子は激しく泣き叫んでいました。夫はガレージに行ってしまっていて，それで，なんて言ったらいいか，夜中になってこの子が完全に眠り込んでしまわなければ，シャワーさえ浴びられないんだな，と思ったんです。

面接者：なるほど，ずっとこの子といなければならないって感じていらっしゃるんですね。

母親：ええ，そうだと思います。さらにもし常に2時間半ごとに授乳するとなれば1，2時間内に店との間を往復できるでしょうか。でも1時間後にこの子が何かを欲しがるかもしれないので，離れることはできないんです。哺乳瓶であげればとは分かってはいるんですが，2回だけ，たった2回だけゴムのおしゃぶりを使ったことがあって，そうしたらこの子はおっぱいの方を欲しがらなくなったんです。戻すのに大変な苦労をせざるを得ませんでした。この子はゴムのおしゃぶりのが大好きなんです。この子が私を必要として欲しいし，いつもこの子といたいための，たぶんそれが1つの理由なんです，そして，私は，えーと……

面接者：授乳することで，お子さんがあなたを必要とし，信用し，頼っていると感じられる，そういうことがあなたにとっての授乳なんでしょうね。

コメント：この抜粋からいくつかの重要な問題が分かる。ここでも夫からのサポートを得られていないことが明らかであり、そして、いつも子どもといなければならないとの思い込みは、母親が著しい不安を持ち、さらに欲求不満を一層ひどくしていることで分かる。また、息子を世話する唯一の人間で**なければならない**という母親の思いによって息子と共に孤立してしまっている状態について、彼女自らがどの程度導いたものなのかという問いが生じる。彼女には他からの支援がないことから、息子が母親にとって絶対的に重要な存在となったために、この信念は、息子との関係性の重要度を更に高めた。そして、同時に彼女のコントロール欲求が、潜在的な支援者としての父親を認めない方向へ、彼女を導いたのかどうかという疑問も生じた。

加えて、息子は自分を拒絶しているという見方や母親として至らないという気持ちは、子どもを取り戻せないのではないかという恐れのために、息子へ哺乳瓶やおしゃぶりを使うことをためらう中に明確に現れている。この母親が感じている恐怖は全て、勿論真実味のあるものであり、実際初産の母親に同様の怖れがよく見られはするが、この母親の恐怖と疑念の量は、すでに極端な領域に入っていると思われた。

抜粋9

面接者：ダニエル君の性格についてあなたの印象を教えてください。

母親：ダニエルは、えーと、良い時は良いけれども、悪い時はほんと悪いと思います（くすくすと笑いながら）。この子は時には、めちゃくちゃかわいいんです。微笑んで、手を揺らして、私と遊んでいて、鼻をくしゃくしゃにして、ダニエルは喜びに満ちているんですが、機嫌が悪くなると、気も狂わんばかりで、怒ってると思うんですが、どうしたらよいか私は分らないんです。怒ってほしくないんです。

面接者：何に怒ってると思うんですか？

母親：欲しいものが得られないから（笑い）。欲求不満だと思います。えーと、そうですね。本当に泣いてるというよりは、怒っていて欲求不満

な感じです。えーと，どういうことなのかも，この子が何を求めているのかも分かりません。あれこれといろいろやってみて，でも何時もこの子を喜ばすのは最後になってしまうんですね。でこの子があれこれとして欲しいことを，私がすぐに分からないので罪悪感を持ってしまいます。

　コメント：この抜粋では，母親が赤ん坊から非難されていると感じていることが読み取れる。赤ん坊は泣くことで，自分の母親としての能力に対して告発していると感じている。更に赤ん坊が何を求めているのか理解できないために，混乱して苛立っており，息子を喜ばせるにはどうしたらいいかについて無力感を抱いている。母親にとって謎となっている息子の泣きを宥めた時ですら，そのことに満足を感じるというより，すぐに宥められないことに罪悪感を持っており，母親が自分自身に厳しいことが分かる。このように厳しく自分を評価するということは，赤ん坊をどれくらい自分に対して過酷な者と観ているか，そして，母親の自己卑下の一部は子どもに対する陰性の感情（意識にはないであろうが）を隠す方法なのだろうかとの疑念が生じる。

抜粋10

　面接者：いら立っているともおっしゃってましたが，それは怒っていることとは別なんですか？

　母親：そういう時，泣いたりしていなくて，「あーあーあー」とか言ってる時は，いらいらしていると言っていいと思います。夜にそうしようと思うんですが，この子を床におろして遊ぼうとすると，でもこの子はそれをしたくない。で離乳食をあげようとすると，それもいらない。何をしても，この子を揺すってあげている時ですら，そういう時，何時もそうなんですが，「あーあー」って言うんです。そんな時は泣いてるわけじゃないんですが，幸せじゃないんですね。一体この子がどういう気持なのか分からないし，この子が泣きたければそうさせているような時でも，それが息子の望むことではないみたいだし，どうしていいか。おもちゃをこの子のすぐ前に置いても，息子はそれがあるべきところにないみたいに，取ろうとし

ないし，取れないみたいにするし……

コメント：この抜粋から，息子は欲しい物が分からないために，また，本によればその子がすべきはずのこと（例えば，おもちゃを探索すること"で世界にかかわる"）をしようとしないために，母親は息子への怒りを抱いていることがずっとはっきりした。もちろん母親はそのことに全く気づいていないが，それにもかかわらず，それは明らかである。さらに，親密な対人関係において"相手"を喜ばすことができない者であると，自分のことを感じていることも強調されている。

抜粋11

面接者：ダニエル君から誰かを思い出しますか？

母親：私の父ですね。

面接者：そうですか。

母親：ええ，ダニエルは私の父親に似ています。

面接者：ダニエル君の性格はどうですか？　誰かを思い出しますか？

母親：（ためらう，ダニエルがくしゃみする。）大丈夫？　えーと，この子の性格？　どうかなぁ，どんなものかなぁ。本当に分からないわ。誰か特定の人に似てるとは言えません。もう言ったように，私の母親はいつも怒っていた人でした。母親は怒りを抱いて大人になったような人で，でも幸せそうな時は，幸せそうでした。ダニエルは私の母親に似ているかもしれませんね，たぶんそうだと思います。

面接者：ダニエル君があなたに似ているところと似ていないところがありますか？

母親：私には全く似ていないと思います。

面接者：ほう，どんなところが違うんですか？

母親：えーと，この子はすぐ怒るし，私はそうでない。そうね，えーと……先生にすでにお話したと思うんですが，私は心理療法を以前受けていて，その時明らかになったのは，私の問題とは私が多くの怒りを抱いていて，

それを表現できないということでした。ですから，私も怒ることはあるのは分かってはいるのですが，それがどういう方法であれ一種健康的な方法で怒ることができないのです。ですから，この子には怒る必要があれば怒ってほしいと思っているんです。というか怒ってはほしくないのですが，感情を表現する方法を知ってもらいたいのです。感情を抑制して育ち，後になって問題を持つようにはなってほしくないのです。

面接者：お父さんの方はどうでしょう？　この子が似ているところと似ていないところはどんなところでしょうか？

母親：そうですね，その点については，この子は私たちに似ているところがあるような……この子は頑固みたいで，信じてもらえるかどうか分かりませんが，私がこの子を甘やかしたためにそうなったんです。私の夫もすごく頑固で，私もまたいろいろな面で頑固なんです。その点，ダニエルは私に似ています。夫とこの子はとてもよく寝ます。あなたとダニエルは2つの速度，速いか止まってるかしかないところが似ているって夫に言ったことがあります。なのでダニエルはそこのところは父親似です。身体的にも似てますし。口元もまつげも似ています。

コメント：「誰かを思い出しますか」という質問に対して，親がはじめ外見で似ている人をあげることは，珍しくない。このケースでも身体的に似ているという類の答えをまず聞いて，それから性格として似ている人について質問していった。その質問に対して母親は躊躇なく自分の父親に似ていると答えた。しかしさらに質問してゆくと，今度はダニエルの性格が祖母と似ていると答えた。ここで明らかになるのはダニエルとの関係に，母親の両親との関係を再体験している点である。父親に関して「喜ばせることが難しい」と表現し，母親については「満足させることが難しい」と話していて，それらは取りも直さずダニエルとの関係について用いた表現と同一であった。これらの観念はまた母親の自己像についての恐怖感をもたらすものであり，それは彼女の重要な全ての対人関係において拒絶され，見捨てられると感じているためである。さて，面接もここまで来ると焦点が絞れてきた。

母親は，ダニエルと自分の性格が似ている点は全くないと最初に主張したのだが，実際，ダニエルの怒りのオープンな表現は，彼女の表現と正反対だと話したのである。臨床的観点から見れば，こういった事態は，母親が自身の怒りを"分裂"させており，彼女が気づくことができる自分自身の感覚を部分的に否認していると考えられる。息子がこの否認してきた彼女の一部を思い起こさせるということは，母子間の関係性の阻害の中心的要素を明らかにしている。自分の赤ん坊は，一方では最も受容できない自分自身の一部を代理的に示しており，息子が泣く時はいつも，抑圧し避けるようにしている自分自身の攻撃的な衝動を感じることによって，母親は脅かされていた。興味深いことに，息子が頑固であることは，自分と同じであるとも考えていた。母親が攻撃性を表現することができる方法が頑固さなのであろうが，しかし，この点がまた，息子との関係性の中心となっている攻撃性の表現の仕方における葛藤を強調していた。

　インタビューのこの時点で，息子についての母親の表象形成に著しく貢献している2つの点が明瞭となった。1つは葛藤的な過去の親密な人間関係を思い出してしまうということであり，もう1つは自己感の否認された部分を思い起こしてしまうということである。母親が苦しみもがき満足のゆかない状態にあったことは不思議ではない。息子の部屋にいる"お化け"（Fraiberg, Adelson & Shapiro, 1980を参照）が，葛藤としてこの母子関係を特徴づけており，その葛藤は，"相手"と親密であり満足ゆく関係であるとお互い感じることがうまくいかずに，もがき苦しむことを含んでいた。

抜粋12

　　面接者：あなたの知っている他の赤ん坊と比べて，ダニエル君のどんな所がユニークで，違っていて，特別ですか？
　　母親：ダニエルは他の子より広い範囲の性格を持っていると感じたことがあります，というのもただ，というか他の子もそうでしょうけれど，何しろ子どもを持つのは初めての体験だというただそれだけです。でも他の赤

ん坊をみると，いつも静かで穏やかで一，寝付かせようとする時のダニエルみたいに穏やかなんですね。その子たちは，えーと，座っているか，周りをじっと見ているといった風です。そんなことはこの子にはないです。ダニエルは頭が良いと思いたいですね。ほんとはどうか分からないけど，でも時々この子はこの世で一番頭の良い子だって。この子がすることが信じられないし，でも，当然できるだろうって思ったことをしないと，とても心配になってしまいます。で，心配になって……この子のせいじゃないって思ってますが。こうなるのも私が正しいことをやってこなかったからだと思うし，正しいおもちゃを与えなかったり，正しいやり方でこの子と遊んでこなかったこととか，この子がやりたくなかったのかもしれませんが。えーと，そんな感じです。

面接者：現時点であなたが最も扱いにくいダニエル君の行動は，どのようなことですか？

母親：事実この子が，この子が，えーと。この子に私を必要として欲しいんです。私はずーっとこの子に集中してきたかったけれども，この子を満足させてないようで，というか私にはできない，ような。それか，揺すってあげて満足させることは出来るんですが，もうこれ以上，出来ないんです。この子の発達が遅れてるんじゃないかと心配で，座れないし，座り続けられないし，それで自分の手も見ないし，それとえーと，私と一緒に，えー，いないってことがそういうことがないんですよ，で，1人でいる時にすべきことを多分，しなくなっているのかなぁ，どうだろう。まーそれで，これはこれで素晴らしいと思うんですね。家でこの子を置いたままでいたら，眠っていなければバケツの中に入れたって，どんな所にも決して留まっていないんじゃないかしら。もし起きてれば，遊んであげるか，抱いてあげるか，食事を与えてあげるか，自動揺りかごに入れてあげるかしなければなりません。

面接者：ここではうまく対応しておられますよね。

母親：医師の診察室にいるからこうなんだと，分かっています。

第1章　母子の関係性を形成するための治療計画

　コメント：母親はより詳細に息子が自分の期待に沿わないことについて話している。ダニエルが"するだろうと想定されること"をしないことで，母親は失望し怒りも感じている。母親の実母との関係と共鳴しているが，この母親がダニエルを"満足"させられないと明確に話していたことに留意したい。自分が満足できるような仕方で，息子には関わって欲しいという，彼女自身のニーズによる息子に対するプレッシャーがあることも，彼女はある程度見抜いていた。これは，最も混乱した親－乳幼児の関係性に見られる中心的なジレンマであり，子どもに特定の子であって欲しいと願う親の威力は，子どもの実際のニーズを親に理解できなくさせてしまう。

　ダニエルが"するべきこと"をしないという言及は，夫もまた"するべきこと"（妊娠中に興奮して関与すること）をしなかったことを思い起こさせる。

　面接中に母親がダニエルを宥められたことを私が誉めたことで，彼女がどう反応するかを見てみたいという気持ちも部分的にあって，私は母親にある種の安心・自信を感じてもらえるような言葉をかけた。ずばり言うなら，私は母親にこのように伝えたことになる，「あなたは強い欲求不満を感じ，自分を卑下しているけれども，あなたがこの子を宥め，満足させることが可能なことを分かっていますよ」と。母親のリアルな自暴自棄の感覚を逃すことになる可能性があるため，早すぎる時期での元気づけは，特に治療の初期には慎重に行うことが重要である。早すぎる時期に元気付けることは，患者を保護しているようで遠ざけてしまう可能性もある。実際，息子を宥められたという事実を受け入れてくれたので，その時の母親のユーモアある反応は，ある程度，彼女を元気付けたことを表していたのだろう。

抜粋13

　面接者：この子が成長していくと，そのぐずりがどんなふうになっていくと想像しますか？
　母親：私がこの子を2，3回泣くがままにさせておくべきで，そうしたら甘やかされないし，いずれ乗り越えて，適応的な子どもになると想像して

います。けれども，そうなるためにはどうしてよいか分からなくて，というのも私は，私は……本に書いてあるとおりにやってしまうタイプの人間ですから。本に3か月までは泣くままにしておくのは良くないと書いてあれば，ダニエルのちょうど3か月となる月曜の夜中までは泣かせないつもりでした。あのー，それで，次に夫にそうよく言っていたんですが3か月になったら，自分で寝付くようにさせるって。ところが，同じ本に赤ん坊が3か月になっても親はやはり子どもの泣きに対応し続け，それを受け入れましょうと書いてあって，となるとどうしてよいか分からなくなったんです。もし泣かしておけば，この子が人生を怖いものだと思うようになるのかどうか，分からないのです。

面接者：そうですね，本ってどんな風か分かってらっしゃいますね。いっぱい矛盾が書いてあって。混乱させられますよね。

母親：ええー，確かに，そこが問題なんです。ドクター・スポックの本によれば泣かしたままじゃいけないと書いてあり，続けて同じ本で，眠るためには泣かしておいてよいと書いてある。私はただ，私はそれは……でもそれは私が悪いんじゃないかって思って。やっぱり私がこの子を窮地に追いやってしまって。もし7日間泣かせておいたら，この子は悲惨な状態になるでしょうし，それはこの子が悪いわけじゃないから。

面接者：でもあなたは，少しばかり息子が自分でやれるようになれたらと思っているんですよね。

母親：そうすべきだとは分かっています。そう，そうすべきです。分かってはいるんです。でもダニエルが心理的に怖がってしまわないように，それをどういう風にすればよいか，先生に教えてほしいと思います。

面接者：あなたと2人でどうすればよいか見つけてゆきましょう。

母親：分かりました。

コメント：母親は矛盾したアドバイスについて再び話しているが，そこには専門家に対する理想化と中傷とが暗に示されている。母親はこれぞという答えを乞い求めており，誰かがそれをくれると期待し求めていた。すでに多くのア

ドバイスを母親が求め，そして得ていたことに私は気づいていたので，その罠にだけは嵌りたくなかった。また"本にそう示されていること"から私は距離をとって，代わりに，問題を解決する方法は，母親と私とが共に探究し発見していくものであるというように，枠組みを変えようとした。このように提案された協同性は治療における母親と私の別々の役割を再定義する，私なりの仕方であった。臨床家＝与える者，と，母親＝受け手，というような幼児的な関係ではなく，これは，よりバランスのとれた大人同士の関係であり，2人の共通の目的は息子と母親にとって役立つ方法を2人が理解することであった。私はまたダニエルに，自分自身をどのように調整するかを学ぶという役割を与えたことになる。赤ん坊について母親が持っている，解決されるべきパズルのような受け身的で不可解な存在であるという見方を，赤ん坊は自分の検討課題を持っているだけでなく，それに対応する力がある者として，ドラマに出演している自発的な参加者なのだという見方に変えるように挑んだ。

抜粋14

面接者：ダニエル君との関係について話してみてください。

母親：（笑いながら）この子を崇拝しています。私の祈りに対する応えがダニエルなのです。この子は1つの夢です。私は，ただ，えーと……この子を死ぬほど愛しています。が，私はこの子をがっかりさせているって思ってしまって，多くの場合そうなんです，だって私は悪いことばかり心配しているものですから。あのー，代わりに馬鹿げたことばかり心配していて，えーと，ここのところ2週間もダニエルが栄養不足になっているんじゃないかと本当に心配で，その時母乳が出ていなかったのを全然覚えていなくて。気付きさえしなかった，そっちの方が本当に心配すべき大切な問題だったんです。それで，えー，えーと，ほんとに馬鹿みたいなことを心配していました。でも私はこの子を愛しています。（母親はその時点で泣いている。）息子に溺れたくなくて，そうじゃないと，問題になってしまうし，でも，息子を溺愛しないようにすることなんて，できそうにもなくて，あ

第Ⅰ部　アタッチメント研究で使うアセスメントの臨床利用

あー，だって，だって私は，私は……けれども足りないものがいっぱいあるのです，前に夫を愛しているといったと思うんですが，夫は多分私を愛してくれていると思うけど，多くのことがそこには欠けていて，どこか他で本当には得たことのない抱擁や愛情やらを，ダニエルから貰えるものと当てにしているのではないかというのが怖いんです。赤ん坊を持ち，愛する人ができ，私を愛する人ができた，えーと，あのー……私はある意味ダニエルに成長して欲しくないのです，この子には，……1年で断乳すると考えると……今後一生涯ずっとおっぱいをあげ続けたい感じで，だって，おっぱいを上手に飲んでいる時に，私は本当に必要とされているんだなと思えて，息子が私を心から愛してくれて，そして，私も息子を心から愛していると。なので私はこの子が成長して私から離れて行って欲しくないのです。ただそう望んでいて，分かりますよね，私の言いたいこと。息子を愛することに関しては，どれだけやっても満足できないんです。あー，私だってお手洗いやシャワーに少しの時間を割かなければならないのに。

面接者：それだとダニエル君との関係には沢山の苦悩があるでしょうね。

母親：ええ，たぶん，ダニエルに過剰な期待を持っているんだ，と思います。もし，十分に頭が良くなくて，運動もできないとかだったら，どうしたらいいんだろうと心配で，まあこれは中流階級の多くの人はそんな風に思うんでしょうけれども。でも，ただ，ただ，幸せで，幸せでいたいんです，でも，ダニエルの能力とかを十分に育てるのにすごい責任を感じてしまって。それで私はこの子をダメにするんじゃないかって心配で，あのー，で，頑張りすぎてこの子をノイローゼにしたらどうしようか，とか。どうしたらいいのか全然分からない。正しいことをやりたいし，いったん赤ん坊を持てば，その子が健康で生まれさえすれば，全てが素晴らしい状態になるっていつも考えていました。けれどもそこには，うーん，この子との関係について先生が質問されていたのに，それに答えているのか分からなくなってきました。

コメント：ここで，赤ん坊に自分自身の欲求を満たしてほしいのだというこ

とについて，さらに気付いている状態を母親は示しており，加えて，満足のゆかない結婚に対して，赤ん坊に穴埋めをしてもらいたいと自分が思っていることすら理解していることも分かる。私は母親のそれらの欲求がダニエルとの関係に影響していることを伝えた。赤ん坊にこうあってほしいという彼女の欲求を非難することなく（暗に），赤ん坊は誰かのために存在するのではなく彼自身として在るということを正真正銘に隠し立てなく体験することから，母親を遠ざけてしまう対価を支払っているのだと強調した。赤ん坊にこうあってほしいという思いがどれだけ強くても，赤ん坊とはどんな存在であるかを発見し喜ぶという，初めての親業における中心的な喜びの1つを，この母親は享受できなくなってしまっていた。"自分は失敗している／赤ん坊も失敗している"という達成に方向づけられた母親の理解の枠組みを，解釈し直おそうと私は試みたのである。

抜粋15

　面接者：特に悲しい思い出はありますか？

　母親：悲しいことならいっぱいあります。だって……言うのもはばかられることですが，でも，えーっと（再び泣き始める），この子はこの世にやって来て，生き抜かなければならない，でしょう？　この子に幸せになってほしいのです。人生について明るい見通しを持ってほしいけど，私自身はそうではないのです。人生を一種苦痛と見ています。だから，そういう見方をしているので，この子が人生を生きていき，そして，死が訪れると思うとすごく悲しくなります，ええ，とても悲しく感じてしまいます。出産後退院してこの子を家に連れて帰った時，この子には不死の存在であってほしいって，夫に話しました。でも私はただ，あー，そうしなければならない，というか私が私自身の中で変えなければならないところなのですね。私自身がより明るい人生観を持つべきで，この子が出来てとても良かったというような。この子を得たことが，あのー，ずっと私の人生の喜び，えーっと，だったのですから。それで私はこの子に明るい人生観を持って

もらいたいのです。でも人生はいずれは苦痛となる，というのも，えーっと，多くの人にとってそうなると，そう思うからです。だから，少し悲しいんです。全ての母親が子どもに対して，そんな風に感じるのではないでしょうか。それで，えーっと，全てのことから子どもを守ることができるようにと，そう望むわけです。

コメント：母親が子どもを苦痛から守りたいと思うのは当然のことだろう。一方で，この母親は，自分の宝物であるダニエルが"人生を生き抜かなければならない"ことを"とても悲しいことである"と感じている。こういった話しぶりの嘆きの中に，この母親の悲しみや不安の深さが読み取れる。私は，母親が抱いている救いのない思いが本物だと感じた。この感情は母親個人の抑うつの一部を反映してはいたが，ダニエルについての母親の表象が悲しみと落胆という状態で，実際に，その感情はダニエルとの生活体験の一部を占めているものでもあるようだった。

抜粋16

面接者：ダニエル君との関係で最も楽しいことってなんですか？

母親：この子が私の子であるそのことそのもの，でしょうね。この子を授かったなんて信じられないぐらいです。それとこの子が機嫌よく，私に微笑んでくれる時なんか，分かるでしょう？　本でこの子の月齢だとできるはずであると書いてあることをこの子がした時，とても，そう，ほんとに嬉しいです！　足で蹴る動作とか，ほほ笑みとか，バブバブ言うこととか，何であれ。

面接者：元気づけられますね。

母親：ええ。

コメント：親が子どもの発達が早いことを望むのは自然なことであるが，この母親は"本に書かれている赤ん坊"を理想化しており，そうすることで自分の本当の赤ん坊から遠ざかってしまっていて，息子との関係を楽しむことができにくくなっている。さらにこの理想化は，親としての自分を自覚してゆく能

力，親として成長してゆく能力やその過程そのもので得られる喜びを麻痺させている。それは，自分が親として不十分だといつも感じているために，喜びを享受できなくなっている。

抜粋17

面接者：あなたとダニエル君との関係が，どのようにダニエル君の性格に影響を与えていると思いますか？

母親：そうですね，半分は，私からの半分は，私からものすごく多くの関心を得ているので，ダニエルは本当に安心できて，愛されていると言えます。けど，えーっと，でもあとの半分で。私が心配しているのはもっと将来のことかもしれません。この子が私みたいに，私みたいに，なってしまうのではないかと心配なんです。私みたいにはほんとになってほしくないのです。私は，えーっと，私は私の近くに育つことで，私から否定的なものを何一つ受け取ってほしくないし……でなければ，私はとても恐ろしい気持ちになります，前にも先生にそんなことを言ったと思うのですが……，多分。もうご存じのように，私は現実的ではない恐怖を持っているみたいで，この子にはそんな風になってもらいたくないんです。私は，えーと私は，質問はなんでしたっけ。私がダニエルに何をしているかですよね？

面接者：どのようにダニエル君の性格に影響を与えているでしょうか？

母親：そうですね，現時点では，私がこの子を甘やかしたので，もし初めからそうしてこなければそうならない状況でも，何時だってこの子は怒ってる，と思います。もし違う風にやっていれば，この子は，"そう，椅子に座ってなきゃいけないことが分かっているよ，ここに座って，ママが料理してるの見ていたり，窓の外を見たりしてて，幸せだよ"って思ったかもしれません。でも甘やかしたせいで，椅子に座ってる時なんか，息子はなんていうか，私がこの子を喜ばせようとすればするほど，この子は怒ってしまうのです。えーっと，私と遊んでいると機嫌が良いのですが，あのー，例えば水曜日はそうでしたが。この子は機嫌が良かったですね。

面接者：そうですか，良い時もあるのですね。

母親：えーそのとおり，良い時だっていっぱいあるのです。

コメント：ダニエルを自分と同一化していることについて，また自分のようになるのではないかとの恐怖について，母親は雄弁に語っている。この問題が明らかに母親にとって困難を感じていることであり，母親は質問に対する答えからずれてしまい，質問内容をより悪意のあるバージョン，"私がこの子に何をしているか？"というものに変えてしまっている。この同一化は彼女が望んでもいたが恐れてもいたものであった。母親は子どもといると，何事かを達成しなければならないといった方向性を持つという例も語っているが，そう思うことで，母親は息子を怒りに満ちて要求がましい者として体験している。ほとんど逆説的ではあるが，母親はダニエルが何を必要としているか（ぐずりでもってシグナルを送っている）よりも，自分が何を求めているか（ダニエルを満足させて感謝される）に焦点づけしたため，育児を効果的にできなくなっていた。

抜粋18

母親：ある時，ゆりかごからこの子を抱き上げて，そのゆりかごの先に息子の頭をぶつけてしまって，で24時間以内に脳に損傷が起こると信じ込んでしまって，この子はでもその時泣くことすらなかったんですが，それでも私は，この子の脳がむち打ちの状態になったのだから，揺さぶられっ子症候群か何かになってしまったと思ったのです。というのも，私はただ……

面接者：本当にそう思ったのですか？

母親：それはただ，私が正常な人間ではないってことなのです。問題は私の側にあって。私は合理的ではない恐怖を抱いていて，今はそれが馬鹿げているって分かりますが，その時私は，本当に，そのことに気が狂ったようになってしまって。私はまるで，あのー，というか私は。あのー，えっと，もし，私はこの子が赤ん坊だった時に，周りのみんなを大変混乱させてしまっていました。今ですら，この子が窒息しちゃうと確信する時があ

るのです，ええ，えーっと，誰かがこの子を肩に乗せ，この子の顔が下がっている，そういう時はいつも，気が狂いそうになります，だって……そうするとこの子が窒息すると思い込んでしまい，夫も怒らしてしまうんです。夜になると，この子はこの子の……えーと，なので先生にお聞きしたいのですが，どのような方法でこの子を寝かしつけたらいいのか，うつ伏せにするのか，それとも，えーっと，頭がいつも横になっているようにしてるんですが，そうすると首を振って，右に左にと振りますが，真ん中で止まってしまうことがある，顔が下向けで。私はそういうことをばたばたとやっており，この子をいらいらさせていると思います，だって私はこの子が窒息しちゃうと確信しているので，常にこの子の顔を鼻が見えている状態にさせようとしています。

コメント：この母親の抱いている圧倒されるような不安が明らかである。これら全ての不安につながる根底に，母親が表現することができない敵意が横たわっていておかしくないと私は推測し続けていた。というのも，これ以前の抜粋でも気付いていたように，母親は怒りを表出させられずに育って来たためである。怒りの感情を意識化しないことによる不安は，母親に侵入的な相互作用スタイルを取るようにさせていた。またこの不安は，ダニエルとの相互作用で，母親が"頑張りすぎ"る原因にもなっている。

乳児についての母親の表象

　上記の抜粋に現れていた重要な内容と語りの性質以上に，WMCIにより明らかになったダニエルについてのこの母親の表象には，いくつかの特記すべき特徴が見られた。第1に，彼女はダニエルが誰であるのか，そして，何を求め要求しているかについて，当惑・混乱しているようであり，その様は母親の語りにおけるつながりの悪さや，途中で考えが途絶えてしまうこと，さらにダニエルについて相矛盾するイメージを語っていることに表れていた。それは母親自身の欲求が強いあまり，ダニエルが何を求めているのかを母親が自由に体験す

ることができない状況を表していた。第2に，母親の表象世界はほとんど完全に赤ん坊によって独占されていた。母親は赤ん坊と親密になりたいという差し迫った要求を抱いていたが，満足がいかず成功の見込みはなかった。それにも関わらず，第3に，ダニエルについての理解は，細かいところできちんと豊かに捉えられておらず，それは多分，母親がダニエルをありのままの彼として体験することができず，代わりにダニエルを妊娠中に思い描いた理想化された"かわいい小さな天使"として認知するか，あるいは出産後に彼女が出会った欲求がましく，拒否的で，げっそりさせられる相手と認知するか，どちらかしかなかったためだと思われる。第4に，表象を覆っている不安や悲哀，罪悪感のレベルは，第1子を持った母親が典型的に持つレベルを優に超えていた。最後に，母親の感情は語りにおける叙述の中でうまく統合されておらず，一貫性の無さを表す語りと一緒になり悪化していた。

　一方適応的な面もあり，母親は自分の困難についてある程度の洞察を示しており，さらに自身の体験を振り返る能力，"心理化（mentalize）"する力を部分的には持っているようで，この能力はより適応的な親子関係と関連づけられている。母親はまた，強烈な感情と熱心な反応を示しており，この点は今後の治療で大変な作業を進めることにとっては肯定的に働くと思われることで，母親自身の陰性の感情を自分自身やダニエルへの養育行動と統合することには必要である。

初期の仮の治療方針

　現病歴と，母子の相互作用の観察，そしてWMCI中に現れた息子についての母親の認知を総合的に鑑みて，以下の治療計画を立てた。ダニエルは日内睡

（訳注2）心理化（メンタライゼーション：mentalization）とは，精神分析家 P. フォナギーによって提唱された概念。自己や他者の行為をその背景に思考・感情・動機などを持ったものとして理解すること，その能力，あるいはそれに関わる心的機制。

眠・覚醒サイクルを確立できていない3か月児で，身体的成長の問題はないものの，不適切で頻度の多すぎる授乳を受けており，調整不全の問題を持っていた。ダニエルには日々のルーティンや決まった時間的な構造があまり確立されておらず，このことがダニエルの調整不全の主要な要因と思われたが，一方で，ダニエルは彼が出す信号を読んだり，予測したりするのを難しくさせる，素早くて，起伏の激しい状態の変化を明瞭に示していた。ダニエルのイライラは極端であると母親は感じていたが，私が見た様子だと，平均を少し上回るくらいであった。ダニエルは自分に対する母親の関わり方によって，圧倒されると体験しているようだったが，対面式の相互作用の評定における無表情場面での彼の行動が明らかに示しているように，多少の適応を保持していた。

　母親は，ダニエルについて困惑させられる子で，意図が読みにくく，標準発達を下回っているとみていた。ダニエルが"本に示されている赤ん坊"より劣っており，自分自身も"本に出てくる母親"よりうまくやっていないと思っていた。母親は不安で，抑うつ状態にあり，自分がダニエルを達成へと追い込むことをせずにはいられなくなっている時でさえ，常に間違ったことをしているのではないかと不安がっていた。

　母親の困惑の大部分が，母親自身の問題の多いアタッチメント関係から生じていて，母親は自分の両親を喜ばせたり，満足させたりすることが困難であると体験していた。スルーフとフリーソン（Sroufe & Fleeson, 1988）が示しているように，関係性の両側が内在化されていた。すなわち，赤ん坊といる時，この母親は，喜ばせたり満足させることが困難な"母親"でもあり，そして同時に，喜ばすことがうまくいかずにもがいている"子ども"でもあった。母親に自信がある領域は，成績が良く勉強が得意であったということだったために，母親は，注意深く子どもの出来具合を評価することで，息子の発達を詳細に調べて，そして，自分が（やり方がだめだと）評価されるような強いプレッシャーのかかる状況で子どもへ関わろうとしていた。ダニエルを"刺激する"ために間違った努力をすることは，圧倒的で苦しめるような相互作用スタイルを築くことになった。

関係性の適応的部分が問題によって影を投げかけられ,両者が共にいる状況で大きな苦痛を経験していたために,この関係が障害されていることは明らかであった。そこで次の課題は,治療導入として,このことをどのように母親に伝えるかであった。

母親と共に行った総括

面接者:これまでのことを短くまとめてお伝えしようと思います。根本的な問題は次のようなものだと思います。ダニエルを育てる喜びを邪魔することが沢山あるために,ダニエルを愛し世話をすればするほど,ダニエルを育てる喜びは少ししか感じられなくなっていると思います。あなたはダニエルについて沢山の心配をしていますよね。私たちが明らかにしなければならない課題の1つは,お母さんが,ことがうまくいっていない時に,ダニエルがそれを知らせることで,彼を信じられるかということです。もしダニエルが知らせたことを,あなたが信じられれば,いろいろ起こる些細なことについて,そんなに心配しなくてよくなると思うからです。もしダニエルがあなたに,分かりやすい仕方で知らせることをあなたが信じられれば,そんなに心配しないでいられるでしょう。

それ以外で私が強く感じたことは,あなたにはこれ以上育児についてのアドバイスは必要ないということです。あなたはすでにアドバイスをもらいすぎているようです。アドバイス漬けになっています。すでに少し話し合ったことですが,物事が悪い方に行っている時についても,そうでない時についても,あなたがリラックスして自信を持って,自分とダニエルを信じることができる方法を見出していくことです。ですから,これから共同して治療を進め,道理にかなうことを見つけ出していきますが,私は,他の人のようにあなたに沢山アドバイスをして,あなたをもっと混乱させてしまうような,そんな立場に自分が陥らないように注意しようと思います。

母親：なるほど，先生が言ったことは私の人格上の問題ですね，単に息子を授かったことではなくって，生活全部に関わることですね。すでに前に話したとは思うのですが，以前私が治療に通っていた時，「よく聞くように，これがあなたのすることで，全く正確にこのようにやって，とにかくそのとおりにやりなさい。完璧な子どもを育てるための方法は，まずこれとこれとこれをやって，私がそれをあなたのために書いておいてあげますから，毎朝起きたらそれを読めばよいのです。これが確実な方法だって私が保証しますから，あなたは何も心配要りません」と誰かに言ってほしいって思っていると，その先生は言ってました。けれどもそういうのは，生活の実際とは違っていて，それを分かってはいるんですが，それでも私はいつもそう言われるのを望んでいると思うんです。

コメント：この母親に臨床状況の枠組みを与えようとして，私はいくつかのことを試みた。第1に，暗に私は，母親が助けを求めることは正当であるし，手助けは可能であるということを伝えた。第2に，中心的な課題は，母親や赤ん坊が正しいことをするか否かという問題ではなく，子どもとの生活を楽しめるか否かであると再び明確にすることで，葛藤が多くて達成に方向づけられた関わり方から，彼女を脱却させようと試みたのである。このことにより，治癒に至る方向性は，特異的な相互作用よりも，母親が赤ん坊をどう体験するかの中にあることを示そうともしたのである。第3に，私は治療において，"その道の専門家としての臨床家"ではなく，母親と私がパートナーシップを組むことを強調した。母親は，自分が正しい答えを望むことは非現実的であると反応した。

治療のまとめ

上記の評価に基づいて，ほぼ18か月間，母子は乳幼児－親心理療法(Lieberman, Silverman, & Paul, 2000)' を受けた。母子同席で週1回会い，何回かは母親とのみのセッションを持った。治療全体を通して，母親に対してダニエルと一緒

にいて体験していることに焦点化した探究を行い，ダニエルその人そのものを，彼の要求を賢明に探ることを通して経験することを強調した。治療初期は，アセスメントで同定されたテーマを明確化したり確認したりすることに焦点を置いた。治療の次の段階では，母子を覆いこんでいる関係性の反復状態を明らかにし，排除するために，母親の幼少期における関係性の経験が母親のダニエルとの体験に侵入していることをより明確にすることに重点化した。つまり，目標はできる限り母親の過去から赤ん坊を自由にすることにあった。治療の最後の段階で，母親と私は，健康で楽しい関係を持つことを阻んでいる他の障害物についても話し合った。また，私たちは治療の主要なテーマを見直して，母親の持っている将来についての心配についても探り，話し合った。

結　論

WMCIは，親子関係のアタッチメントに対して包括的なアプローチの一部として臨床に用いることができ，アタッチメント理論とその研究から導き出された親の認識を探る面接法である。本章では，母親と月齢3か月の息子というケースを用いて，子どもに対して母親の持つ表象の主要な特徴を捉えることと，さらにこの表象上の特徴がどのように子に対する母親の行動や関係性を強化しているかを理解することに努めた。最後に，この面接法を用いて，どのように母子のジレンマについての理解を形成し，主なテーマをどのようにして同定したかを記述した。

謝　辞

まず本章を準備する段階で，尽力してくれたダイアン・ショーファーに心より感謝を申し上げます。次にジュリー・ラリウー，アナ・スマイク，ポーラ・ジーナーの先生方は，この原稿を注意深く読み，多くの示唆を与えてくださいました。改めて，心より感謝いたします。

文 献

Benoit, D., Parker, K., & Zeanah, C. H. (1997). Mothers' representations of their infants assessed prenatally: Stability and association with infants' attachment classifications. *Journal of Child Psychology, Psychiatry and Allied Disciplines, 38*, 307–313.

Benoit, D., Zeanah, C. H., Parker, K. C. H., Nicholson, E., & Coolbear, J. (1997). Working model of the child interview: Infant clinical status related to maternal perceptions. *Infant Mental Health Journal, 18*, 107–121.

Boris, N., Fueyo, M., & Zeanah, C. H. (1997). The clinical assessment of attachment in children under five. *Journal of the American Academy of Child and Adolescent Psychiatry, 36*, 291–293.

Bowlby, J. (1982). *Attachment.* New York: Basic Books. (Original work published 1969)

Fraiberg, S., Adelson, E., & Shapiro, V. (1980). Ghosts in the nursery: A psychoanalytic approach to the problems of impaired infant–mother relationships. *Journal of the American Academy of Child Psychiatry, 14*, 397–421.

Huth-Bocks, A. C., Levendosky, A. A., Bogat, G. A., & von Eye, A. (2004). The impact of maternal characteristics and contextual variables on infant-mother attachment. *Child Development, 75*, 480–496.

Huth-Bocks, A. C., Levendosky, A. A., Theran, S. A., & Bogat, G. A. (2004). The impact of domestic violence on mothers' prenatal representations of their infants. *Infant Mental Health Journal, 25*, 79–98.

Lieberman, A. F., Silverman, R., & Pawl, J. H. (2000). Infant–parent psychotherapy: Core concepts and current approaches. In C. H. Zeanah (Ed.), *Handbook of infant mental health* (2nd ed., pp. 472–484). New York: Guilford Press.

Main, M., Kaplan, N., & Cassidy, J. (1985). Security in infancy, childhood, and adulthood: A move to the level of representation. In I. Bretherton & E. Waters (Eds.), Growing points in attachment theory and research. *Monographs of the Society for Research in Child Development, 50*(1–2, Serial No. 209), 66–104.

Rosenblum, K. L., McDonough, S., Muzik, M., Miller, A., & Sameroff, A. (2002). Maternal representations of the infant: Associations with infant response to the Still Face. *Child Development, 73*, 999–1015.

Rosenblum, K. L., Zeanah, C., McDonough, S., & Muzik, M. (2004). Videotaped coding of working model of the child interviews: A viable and useful alternative to verbatim transcripts? *Infant Behavior and Development, 27*, 544–549.

Schechter, D. S., Coots, T., Zeanah, C. H., Davies, M., Coates, S. W., Trabka, K. A., et al. (2005). Maternal mental representations of the child in an inner-city clinical sample: Violence-related posttraumatic stress and reflective

functioning. *Attachment and Human Development, 7,* 313-331.
Sroufe, L. A., & Fleeson, J. (1988). The coherence of family relationships. In R. Hinde & J. Stevenson-Hinde (Eds.), *Relationships within families: Mutual influences* (pp. 7-25). Oxford, UK: Clarendon Press.
Stern-Bruschweiler, N., & Stern, D. N. (1989). A model for conceptualizing the role of the mother's representational world in various mother–infant therapies. *Infant Mental Health Journal, 10,* 142-156.
Tronick, E., Als, H., Adamson, L., Wise, S., & Brazelton, T. B. (1978). The infants' response to entrapment between contradictory messages in face-to-face interactions. *Journal of the American Academy of Child and Adolescent Psychiatry, 17,* 1-13.
Zeanah, C. H., & Benoit, D. (1995). Clinical applications of a parent perception interview. In K. Minde (Ed.), *Infant psychiatry: Child psychiatric clinics of North America* (pp. 539-554), Philadelphia: Saunders.
Zeanah, C. H., Benoit, D., & Barton, M. (1986). *Working model of the child interview.* Unpublished manuscript.
Zeanah, C. H., Benoit, D., Hirshberg, L., Barton, M. L., & Regan, C. (1994). Mothers' representations of their infants are concordant with infant attachment classifications. *Developmental Issues in Psychiatry and Psychology, 1,* 9-18.
Zeanah, C. H., Larrieu, J. A., Heller, S. S., & Valliere, J. (2000). Infant–parent relationship assessment. In C. H. Zeanah (Ed.), *Handbook of infant mental health* (2nd ed., pp. 222-235). New York: Guilford Press.
Zeanah, C. H., Zeanah, P. D., & Stewart, L. K. (1990). Parents' constructions of their infants' personalities before and after birth: A descriptive study. *Child Psychiatry and Human Development, 20,* 191-206.

第2章　子どもの内的世界を心に留めておけること
―― 治療的幼稚園における母親への洞察力のアセスメント

ニナ・コレン-カリー，ダビッド・オッペンハイム，
ドグラス・F・ゴールドスミス

　治療場面において，幼い子どもの両親が，子どもの立場から物事をみたり，問題行動をとる背景にある子どもなりの動機を共感的に理解したりできることが，治療の進展にとって重要な一歩であると多くの臨床家や研究者が考えてきた（例えばFonagy, Steele, Steele, Moran, & Higgit, 1991; Lieberman, 1997; Zeanah & Benoit, 1995）。われわれの研究では，こうした能力を**洞察力**（insightfulness）と呼んでいる。子どもの内的世界に対する母親の洞察力を高めることが子どもの問題行動の改善と関連する一方，子どもについて母親が持つ表象が変わらない場合には子どもの問題行動が増加するということを，臨床事例によって示してきた（Oppenheim, Goldsmith, & Koren-Karie, 2004）。加えて，臨床的な問題を持たない群を対象とした研究では，洞察力を持っていることが，敏感で適切に情緒的に調整された養育の基盤となることや，子どもが養育者に安定したアタッチメントを発達させる支えとなることが分かった（Koren-Karie, Oppenheim, Dolev, Sher, & Etzion-Carasso, 2002; Oppenheim, Koren-Karie, & Sagi, 2001）。他方，養育者が洞察力に欠けることは，子どもが自分には能力や効力が無いと感じたり，さらに，安全感や自己評価を損なったりするリスク要因になると考えられている（Oppenheim & Koren-Karie, 2002）。要するに，養育者の洞察力は，通常の環境で育つ子どもの情緒的発達に重要な意味があり，養育者の洞察力を高めることが，親子治療の大切な目標となるのである（例えば，

Fonagy et al., 1995 ; Silverman & Lieberman, 1999 ; Slade, 1999)。

　本章では，子どもの考えや気持ち，そして，自分と子どもとの関係について，どのように母親が語るのかを通して，母親に洞察力があるか無いかを見極めることについて説明していく。そこで，オッペンハイムら（2004）の研究に参加した，治療中の未就学児をもつ母親2名を取り上げる。どちらの母親も治療前は洞察力が無いタイプと分類されているが，一定期間の治療の後，子どもについての話し方に現れた変化が，どのくらい洞察力のある状態を示したのかについて提示する。さらに，治療前に洞察力が無いタイプと判断された面接内容でも，治療を積極的に活用することで洞察力をつけていけそうな可能性が潜在的にあることを示す語り方や特定の特徴を例示していく。治療前にこのような特徴を知っておくことは，治療中に親がたどりうるさまざまな経過を治療者が予測したり，それぞれの親が潜在的に持つ特定の洞察力を足場として治療的アプローチを計画したりすることに役立つだろう。

　親の洞察力は，養育行動やひいては子どもの健康と関連するために，これを高めることが重要である。洞察力が高い親との関わりによって，子どもは，自分の内的世界には意味があり，自分の考えや気持ちは尊重され，理解され，受け入れられると思えるようになる。こうした感情は，子どもが両親を安全基地としてイメージする際の中核であり，そこから，子どもは物理的にも情緒的にも世界を探索することが可能になる。親が子どもの立場に思いを馳せながら関わってくれる場合に，子どもは慰めや助けが必要な時に親に戻っていけるのである。反対に，洞察力の無い親を持つ子どもは，自分の動機や希望は理解されないし受け入れられないと感じるだろう。それゆえ子どもは，否定的な情動を受け止めたり調整したりして欲しい時に親を頼ることができず，欲求不満や孤独感，そして罪悪感，恥といった感情を持ちやすくなる。

　洞察力を獲得する方向への変化は，親の内面のみに現れるのではなく，むしろ，子どもとの関わりに現れると予測できる。そこで，本章では，母子間における感情経験についての会話場面でどのように親が行動するのかを検討する。子どもについて母親が持つ表象が肯定的に変化すると，子どもとの実際の話し

方にも同様の変化が見て取れるのかも問う。本章の最後に，洞察力をアセスメントすることが，臨床家の実践にいかに役立つかを論じる。さて，最初に，洞察力の概念とそのアセスメント方法を振り返ることから始め，治療前と後に行う洞察力をアセスメントするための面接の一部を紹介する。

母親の洞察力

　洞察力とは，文脈に見合った幅広い視点で子どもの動機を考えながら，情緒的に多面的な存在としての子ども像を受容的に捉え，かつ，子どもについての認識を適宜改めることができる親の能力であり（Oppenheim & Koren-Karie, 2002），子どもが発する情緒的シグナルに，親が敏感かつ適切に応答する際の基盤となる能力である（Koren-Karie et al., 2002）。洞察力が無いこと，つまり，子どもの行動の根底にある動機や情緒的欲求を親が共感的に理解できないことが，子どもが症状や問題行動を形成する根源にあるのではないかという考えは，以前からの臨床的考察に基づくものであるが（Bowlby, 1982；Fraibaerg, Adelson, & Shapiro, 1975；Lieberman, 1997），科学的検証はほとんどなされていない。この隔たりを埋める取り組みとして，科学的に検証された親の洞察力のアセスメント方法をわれわれは開発した。

　洞察力アセスメント（Insightfulness Assessment, 以下IA）では，まず，3種類の相互作用場面で親子をビデオに撮影する。その後，親はその相互作用から抜粋された短い場面を見て，子どもや自分自身の考え，および気持ちについて問われるという面接を受ける。IAの導入として，子どもをより良く理解するための機会であると親に伝え，特に，ビデオで録画された場面を見ることで，子どもの考えや気持ちを親自身がどう思うかについて話し合うことを強調する。そして，ビデオ場面での行動がいつものその子らしいものかどうかについて質問があり，最後に，ビデオを見ている間の親自身の気持ちが問われる。具体的には，ビデオ場面の子どもの行動を見て，驚いたり，心配したり，嬉しかったりしたことがあったかどうかが尋ねられる。3種類の相互作用の場面ごとにこ

れらの質問を行い，面接の最後に，全般的な質問が2つなされる。まず，子どもについて，"1人の人間としての"その子らしさを最も感じる中心的な特徴について尋ねられる。また，子どもや自分の親役割についての，母親自身の考えや気持ちについても尋ねられる。面接を通して，親は自分が述べたことを，ビデオ場面で観察した内容や，あるいは日常生活からの具体例をもって説明するように促される。

洞察力のアセスメント手順として，まず面接の逐語記録に基づいて特徴を評定した後，次の4グループに分類する。それらは，"明確な洞察力があるタイプ"，"洞察力が無く一面的なタイプ"，"洞察力が無く離脱的なタイプ"，"洞察力が無く混合的なタイプ"というグループである。洞察力の高さに関わる3つの主要な特徴は，子どもの行動の背後にある動機への**洞察性**があるかどうか，子どもの情緒に関して**多面的な見解**を持っているかどうか，子どもについての新しく，時に予測しない情報に**開かれた態度**であるかどうかである。

洞察性とは，子どもの行動の背後にある動機に養育者が思いを馳せる能力である。子どものことを，子ども自身も心づもりや要求があったり望みを持ったりする者で，親とは別個の存在であると受容した上で，子どもの動機について考えることができる力である。親が語る子どもの動機は，きちんと現象に合って理にかなったものであり，肯定的な捉え方で推測されている。子どもの動機を考える際には，理解と受容の両方が必要である。親には，子どもの行動の根底にある動機を**理解**することが必要であるし，理解には動機の受容が伴う。特に親が手ごたえを感じにくかったり困難に思えたりする子どもの行動に対して，こうした姿勢は，適切に親が応答するための前提条件になると考えられている。

親がこのような心的状態である場合，その親の子どもは，自分の顕在的な（時に問題を含む）行動の先を親が見通してくれるという経験を持てる。さらに，子ども自身の視点や行動の背後の動機を親が理解しようと努力してくれることによって，自分が親にとってとても大切な存在であると実感することもできる。その結果，子ども達は，動機や意図も観察可能な行動と同じほどに重要であること，自分達の考えや感情も重要で考慮に値すること，自分達の言い分には耳

第2章 子どもの内的世界を心に留めておけること

を傾けてもらえ承認してもらえることを学習する。こうした経験により，子ども達は，アタッチメント対象が自分の内的世界を理解してくれると実感でき，保護されて安全であると感じることができるのである。

　子どもの情緒に関する**多面的な見解**とは，子どものことを，良い面と悪い面を併せ持つ全体的な人間として，信憑性高く説得力をもって語れることである。良い面は率直に述べられ，日常生活からの具体例によって裏付けられ，悪い面よりも多くを占めることが通常である。悪い面については，子どもを責めることなく，率直に語られるために，イライラや動揺を招く好ましくない子どもの側面であっても，受容的な態度でもって語られ，子どもの行動への適切な説明を見出そうとする文脈で述べられる。多面性があることで，母親は子どもの"本当の"姿を見ることができ，それに基づいて子どもについての多次元的表象が形成される。子どもの立場に立てば，母親の期待や望みに合致する行動だけでなく，自分の行動**全て**を理解してもらえているという感覚につながるであろう。それゆえ，このように多次元的でバランスのとれた表象を親が持っている場合，子どもは両親と一緒にいれば安全であると感じられる。

　最後に，**開かれた態度**もまた洞察力の中核的要素であり，これが備わっている両親は，子どもの慣れ親しんだ側面だけでなく，よく知らなかったり予想しなかったりする側面についても注目し，面接で話しながら子どもについての見解を修正することがよくみられる。開かれた態度はまた，親の自分自身への態度も含んでいる。自分自身や子どもについて観察した経験を生かし，親としての自分自身を過剰に批判せず，そして防衛的にはならずに，新鮮に捉え直すことができる。

　注目すべきことに，上述した，洞察性，多面性，開かれた態度の3要素は，母親の**話し方**に目を向けた特徴であり，親が語る具体的な内容についての指標というよりも，洞察力の高低を表す指標なのである。例えば，従順ではないといったような厄介で困難な行動を，洞察力のある母親であれば，特定の状況と関連付けながら，あくまで子どもの人格の一部として語るだろう。加えて，洞察力のある母親は，そうした行動は良くないものだと認識しつつ，行動の背後

にある動機について思いを馳せることが可能だろう。洞察力の無い母親は，同じような子どもの行動を，怒りや強い不安を伴い，親自身の気がかりに焦点を移行して語ったり，あるいは，冷淡に侮蔑的に気持ちを切り離して語ったりすることが多い。

　ここまでは関係性における母親の役割を強調してきたが，母親の洞察力は特定の関係性の文脈に組み込まれているものであり，それゆえ，性別，気質，コミュニケーション能力といった子ども側の特徴からも影響を受ける。この点は本章においてとりわけ重要である。というのも，本章で取り上げる子ども達は行動上の問題を呈しており，そのような子どもの考えや気持ちについて高い洞察性や受容性を持ちながら語ることは，母親にとって容易ではないからだ。

　本章で紹介する母親達は，ユタ州にあるソルトレイクシティ子どもセンターで行っている治療プログラムに参加していた者である。このプログラムでは，子どものための治療的幼稚園を設けると共に，子どもが抱える困難について親への援助活動も行っている（プログラムの詳細は，本書第8章にゴールドスミスが紹介している）。子ども達は，1週間に5日，各3時間，2人のセラピストと共に，治療的な集団幼稚園に参加する。母親は，子どもと離れて，週に1〜2度の親セラピーセッションに参加し，子どもの問題に関することを話し合う。子どもの問題行動と母親の洞察力との関連についての研究（Oppenheim et al., 2004）に参加した母子群から，次の2つの事例を紹介する。一連のインテーク手続きの一部として，治療前面接と行動観察を行った。治療終結が近づいた頃に，治療後データも測定した。

　先述したとおり，IA（洞察力アセスメント）の際に母親は自分の子どものビデオ場面を見る。本研究では，次の場面を提示した。

　1．分離再会のストーリー共同作成場面。母親と子どもは，人形と小道具を使いながら，人形の両親が子どもを置いて旅行に出かけて戻ってくるというストーリーを一緒に作るよう教示される。

　2．競争的ゲーム場面。母親と子どもは，様々な形のブロックを使って一緒に高いタワーを作るよう教示される。タワーを倒した者は"まぬけ

(blockhead)"と呼ばれる。
3．ストーリー作成場面。家族と一緒に座っている人形の子どもを面接者が子どもに見せ，人形の子どもがうっかりジュースを"床一面に"こぼしてしまったと伝える。

アナとトム

治療前アセスメント

　アナは38歳の女性で7人の子どもがいる。彼女の息子である5歳のトムが，攻撃的で規則を守れず行動の調整がきかないために子どもセンターに紹介されてきた。治療開始前にアナに行った最初の面接で，アナは洞察力が無く一面的なタイプに分類された。面接での質問に対する彼女の反応は，一貫性がなく，表面的で，関係の無い話が沢山出てきたりして，目下の話題からアナ自身の考えや気持ちに焦点がずれていくことが多々あった。トムの人物像やトムの行動の理由を明確に把握することは困難であった。アナはトムについてほとんどは否定的に語り，アナの語り方からは，トムの人格や特徴についてアナがかなり心配したり悩んだりしているというだけでなく，そこに怒りや敵意もあることが伺えた。情緒的な混乱が面接全体にみなぎっており，トムの心的世界や考え，気持ちや行動の背景にある動機を鑑みる余地はなかった。

　1つの例を紹介しよう。分離再会についてのストーリーの共同作成場面で，再会時の2分間のビデオクリップを視聴した後，その場面でのトムの考えや気持ちをアナに質問した。彼女の最初の反応は，「あの子は分かりにくい子なの。本当に感情的で，どんな感情も怒りに変えてしまうの」というものであった。最初の言及からすでに，息子の内的世界について話し合うことがアナにとっては難しいと明らかになった。さらに重要なことは，その困難さを息子のせいにすることであった。**息子が**感情を怒りで表わさなければ，自分はもう少し彼の行動が分かったのに，ということである。

　面接を通して，息子に対する敵意や非難が顕著であった。競争的な"まぬ

け"ゲームをした2つめのビデオクリップで，トムの考えや気持ちを問われた時，アナは次のように答えた。「あの子はしたいようにしたいの，なんでも自分のしたいように。さもないと全く自由にならないと思うみたい。だから本当は私にもあまり関わってほしくないの。私に威張り散らして自分のしたいようにしたいみたい。いやいやながら私にも遊ばせてくれているみたい。」追加質問では，ビデオ場面のトムのどんな行動によって，そんな結論に至ったのかをアナは問われた。アナの答えは次のようであった。「今見たあの場面から？ 遊び全体ではなく？ あー，それだったらあの子は大丈夫だったわ。大丈夫だったと思う。本当に。なかなかちゃんと一緒にできていたわ。」

　この例を通して分かるのは，アナが，いかに否定的に理由づけてしまうアナ自身の捉え方に彩られながらビデオ場面を知覚しているかということである。アナの最初の反応はトムの否定的な行動についての言及であり（「あの子はしたいようにしたいの」），その点を詳細に述べ，相互作用全体が問題であったかのような印象を与えた。しかし，この全般的言及を具体例で裏付けるように言われると，否定的な全般的見解と矛盾して，トムは協力的に一緒に遊んでいた（「なかなかちゃんと一緒にできていたわ」）と述べた。言い換えると，トムはしたいように振舞う"乱暴者"であるというアナの現在の認識があまりに強固であるために，否定的に振舞うだろうという予測と一致しないような，思ってもみない肯定的な行動が起きてもそれを捉える余地がなく，否定的認識が反応を特徴づけるものとなってしまっていた。

　アナは，狭くて一面的な息子像を述べた。各ビデオ場面を見た後に，その場面にトムの典型的な特徴が表れていたかどうかについて，アナは尋ねられた。彼女が述べた一連の特徴を眺めてみると，全てが良くない言及であった。例えば，**攻撃的な子ども，未熟，皆を支配したがる，気分屋，すぐに欲求不満になる，乱暴，威圧的**，といった内容である。おそらく，列挙された形容詞の具体的な内容よりも重要なのは，アナが欠点ばかりの描写と良い面への言及でバランスを取らなかったことであり，難点の多い行動の背後にある理由を理解しようとしなかったことである。アナの心には息子について良いところがあるとみ

なす余地はないかのようである。母親の目を覗き込んだトムに見えるのは，自分を励ましたり，プラスの期待を向けてくれたりするものではないであろう。そうした前向きの期待や自分の良い特質を母親が信じてくれることなしに，自分は価値ある存在であり，肯定的目標を達成しうるという自己像をトムが育むことは難しいであろう。

　アナの語り方に見られた他の特徴は，自分とは異なる行動や欲求を持つ分離した人としてトムを受け入れることの困難さである。アナはトムの行動を自分自身と比べ，トムの行動にがっかりしている。「あの子は欲求不満になると家中をひっくり返す。そうしたくなる気持ちは理解できる。私だってあの子と全く同じ気持ちになる。でも，私はそれを気持の中に留めてもおける。あの子はそれを外に出してしまう。私なら絶対にそうはしなかった」と言っている。この例から，トムの怒りの中心にある欲求不満をアナが認識していることは分かるのだが，トムの行動を自分と比べて批判している。自分は感情を内に留めるのだから，トムもそうするべきであると考えている。トムが強い欲求不満に陥っていることや，それを怒りで表現していることをアナは理解しているが，同時にトムが攻撃的になっていることを責めている。言い換えると，アナはトムの行動の背後にある動機を認識できているのだが，それを受容していない。こうした語り方を，トムは，極めて苛立たしく混乱させるものとして受け取るだろう。一方で，自分の破壊的な行動の背後にある動機について，母親は理解を示してくれているとトムは感じているだろうが，もう一方では，子どもは自分と同じように反応するべきだと母親が思っているため，こうした理解は条件付きでしかないのである。

　さらに，アナの語り方で特徴的な点は，トムについて語ることに焦点を保ちにくいことである。アナの応答のかなりの部分がトムについてではなく，関係のない話やアナ自身の思いや考えに脱線していた。1つの問いで，トムの攻撃性を示す日常生活からの具体例を思い出すようにアナは尋ねられた。すると，トムと湖のそばで共に過ごし，トムが帰りたがらなかったという特定の出来事を語り始めた。アナがもう帰ると伝えた時，トムは癇癪をおこした。アナは次

のように述べた。

　「あの子は泣き叫び始めて，かんかんに怒り，脅したり物を投げたりし始めた。そして服を下着まで脱いでしまって，ドアの外に飛び出し，意地でも何がなんでも湖に戻ってしまった。何もお構いなしだった。あの子はきょうだいみんなとけんかになる。学校ではもう誰とでもそんなことをするわけではないと思うけど。あの子はいつも『お前なんか大嫌い』と言う。兄や姉の誰がそんなことを言っているのか私には分からない。誰かが言っているに違いないけど，誰も誰が言っているかは言わない。トムは誰にでも嫌いと言っている。そのせいでトムの弟が真似をして，先日は父親に言っていた。お前なんか嫌いだ，だって好きじゃないし，お前なんかいなくてもいいからだって。弟はまだ2歳なのに，本当に，信じられない。」

　ここに表れている通り，アナは最初はトムについて語ることに焦点を維持することができていた。トムが攻撃的であるという彼女の言及を裏付けるエピソード記憶を述べた。しかし，話が進むにつれて話の焦点を見失い，他の問題に流れていく。最初はトムの学校での攻撃性について語り，そこから，トムの弟の攻撃性についての心配事に話が移っていく。トムの行動から自分の心配事へと焦点が移行すると，この特定の出来事において，トムの行動の背後にある理由について考えることから離れてしまい，トムの願いや欲求について新たな気付きを得ることができなくなってしまう。

　洞察力は，敏感な養育行動のための重要な基盤として概念化されているものであるため（Oppenheim & Koren-Karie, 2002），アナに洞察力が欠けていることが，アナとトムの相互作用を観察していても分かるだろうと考えた。とりわけ，アナがトムについて語る際に示す，きわめて連想的であり自己中心的でもあって，敵意に満ちた語り方や，特定の出来事に集中し続けることの困難さが，アナがトムと会話する際にも見て取れるだろうと考えた。これを検証するために，トムの感情経験についてのアナとトムの会話を観察した。

　この話し合いでは，トムが幸せや怒り，恐れ，悲しみを感じた特定の出来事について，それぞれ4つの自伝的なストーリーを，トムと一緒に作成するよう

にアナは求められた。こうした会話を共に組み立てるために，オープンで寛容で系統的な態度で母親は子どもを導くことが期待されている。そうすることで，子どもは，感情世界を探索するために"出発"できる安全基地として，そして，必要な時にはなだめ慰められる確実な避難所として，母親を利用することができる（Koren-Karie, Oppenheim, Haimovich, & Etzion-Carasso, 2003）。

　トムにとっての安全基地であることがアナには極めて難しいようであった。IA面接に表れていた困難さが，一貫性があり意味をなすストーリーを作成できるようにトムを手助けできないという問題として明白に表れていた。アナとトムは，トムの感情経験について，たった1つのストーリーさえ作成できなかった。2人の相互作用は否定的な感情でいっぱいであり，関係のない細部やアナの感情に話がそれていった。彼らの会話は例えば次のようであった。

　　アナ：怒りって何か分かる？　腹が立ったらあなたはどうするの？
　　トム：えっと，人のお尻をたたく？
　　アナ：人のお尻をたたくって？　誰の？
　　トム：ケビン（弟）だよ，ケビンが問題を起こしたら。
　　アナ：ケビン？　誰もみていない時にそんなことをするの？
　　トム：ご飯を食べたいよ。
　　アナ：駄目，私と一緒にこのゲームをしないといけないのよ，そうしないとおもちゃをあげないわよ。さあ，ここにきちんと座りなさい。トム，おいで。ここに来て座りなさい。トム，トム，トム，お母さん怒るわよ。
　　トム：いやだよ。
　　アナ：お母さんが怒っているのは，あなたが私の言うことを聞かないからよ。あなたはお母さんの気分を悪くしているのよ。あなただってお母さんがあなたの話を聞いてくれるのが好きでしょ。
　　トム：（机の下にもぐりこむ。）
　　アナ：机の下から出てきなさい。いらっしゃい。おいで，こんなのおかしくないわよ。
　　トム：（クスクス笑いながら机の下から走り出る。）

アナ：お母さんは笑ってないわよ。あなたは今嬉しいの？ 言うことを聞かなくて嬉しいの？ お母さんがしちゃいけないと言っていることをしているのよ。

トム：（母親に近付き，母親の手からランチバッグを奪おうとする。）

アナ：駄目，駄目！ やめなさい！ トム，お母さん本気よ。これはゲームじゃないの。おいで。来なさい。いらっしゃい。

トム：僕のバッグをくれないじゃないか！

アナ：持っていてもいいけど，まだ食べちゃ駄目よ。開けちゃ駄目よ。言うことを聞かなくて嬉しいの？ だってお母さんはこんなのおかしいと思わないし，お母さんはちっとも嬉しくないし，あなたはお母さんの感情を害しているのよ。

　アナのトムを悪くみなす捉え方，トムに対する敵意，アナ自身の感情に注意を向けやすい傾向，これらはIAでの問いに対するアナの反応の主要な特徴であったことだが，アナとトムとの相互作用においても中心的な特徴であった。会話の最初，トムは母親に協力し，腹が立ったら"人のお尻をたたく"と伝えた。トムはもう少し話を続けようとする気持ちもあり，弟が問題を起こした時に弟のお尻をたたくと母親に伝えた。アナはトムのリードに従わず，トムの感情に焦点づけもしなかった。そうではなく，会話の焦点を，トムの腹立ちから，誰も見ていない時に弟のお尻をたたいたことについて，トムをとがめることに移した。トムの感情から迂回したことが，相互作用の変わり目であった。その瞬間からトムは母親に協力しなくなった。ご飯が欲しいと訴え，机の下にもぐりこんだ。残りの時間，彼らは互いに苦闘し，トムの感情経験についての有意義な会話を交わすことはもはや不可能であった。

　加えて，IA面接での中心的特徴であったように，トムの感情から自分の感情へと会話の焦点が移りやすい傾向は，この会話においても表れていた。トムがアナの質問に協力することを拒んだ時，アナは自分自身の感情に注意を移した。トムが返事をしないから**自分**が腹を立てていること，トムの行動が自分を怒らせていることを，アナは繰り返し述べた。また，トムが詳しく話し続けら

れるように導かなかったし、トムの怒りの表出を許容するような、適切で受容的な態度で話をくくる手助けもしなかった。両者ともに"今、ここ"に留まり、トムのランチボックスをめぐって争い続けてしまい、過去の感情的出来事について話すことができなかった。

　アナがIA面接で見せた困難に基づいて、われわれは特定の治療目標を引き出すことができた。つまり、アナが、**トムの考えや気持ちに集中できること**、トムの行動の背後にある動機を探究できること、良い面と悪い面を合わせ持つ存在としてトムについてのバランスのとれた見解を形成できること、問題行動が生じる文脈を考慮できること、とりわけ、難しいトムの行動に対して理解を伴った受容的な態度で応答できるようになること、を目指した援助である。これらは単純な治療目標ではないし、たやすく達成できることでもない。しかし、洞察力の測定の際にみられたアナのある種の強みが、これらを成し遂げる手助けになると思われた。

　強みの1つは、子どもと極めて情緒的に関われることである。子どもの内的世界を、興味もなければ考えてみる価値もないとみなす親もいる。そうではなくアナは、トムに深く関わり、トムを理解しようとする課題にも熱心に取り組んだ。ただそれが洞察性や受容性を欠き、敵意を伴っていることが問題であった。アナの自己中心性やトムへの否定的な理由づけが表れている面接の引用部分には、息子の内的世界について考えたり検討したりするアナの能力もまた表れている。例えば、トムがしたいようにしたがるのは、自制心を失うという彼の気持ちと関係しているのかもしれないとアナはみなしている（「あの子はしたいようにしたいの、なんでも自分のしたいように。さもないと全く自由にならないと思うみたい」）ことがあげられる。アナは、息子の内的な感情世界は行動と関連性があると分かっており、それを理解するのが自分の役割であると思っている。それゆえ、観察された行動の根底にある心理学的動機について語ることは、アナにとってなじみのあるものである。これらを出発点として生かしながら、子どもについてのより広く深くバランスのとれた見解を育んでいけるだろう。

アナのIA面接に表れていた2つめの強みは，面接中のいくつかの時点で，アナが新鮮な思考や自己内省性を示していたことである。例えば，面接の冒頭で，面接者が手続きを示す際に次のように伝えた時の応答があげられる。「われわれは基本的に，トムを理解することをあなたに助けていただきたいのです。というのも，あなたは彼の行動に熟達しているでしょうから。」アナは面接者を遮ってこう言った。「トムの問題行動のかなりの部分は，私によって引き起こされているかもしれない。」この短い文章において，トムが問題行動を起こすことは，自分にも何がしかの責任があるかもしれないと考えられることをアナは示している。面接を通して，すべての欠点や問題の原因はトム自身にあるとアナは語っているが，この文章には子どもの問題行動に対して異なる理解（アナ自身も原因を及ぼしているかもしれない）ができる可能性や，自身の罪悪感についての最初の一瞥も示されている。

アナが開かれた態度を持つことについての他の例は，分離再会ストーリーを共に作ったビデオ場面を見た後で，アナ自身の考えや思いを尋ねたことに対する応答から得られた。アナは次のように答えた。「私はあの子をかわいそうに思う。去年，あの子と遊ぶ機会をどれだけ逃してしまったかをつくづく思っている。赤ちゃんが生まれたから。」ここでもアナは，ビデオ場面を見て，良い方向への移行を予見しうるような，新たな内省や洞察を獲得している。しかしながら，この時点では，この強みは不十分で，困難さの方が大きくて影が薄い状態である。たとえ稀ではあっても，開かれた態度や洞察性が垣間見えることは，洞察力のある状態へ移行するための有効な基盤となりえる。

治療後アセスメント

治療後のアセスメントの際，IAの質問に対するアナの応答は，治療前の内容と比べてかなり異なっていた。この時点で，逐語録の分析結果（アナの最初の分析結果を知らない評定者による）から，洞察力があるとみなされ，そこには新たなトム像が表れていた。トムのことを，肯定的な内容を多く含む幅広い形容詞を用いながら語った。この時点で，アナはトムの中に，思いやりがあり，

敏感で，内省的で，友好的であるといった特徴を見てとることができていた。アナはトムについて，学習することが早くとても活発な男の子だとも述べた。日常生活からの明確で信憑性のある具体例で，そうした叙述を裏付けることができた。このような良い点を述べた描写に偏るだけでなく，トムはいくぶん乱暴で荒っぽく気分屋なところもあると語ることで，バランスのとれた見解を示した。

　おそらく治療過程における最も重要な変化は，アナがトムの立場から物事を見ることができるようになったことであろう。治療後のアセスメントで，アナはトムの問題行動そのものに留まらず，トムをこうした行動に駆り立てるのは何かを分かろうとできていた。加えて，トムについて語る際に満足さや温かさを示し，トムの難しい問題行動に対する敵意や怒りが随分と減少していた。ジュースをこぼすストーリー場面を見た後，アナはその場面でのトムの考えや気持ちについて尋ねられた一例がある。アナの答えは，トムが語ったストーリーについてのみではなく，その場面でのトムの感情経験にも焦点が向けられていた。アナは次のように述べた。「あの子は楽しんでいたように思う。みなの注目の中心にいて，誰か，大人が一緒に遊んでくれていて。」

　トムの行動が必ずしも改善していない場面もあったが，そうした行動に対するアナの理解や受容が劇的に変化していた。先述したジュースをこぼすストーリー場面において，治療前のアセスメントの際に，トムは小さな人形を振り回し，人形が行儀悪いように演じた。その場面を見たアナはとても立腹し，遊び方を知らないし本当に乱暴だとトムを責めた。数か月たった治療後のアセスメントの際にも，トムは同じような行動を示したのだが，母親は以前よりもそれを受け止め理解することができていた。アナは次のように言った。「乱暴で，蹴りつけたり……。私が思うに，赤ちゃんが誕生したことで，私たちはかなりストレスを受けてきたのかもしれない。私は病院に入退院を繰り返し，あの子とは何度も離れ離れにならざるを得なかった。だからあの子は本当にストレスを受けて，それを態度で表わしているのかもしれない。」いまやアナは行動を超えて，行動の動機を探求できるようになった。そうすることによって，アナ

は、トムを母親と離れ離れになってストレスを受けた小さな男の子と捉えたり、トムの乱暴な行動もそうしたストレスを彼なりに何とかしようとしている努力の一部とみなしたりすることができる。そうした見解を持てるようになったおかげで、アナはトムとのやりとりにおいて、以前より穏やかさや温かさが増し、敵意が少ない状態を形成できると思われる。後ほどそれを示していく。

　アナの語り方には、トムへの受容性が表われるという更なる変化がみられた。例えば、分離再会場面でトムがアナと遊んでいた様子はまさにいつものトムらしい様子であると述べ、アナは次のように続けた。

　　「その質問で今気付いたのだけど、私たちは未だにおもちゃで遊んではいないと思う。それは、私がそうしたくない、トムと遊んで、おもちゃが蹴散らされるのが嫌だから。そんな遊び方に私は賛成できないし、あの子もまだ遊び方を変えようとしない。あの子はかなりきっぱりと態度を決めて、そういう遊び方をしたいと、それであの、今私たちが遊んでいる様子を見て気付いたのだけど、あの子は本当に可愛くて、大きくなって、成長していて、おもちゃを投げて遊ぶ様子もかなり5歳児らしい遊び方なんだなって、私に分かることから推測するんだけど、典型的な子どもの遊びなんだなって。」

　アナはトムの行動を文脈に当てはめることができた。治療前のIAでは、アナはトムを攻撃的であり協力的ではないと責めた。今やアナは、そうした行動を、問題行動の具体例であるとは必ずしもみなさず、5歳児に典型的な荒っぽい遊びだと捉えるようになった。注記すべき重要な点は、いずれの時点においても（治療前と治療後）トムの遊びは"典型的な荒っぽい遊び"であったのかもしれないが、治療前の面接の際、アナはトムに対する否定的感情によってあまりに圧倒されていたために、トムの行動を普通であるとか典型的であるとは捉えられなかったということである。いずれの観察時にもトムは極度に活発で手に負えない行動を示していたが、治療後の面接の際、アナのトムに対する理解や共感が高まったために、トムの荒っぽい遊びにさほど脅かされなくなったとも考えられる。実際、アナがこのような態度を新たに獲得したことによって、

第 2 章　子どもの内的世界を心に留めておけること

トムは，いずれそのうちに，自分の攻撃性をより良く制御できる力を獲得しやすくなるだろう。

　面接全体を通して，アナは，トムが遂げてきた肯定的な変化を繰り返し認識している。「かつてあの子には 2 つの感情しかなかったけど，昨年のおかげで今や，とてもたくさんの多様性や色合い，黒，白，灰色，その他色々があることを知った。これはあの子にとって大変化だ。それを成し遂げたあの子を誇りに思う。」アナもまた同様の変化を遂げてきたようであり，今やトムを様々な色合いで捉えることができている。アナはトムの変化について最後にこのように広い展望で語った。「トムのこんな変化は私にとっても本当に嬉しい。あの子にも本当に良かったと思う。こんなふうに変われたんだから，あの子はこれからずっといい人生を送って，ずっといい人間関係を持てると思う。」

　最後の一文が，アナの成し遂げた深い変化の本質を捉えている。今アナは，トムの将来を考えるにあたり，トムの成果に焦点を当てている。トムが新しいスキルを身につけたことを嬉しいと語り，トムがそれを有効に活用していくことを確信している。アナの心の中にトムがこのように表象されているのなら，トムは母親をかつてよりも敏感で応答的であると感じるはずだとわれわれは考えた。全ての子どもがそうであるように，トムが自分自身を知る上で重要な影響を及ぼすのは，自分が母親にどのように見られているかということである。治療前は，アナの心にトムに関して肯定的な性質があるとみなす余地はないようであり，母親から映し返されるイメージは，トムを励ましたり肯定的な行動を期待したりするようなものではなかった。治療が終わる頃になると，トムは，母親が自分の立場を考慮してくれていることや，自分の行動に良好な側面を捉えようとしてくれていることを感じたことであろう。こうした良い方向への変化により，トムは，必要な時に母親が理解や援助をしてくれると信頼しやすくなっただろうし，転じて，トム自身もより適応的な行動様式を新たに獲得しやすくなったであろう。

　感情についての会話からは，治療後のアセスメントで，アナのトムについての表象だけでなく，トムに対する行動も改善したことが分かる。2 回目の会話

において，（4つのストーリー課題のうち）3つの課題で感情に調和した，適切で，関連性の高いストーリーを，アナとトムは作り上げることができた。ストーリーは簡潔で手短ではあるが，それでも，要求された感情に見合っており，アナとトムの両者が関与しての共同作業の産物であった。2人ともが課題に集中し，そこには敵意は全くなく，関係のない細部に話がそれるのは非常に限られた程度であった。2人の相互作用の様式が変わったことを，短い例で以下に示す。

アナ：幸せって分かる？ 幸せな顔をしてみようか。

トム：（笑顔。）

アナ：どんな時，そんな笑顔になる？

トム：食べ物を作るのが好きだよ。

アナ：そうなの，どんな食べ物を作ると幸せになるの？

トム：ドーナツだよ。

アナ：ドーナツ？ どうして？ おいしいから？

トム：そう。甘いんだよ。

この短い例は，双方の声が聞こえる会話であった。2人は互いに耳を傾け，ストーリーを作り上げるのに貢献した。アナはトムの話を受け入れ，ふくらませようとし，トムは協力して，少し詳しく話した。2人は，否定的な出来事について話す時も同じような様相を示すのだろうか？

アナ：腹を立てることはある？

トム：それどころか，本当に怒ることがあるよ！

アナ：どうするの？

トム：誰かの足を蹴るよ。

アナ：良いことではないわね。

トム：僕に痛い目をさせたら，そうするんだよ。

アナ：代わりにお口で言ってはどうかな？ だってあなたが蹴り返したら，ずっと喧嘩し続けることになるでしょ。じゃあ，悲しい話をしようか。

この例で分かることは，アナが以前よりずっと協力的で受容的であるという

ことだ。トムが蹴ることを責めたりはせず，可能な肯定的解決へと会話をリードしている。トムは母親に協力し，母親の問いに率直に答え，課題に焦点を保っている。

　結論として，アナに治療の前と後に行った面接より，子どもの内的世界を考慮に入れる能力が高まったことが示されている。治療前の面接では，トムの考えや思いに集中することやトムに共感を示すことがアナにはとても難しかったのだが，治療を通してアナは自身の能力を拡大し，治療が終わる頃には，多面性，洞察性があり，開かれた態度で子どもを表現することができるようになった。こうした変化は，トムとの実際の相互作用においても認められた。肯定的変化への兆しはアナの治療前面接から確かにあった。特に，開かれた態度，子どもの行動の理由の探求，トムの感情世界への深い関わりを示したいくつかの言葉にそれが見て取れていたのである。

ドリスとデブラ

治療前アセスメント

　5歳の娘デブラと母親のドリスに対してもまた，治療の前と後に観察と面接が行われた。最初のIA面接に対する応答は，アナと同様，子どもについての否定的な表象がドリスの最も顕著な特徴であった。デブラについて，頑固で，協力的でなくて，人を操ろうとする子であると述べた。デブラの否定的特徴を詳細に述べるだけだったので，そのような問題の裏にある動機を探求するために必要な開かれた態度を持っている兆しがドリスには全く見受けられなかった。例えば，"まぬけ"ゲームの相互作用場面を見た後，ドリスはデブラが負けず嫌いであることについて語った。ドリスは，デブラについて，欲しいものは何でも手に入れる，頑固で気の強い子であると繰り返し述べた。「あの子はとにかく勝ちたいの。デブラにしたら，あれがあの子のやり方で，基本的に滅茶苦茶で，ねえ，そんな感じ。あの子は駄目って言っても受け入れないし，本当に頑固なの。」数分後，これらの言及を日常生活からの具体例で裏付けるように

問われると，ドリスはいくつかの話を詳細に述べたが，問題行動には母親も原因となっていることが明らかであった。例えば，ドリスはデブラを時間通りに寝かせようとしたが，ドリス自身が子どもと対決しきれないために，引き下がってしまい，いつどこで寝るかということを子ども自身に決めさせた，というエピソードが語られた。

ドリスに洞察性や多面性が欠けていることは，デブラの困った行動について語る時に明白であっただけでなく，相互作用における自分自身の役割を考えるために必要な開かれた態度がないことでも明らかであった。デブラの行動を，デブラがしたいようにしたがることと，頑固で悪い気性を持つことが原因であるとドリスは考えていた。ドリスにとって，デブラの問題行動にはたった1つの明確な説明が存在するのみであった。つまり，デブラの性格ということだ。デブラの行動を，内的な固定された要素のせいにすることにより，デブラの行動について，母親との相互作用といった他の原因を，より柔軟に探索する機会が制限されていた。

この時点では，ドリスはビデオ場面を視聴しても，娘の考えや気持ちについて新たな何かを発見することはできなかった。むしろ，ドリスは視聴したビデオ場面に，デブラの特徴に関する既存の"知識"を押し付けていた。3場面見た後にドリス自身の気持ちが尋ねられたが（訳注1），ドリスはこう答えた。「あの子がしたことで嬉しいことなんて何もない。だってあの子は全く協力的ではなかったから。あの子の振舞いを見ていて嬉しい気持ちになんてぜんぜんならない。驚くこともない。心配事でしたっけ？ それも，あの子は協力しないし，本当に，聞きもしない。はっきり言って，あの子は聞いていないの。」

ドリスはデブラの立場を考慮に入れることができなくて，デブラがいかに期待と違った態度をとるかについての自分の見解を伝えることにもっぱら焦点が向いていた。IAの質問へのドリスの反応は自己中心的で，自分自身の立場か

(訳注1）親は，ビデオ場面の子どもを見て，驚いたり，心配したり，嬉しかったりしたことがあったかどうかについて尋ねられる。

第2章　子どもの内的世界を心に留めておけること

ら語られていた。

　「日曜日に，私は子ども達にちょっとした活動を用意するのが好きなの。算数課題や家の中でのちょっとした文章といったものを与えるの。デブラにはあの子の名前を与えて書かせてみたり，名前や住所を与えて，名前の文字を指差させたり。でも，あの子は自分の遊びに戻りたがって，何でも自分のしたいようにしたがる。色を塗りたがったりする。だから私にDやEの文字を指し示すまで，色を塗ってはいけないことにした。私に見せはするけど，意味は分かっていない……。本当に聞いていない。それがDだろうとEだろうと全く気にしてもいない……。」（訳注2）

　2つの重要な点がこの部分に表れている。まず，ドリスは，良い母親が日曜日に子どもにすべきことについて，とても強固な認識をもっている。ドリスは，**自分**が子ども達に算数課題やその他の教育的課題をして欲しいと述べているが，子ども達がこうした活動をしたがっているかは自問していない。それゆえ，デブラが名前を書くのではなく字に色を塗りたがると，協力的でない性格の表れだとドリスは認識し，遊び好きな子どもの創造的な願いであるとは理解しない。そうしてドリスは，自分が教育的な母親であり，デブラは"協力的でない子ども"であるというイメージを維持し続ける。2つめに，この例で分かるのは，ドリスは子どもの頭の中で起こっていることを考えることはできるのだが，その理解を受容したり，共感したりするレベルにまで到達させるのが難しいことである。ドリスは，デブラが課題から自由になりたいがために，文字の名前を教えてくれるのだと**理解している**。しかしこの望みを拒絶する。この時点では，子どもの考えや気持ちを捉えるドリスの能力は，子どもの立場を十分に味わって受容していけるような，幅広く洞察性のある捉え方にはつながっていかない。そのため，ドリスが先の文章を次のように締めくくったことも不思議ではない。「楽しい活動だったのに，デブラは聞かなくて，同じことをあの子はやり続けていたの。」

（訳注2）デブラ（Debra）の名前のアルファベット。

ドリスは，洞察力に乏しく，一面的で，敵意のある姿勢を持っていると分類された。肯定的な洞察力の欠如は，感情的出来事についてのデブラとの会話にも表れていた。

　　ドリス：悲しみについてはどう？　どういう時に悲しくなるか覚えている？　どうして悲しくなるの？

　　デブラ：お母さん。

　　ドリス：いつ？　いつ私があなたを悲しませるの？

　　デブラ：(机から立ち上がる。)

　　ドリス：椅子に座っていなさい。

　　デブラ：でも赤ちゃん人形が欲しいの。

　　ドリス：すぐに赤ちゃん人形をあげるから。

　　デブラ：いや，赤ちゃん人形が欲しいの！

　　ドリス：今はお母さんの言うことを聞きなさい。いつ悲しかったの？　いつ私があなたを悲しませたというの？　ねえ？　いつ私があなたを悲しませたの？　私はあなたを悲しませるの？

　　デブラ：(机で遊ぶ。)

　　ドリス：そんなことすべきじゃないわよ。私があなたを悲しませるの？　いつ私があなたを悲しませたの？　ねえ？

　　デブラ：そう。

　　ドリス：いつ私があなたを悲しませたの？　いつ私があなたを悲しませたの？

　　デブラ：私にごほうびをくれないとき。

　　ドリス：いつ？　例えば？　私がどうしてごほうびをあげないか分かる？

　　デブラ：(机から立ち上がる。)

　　ドリス：分かったわ。赤ちゃん人形で遊んでいいわ。

　IA面接同様，ドリスと娘との相互作用では，ドリスが圧倒し，要求を重ねている。デブラに同じ質問を繰り返し繰り返し尋ね，会話が行き詰ってしまっている。その結果，ドリスはデブラの感情について，より広く深い認識をする

ことができない。加えて，ドリスの自己中心的な傾向は，IAにおいても顕著な特徴であったが，2人の会話においても明白であった。悲しい気持ちの理由をデブラから聞き出そうとした試みが何度か失敗した後，デブラは，悲しかったのは母親がごほうびをくれなかったからだと言った。この発言は会話の転換点になり得たかもしれない。ドリスが，娘の発言に従い，娘の感情に焦点を当て続けていればであるが。どうやらこの時点では，ドリスにはそうすることがとても難しいようである。デブラが口にした特定のエピソードについて話したり，デブラの感情を詳細に引き出したり，可能な肯定的解決策を指摘したりすることなく，ドリスは，自分がごほうびをあげなかった理由をデブラに尋ねるという，否定的で非難的とも言える質問で応答した。デブラはこの質問には答えない。机から立ち上がり，母親に協力することを止めた。母親の自己中心的な非難への非言語的反応かもしれない。その結果，デブラがごほうびを得られなかった出来事の詳細について，デブラが何をしたからで，結局最後はどうなったのかなどが分からないままであった。

　デブラが怖かった時について2人で話し合っている際，ドリスはデブラの答え方に満足しなかった。ドリスは相互作用を支配して，子どもが怖かった時のことを代わりに話し始めた。

　　ドリス：あなたが怖かった時のことを覚えている？
　　デブラ：怪獣。
　　ドリス：どんな怪獣？　怪獣が怖かったの？
　　デブラ：宇宙の怪獣。
　　ドリス：どんな宇宙の怪獣？　怖かった時？　あなたが怖かった時を思い出したわ！　一緒にローラースケートに行った時のこと覚えている？　あなた，何度もこけて，10万回くらいこけて，またこけるんじゃないかって怖かったじゃない？
　　デブラ：そうかも……

　子どもと**一緒**に，しかも子どもについて話しているのに，ドリスは自分の立場に立ち続け，子どもに耳を傾けず，子どもの気持ちが分かると信じている。

2例とも，ドリスは相互作用を支配し，子どもが安心して感情世界の学習に挑めるような安全基地の役割を果たしていない。

洞察力の低い面接でありながらも開かれた態度を示したアナの場合と同様，ドリスもまた洞察力が低いとアセスメント結果から分かったが，治療による好転を予見する特徴が1つあった。デブラについて**多面的**に考えられることである。デブラの頑固さや極度な活発さを，肯定的な側面から見ることも可能だと認めることができる場面が，ドリスにはあった。例えば，ドリスの次のような発言である。「私があの子のどこかを変えることができるとしても，頑固なところを変えようとは思わない。というのも，あの子が大きくなって，仲間からプレッシャーを受けたとしても簡単には引きずられないかもしれない。時には，頑固であるっていうのも，ある意味，良いことなのかもね。」「あの子は本当にエネルギーいっぱいで，まともじゃないほど。でも，すごく楽しいとも言えるの。」つまり，ドリスの全体的な語り調子は一面的で否定的であっても，子どもを多面的にバランスよく語ることができることを示す兆候が，いくつかは見受けられている。

治療後アセスメント

治療後の面接に対するドリスの応答は，治療前面接とはかなり異なっていた。アナ同様，ドリスの治療後面接の逐語録は，洞察力があると分類された。この時点で，ドリスはデブラの人格を多面的に表現し，デブラの行動を，理解と受容を示しながら妥当に説明することができた。治療前面接で認められたように，デブラを多面的に語る潜在能力をドリスが持っていたことにより，おそらく治療成果が得やすかったのだろう。治療前，ドリスは圧倒されていたし敵意も持っていた。しかしそれでも，子どもを頑固なだけではなく違った特徴もあると考えることが可能であった。

治療後，ドリスはもはや，ビデオ場面を見て，"全否定的な"子ども像を押し付けることはなくなった。デブラを話の中心に保ち，子どもの行動の背後にある過程について言及した。例えば，"まぬけ"ゲーム場面を見て次のように

第 2 章　子どもの内的世界を心に留めておけること

述べた。「思うに，あの子は負けるのが怖いような思いだったのかな。もし負けたら，つまり自分のブロックでタワーが倒れたら，私にまぬけと呼ばれるのだけど，あの子はからかわれた気持ちになったのかもしれない。あの子はからかわれることが嫌いなんだと思う。」かつての面接では，同じような行動（負けるのが怖い）が敵意や非難，低い洞察性で述べられていた（「デブラにしたら，あれがあの子のやり方で，基本的に滅茶苦茶で」）が，それとは異なって今回の面接では，ドリスは子どもの立場を考慮に入れて話すことができていた。「あの子は不安でした……。あの子が椅子に登ったり降りたりする様子からそう思えた。じっと座っていられないほどに不安だったように思う。」

　注記すべき重要な点は，デブラの行動について語られる内容は治療前面接と変わらないことである。つまり，エネルギーがあって，勝ちたい思いが強いということだ。治療後のビデオ場面を治療前のドリスに見せていたとしたら，支配的で非協力的な子どもであると描写したと推測できる。それゆえ，治療前後の語りの違いは，語られる内容ではなく，これらの行動について母親が加える**説明**に関してなのである。子どもを責めたり，あらゆる困難は子どもだけに責任があると語ったりするのではなく，今やドリスはそうした行動が生じた文脈について言及し，子どもの不安な行動について共感的な理解を示している。

　治療後のIAで繰り返された他のテーマは，デブラが文字を読みたがらないことについてであった。しかし今回はそれを，頑固さや協力的でないという特性のせいにするのではなく，次のように語った。「あの子は何がなんでもあんなふうであり続ける。それが，なんていうか，あの子なの。何があっても。ある意味，私はあの子のそんなところが好きでもある。というのも，仲間のプレッシャーとかそんなようなことでも簡単には流されないだろうと思うから。あの子のそんなところを私は好ましいとも思っている。」治療前後の違いは，ドリスが子どもを肯定的に語れるようになったことだけではなく，子どもについてより多面的でバランスのとれた見解を提供できるようになったことである。治療前，子どもの行動のほとんど全てを母親は否定的な性質のせいにしていたのだが，治療後，ドリスは子どもの捉え方を拡大し，子どもの他の側面を見て

取ることができるようになった。そうすることによって，子どもの立場から物事を見る能力を示していた。

アナとトムの場合とは対照的に，ドリスの洞察力が改善したことは，治療後の子どもとの相互作用の様子には反映されていなかった。2人の会話には依然威圧的で一貫せず関係のない話題が多くあった。デブラが話を順序だてて述べていくことを，ドリスは受容的に支援しなかったし，むしろ，関係のない詳細をますます子どもに求める展開となった。デブラは話を良い形で締めくくれたら自信や能力を持っていると感じることができただろうに，ドリスはそうした手助けをしなかった。そうした難しさを例示する。

ドリス：怖さについてはどう？

デブラ：映画。

ドリス：どんな映画？　どんな映画？　……あなたはテレビを見ないわよね……どんな映画が怖かったの？

デブラ："スクリーム（叫び声）"。

ドリス：あなた，まだ"スクリーム"は見ていないじゃない。"スクリーム"は見てないわよ。

デブラ：見たよ。

ドリス：私は見たけど，あなたはまだ"スクリーム"を見てないわよ。他のどんな映画が怖かった？

デブラ：ううん，"スクリーム"を見たって。お母さんと一緒に。

ドリス：いいえ，見ていません。……あなたは"スクリーム"を見ていない，決して，見てない。

デブラ：でも，見たのに。

ドリス：覚えていないんでしょ。たぶん他の映画を見たのよ，"スクリーム"じゃないわよ。

デブラ：私はお母さんと一緒に"スクリーム"を見たの。

ドリス：いいえ，あなたは私と一緒に行っていません。私は友達と行ったのだから。

デブラ：私も行ったの。

ドリス：他に何が怖かったの？　何が怖かった？　他に何が怖かった？　何が怖かった？　怖かったのは何？

デブラ：映画。

ドリス：あなたは絶対に"スクリーム"は見てないわよ……バーバラが映画の話をしたの？　バーバラは見たけど，あなたは絶対に"スクリーム"を見てないのよ。

デブラ：バーバラは話してくれてない。

ドリス：いいえ，バーバラに違いないわ。バーバラが私たちに話してくれたじゃない。覚えてる？　バーバラはあなたと一緒に"スクリーム"ごっこをしたくて。映画を見たことなかったら怖いわけがないじゃない。

　ドリスは，デブラが順序だてて話すことを促すように会話を組み立てなかった。デブラの感情に集中せずに，娘と言い争い，娘が映画を見ていないことを認めさせようとしていた。デブラが映画を見たかどうかという問題が会話の中心になり，恐怖感情の本質について話し合う余地がなくなってしまった。加えて，ドリスは，見ていない映画で怖く思えるはずがないと子どもに言い放ち，受容的ではない発言でこの部分の会話を終えた。デブラは映画を見ていない，だからそれを怖いと思うはずがない，という自分自身の意見を繰り返し，この発言でドリスは論争を終わりにした。IAで認められた，子どもの感情について洞察的で受容的に語ることができたドリスの能力は，子どもに焦点を当てて受容的に相互作用できる状態として（少なくともこの相互作用では）表れていなかった。

　この隔たりについてはいくつかの説明が可能である。第1に，相互作用レベルに変化が生じるには，もう少し時間が必要だろうということだ。娘の立場から物事を見る能力がドリスに高まったことが，行動レベルで観察されるためには，もう少し時間がかかる可能性がある。第2に，IAは母親の表象を測定しているのに対し，会話は，2人の影響を受ける相互作用を測定している。それゆえ，相互作用レベルでの変化は，ドリスとデブラ双方の互いに対する行動の

改善が含まれる必要があり，母親の表象のみの変化にだけ依存するのではないのだろう。第3に，ドリスは，子どもの内的世界について洞察力を働かせて考えるという重要な能力を獲得したのだが，行動において同様の変化を招くにはまだ至っていなかったのかもしれない。新しい能力を現実行動に移行させる過程には，表象レベルの成果と現実行動レベルとの橋渡しに焦点をあてた治療がさらに必要なのだろう。例えば，自分と子どもとの相互作用に焦点付けたビデオ再生技法による治療を適用すれば，ドリスに役立つ可能性がある。

　要するに，治療前のドリスのIAは敵意と拒絶感に支配されていたが，その時点でも，子どもの行動を文脈に沿って捉えたり，子どもが多面的な人格を持っていることを多少認めることができるような発言がいくつか存在していた。治療前は，難点以外の特徴については少ししか話さず，悪い特徴を圧倒的に多く語ることで素早く覆されていた。しかし，子どもを多面的に表象する能力を獲得するための兆しがわずかでも垣間見え，治療中にそれが出現したようである。

　アナとドリスの子どもについての表象は，治療を通して，洞察力が無く一面的なタイプから，明確な洞察力がある状態へと変わった。しかし，母親と子どもの両方が治療を受けたために，子どもと母親のどちらが治療の進展を導いたのかという問いは残されたままである。従って，母親の良い方向への変化が子どもの変化に先行していたのか，子どもの成果が母親の肯定的変化を招いたのか，われわれには分からない。第1のシナリオとしては，具体的な養育問題へのガイダンスに加えて，一貫性を持ち敏感で安全な関係で関わった親担当の治療者との治療的関係によって，母親は養育問題とより良く取り組めるようになり，子どもの世界への洞察力を高めたと考えられる。第2のシナリオとしては，トムとデブラが治療を通して，自分の感情を識別し，調整し，表現するための新しいスキルを獲得し，それによって問題行動が減る結果となったことがありうるだろう。子どもがそのような変化を遂げたために，母親は子どもとの相互作用でストレスが減り，子どもをより受容しやすくなったのかもしれない。加えて，子どもが感情表現やコミュニケーション・スキルを高めたことにより，

母親は子どもの信号を読み取ったり，動機を理解したりしやすくなった可能性がある。

臨床的示唆

　子どもの行動の根底にある動機について，洞察的で受容的な開かれた態度で考えることができるように母親を援助することが，治療過程の重要な部分である。本章で取り上げた事例では，母親が，子どもの内的世界について考える能力を，治療を通して高めていったことを示した。いずれの母親も，子どもの目を通して世界を見る能力や，子どもの感情的経験に共感する能力を目覚ましく高めたことを証拠立てた。そうした成果により，子どもからの信号や欲求に対して，より広範に考えたり，柔軟性を持って情緒的に調律した応答を返したりしやすくなったのだろうとわれわれは考えている。母親のそうした成果は，子どもにとっても重要な効果を持ちうる。例えば，子どもの感情や行動調整能力が促進されやすくなるといった効果だ (Oppenheim et al., 2004)。

　洞察力の高い語りと洞察力の低い語りの具体的指標を見定めることにより，母親の脆弱性と強みの源を臨床家は認識しやすくなるだろう。そのためには，受理面接もしくは治療過程の一部にIAの質問項目を利用すると，臨床家にとって役立つのではないだろうか。

　例えば，臨床家は，母親と子どもの相互作用を観察し，その後，**今観察したばかりの相互作用**中における子どもの考えや気持ちを，母親に思い起こしてもらうよう尋ねることができる。母親の応答を聞く際，臨床家は，洞察性，受容性，多面性，開かれた態度についての指標があるかどうかに加え，注意が移り変わったり，親子間の境界が崩壊しているような指標が無いかどうかを探すとよい。言い換えると，次のような問いを立てることである。母親は，子どもの問題行動の根底にある動機に言及しているか，あるいは，子どもの内的世界に言及すること無しに目に見える行動についてのみ語っているか？　母親は，子どもの経験について新鮮な態度で考える開かれた態度を示しているか，あるい

は，子どもについての既存の認識をあてはめるだけであるか？　母親の回答は，子どもの立場に焦点づけられているか，あるいは，母親自身の関心事や立場に話が飛んでいくか？

　洞察力を臨床的にアセスメントする際に，重要な点がさらにいくつか存在する。第1に，治療を受ける前の親はたいてい，子どもの問題行動に極めて困窮しており，子どもについて圧倒され混乱したまま，敵意を抱えた態度で話すことが多い。しかし，洞察力が低く一貫しない語りであっても，子どもを開かれた態度で捉えたり，子どもについて多面的で洞察力高く考えたりする能力の指標を，特定することは可能である。そうした指標は，たとえ数少なく弱いものであっても，治療における改善を予見するものであり，親の強みに基づいた治療計画を臨床家が立てやすくなるために，重要である。

　第2に，洞察的な能力を評価する際，親が子どもや自分自身について**語る内容**だけに耳を傾けるのではなく，子どもについての**語り方**にも注目することが重要である。アナもドリスも治療前はとても否定的な形容詞を用いて子どものことを語っていた。2人が洞察的になった変化は，語られた**内容**の変化としてはあまり表れておらず，むしろ**子どものやっかいな行動を文脈にあてはめたり，問題行動を受容的に語ったりする能力**に反映されていた。例えば，治療前後の両方の面接で，ドリスはデブラを敗北を恐れる子どもであると語った。語られた内容は同じであったが，治療前面接では敵意をもって語られたのに対し，治療後インタビューでは共感的で受容的に語られた。

　第3に，アナやドリスなど抽出されたサンプルの母親たち（Oppenheim et al., 2004）のほとんどが，治療前IAでは洞察力が無く一面的なタイプ（アナやドリスに認められた考え方）であると分類された。しかし，IAでは洞察力が無い分類として，洞察力が無く**離脱的**なタイプと呼ばれている，もう1つの主要なタイプがある。これは，子どもの感情的経験に母親が興味も関与も示さないことを特徴とする。オッペンハイム達（2004）の研究では，離脱タイプに分類された母親よりも，一面的な見方をする母親の方が，洞察力の改善は大きいことが認められた。おそらく，一面的な見方をする母親は感情的世界に開かれて

いることが特徴であるために，治療開始前に離脱タイプである母親よりも一面的な見方をするタイプである方が，洞察力を向上するような変化を生じやすい。

　一面的な見方をする母親は，子どもや自分自身の母親役割について，混乱し，圧倒されていて，自己中心的な態度で話すのだが，それにもかかわらず，子どもに関与しており，子どもの感情生活に関心を示している。こうした点は，アナやドリスの治療前面接でも明らかに感じることができた。このような関与や関心が，治療者と協力する意欲の基盤になるのであろう。離脱タイプの母親は，子どもへの情緒的関与を示さないし，子どもの動機や根底にある感情についての興味や好奇心も示さない。こうした態度のせいで，治療過程に関与することが困難になり，自分自身や子どもについての広く深い理解を獲得する機会を少なくしてしまう。

　総じて，子どもについての多面的で洞察的な開かれた表象を獲得するよう母親を援助することにより，母親は子どもを，子ども自身の要求や望みを持つ，母親とは分離した人間であるとして考えやすくなる。そして，子どもの行動に対して寛大さや受容的な態度を示す機会がさらに増えるようになる。洞察力のある母親の子どもは，自分の人格全体を母親に見てもらえ，自分の声に耳を傾け受容してもらえていると感じることができる。こうした感覚が，子どもの成長，自己評価，親密な関係性への肯定的態度，主観的な幸福感を促進するのだろう。母親の話を聞く際，"洞察力の兆しに聞き耳を立てる"ような治療者であれば，子どもの立場から物事を見られるようになるために，母親が複雑で困難が多いものの実りのある道のりを歩んでいくことを，より良く支援できるだろう。

文　献

　　Bowlby, J. (1982). *Attachment and loss: Vol. 1. Attachment.* New York: Basic Books.
　　Fonagy, P., Steele, M., Steele, H., Leigh, T., Kennedy, R., Mattoon, G., et al. (1995). Attachment, the reflective self, and borderline states: The predictive specificity of the Adult Attachment Interview and pathological emotional

development. In S. Goldberg, R. Muir, & J. Kerr (Eds.), *Attachment theory: Social, developmental, and clinical perspectives* (pp. 233–278). Hillsdale, NJ: Analytic Press.

Fonagy, P., Steele, M., Steele, H., Moran, G. S., & Higgit, A. C. (1991). The capacity for understanding mental states: The reflective self in parent and child and its significance for security of attachment. *Infant Mental Health Journal, 13*, 200–217.

Fraiberg, S., Adelson, E., & Shapiro, V. (1975). Ghosts in the nursery: A psychoanalytic approach to the problems of impaired infant–mother relationships. *Journal of the American Academy of Child Psychiatry, 14*, 387–421.

Koren-Karie, N., Oppenheim, D., Dolev, S., Sher, E., & Etzion-Carasso, A. (2002). Mothers' empathic understanding of their infants' internal experience: Relations with maternal sensitivity and infant attachment. *Developmental Psychology, 38*, 534–542.

Koren-Karie, N., Oppenheim, D., Haimovich, Z., & Etzion-Carasso, A. (2003). Dialogues of seven-year-olds with their mothers about emotional events: Development of a typology. In R. N. Emde, D. P. Wolf, & D. Oppenheim (Eds.), *Revealing the inner worlds of young children: The MacArthur Story Stem battery and parent–child narratives* (pp. 338–354). Oxford, UK: Oxford University Press.

Lieberman, A. F. (1997). Toddlers' internalization of maternal attributions as a factor in quality of attachment. In L. Atkinson & K. J. Zucker (Eds.), *Attachment and psychopathology* (pp. 277–291). New York: Guilford Press.

Oppenheim, D., Goldsmith, D., & Koren-Karie, N. (2004). Maternal insightfulness and preschoolers' emotion and behavior problems: Reciprocal influences in a day-treatment program. *Infant Mental Health Journal, 25*, 352–361.

Oppenheim, D., & Koren-Karie, N. (2002). Mothers' insightfulness regarding their children's internal worlds: The capacity underlying secure child–mother relationships. *Infant Mental Health Journal, 23*, 593–605.

Oppenheim, D., Koren-Karie, N., & Sagi, A. (2001). Mothers' empathic understanding of their preschoolers' internal experience: Relations with early attachment. *International Journal of Behavioral Development, 25*, 16–26.

Silverman, R., & Lieberman, A. (1999). Negative maternal attributions, projective identification, and the intergenerational transmission of violent relational patterns. *Psychoanalytic Dialogues, 9*, 161–186.

Slade, A. (1999). Representation, symbolization, and affect regulation in the concomitant treatment of a mother and a child: Attachment theory and child psychotherapy. *Psychoanalytic Inquiry, 19*, 797–830.

Zeanah, C. H., & Benoit, D. (1995). Clinical applications of a parent perception interview in infant mental health. *Child and Adolescent Psychiatric Clinics of North America, 4*, 539–554.

第3章　虐待された子どもとその養親に対する治療的介入
　　　──アタッチメント関係を促進する行動を特定していく

ミリアム・スティール，ジル・ホッジ，ジェイン・カニュイック，
ハワード・スティール，デボラ・ダゴスティーノ，インガ・ブルム，
　　　　　サウル・ヒルマン，ケイ・ヘンダーソン

　5歳のメリッサと養父は隣同士に静かに座りながら，ブロックを使って一緒に何かを作っていた。ごっこ遊び用の家の中にベッドルームを作ってはしゃいでいたメリッサは，2つの信号機がうまくそこに入ると提案した。父親はこの変わった提案にちょっと驚いており，やさしくではあるが疑問があるという雰囲気で，「信号機がおうちの中にあるの？」とたずねた。メリッサは，「**私**は信号機が好き」（"**私**"に明確な強調があり）と，おとなしく不安な感じで応答する。メリッサはまだ幼いのに，むしろトラウマ的な出来事の多い人生を送ってきた。彼女と新しいアタッチメント関係を築くために，養父は思いやりや慈しみにあふれる関わりを試すのだが，それは拒絶されてきた。我々はビデオに録画した養父とのアセスメントの内容を後で検討した。信号機に託された意味を2人が共有できたかどうかを試しに探ってみることによって彼に届きたい，という娘のジェスチャーを観察することに焦点化した。自分たちの関係にはアタッチメントにとって良い特徴が全くないのではないこと，そして，メリッサはぎこちない方法でしか仲良くなりたいという気持ちを伝えられないが，それは確かに養父に向けられており，一緒に遊びたいという気持ちだと解釈できることを，養父は理解できるように援助された。

第Ⅰ部　アタッチメント研究で使うアセスメントの臨床利用

　上記の観察は，新たに始まっているアタッチメント関係の質的なアセスメント場面における，養父と新しく養子となった娘とのものである。メリッサの生育歴には虐待を始め，現在の養親家庭に来るまでに多くの里親措置の経験があった。そのため，養父は，メリッサが新たなアタッチメント関係を構築することと，それを実現するための様々な細かい複雑な問題を処理するために，やるべきことの載った長いリストを与えられたようなものだった。この章は，養父とメリッサとの瞬間瞬間の交流を観察することによって，養親としての役割をうまくこなしていくための本質に迫れるのではないだろうかという前提で構成されている。それは，養子縁組は，虐待された子どもに与えることのできる最も抜本的で，最も効果的な処置であるという極めて重要な見方によるためである。本章では，比較的遅い時期（4～8歳の間）に養子となり，ほとんどの場合，新たな親に対してアタッチメント関係を形成するために，途方もない前進を遂げるメリッサのような子どもに対して，以前の研究を広げる試みでもある。この研究を行う動機は，「彼らはどのようにそれをするのか？」という問いから出ている。養親と養子とを注意深く観察することで，われわれは"アタッチメント促進的行動"だと考えられる何かを明確にすることができるのだろうか？　養子縁組における基本的な目的でもある，養親と養子との良好な関係性を促進するために，これらの家族に働きかけるグループの臨床家や福祉職員，そして，児童精神科医と，この知識（アタッチメント理論と研究）の一部を分かち合うことができるのだろうか？　この目的を果たすためには，養子縁組やトラウマ的経験などの背景をもつ苦痛を抱える子どもに働きかける"最前線"の臨床家のために詳細な発達研究からの教訓を，引き出す必要がある。ほとんどの価値ある発達的アセスメントは，実際のやりとりが録画された場面を信頼性高く符号化することで成り立っているのだが，それが理想的ではあるものの，そういうことを臨床家に求めるものではない。録画することには多くの時間と資源が必要であるため，臨床現場では難しいことが少なくない。しかし，アセスメントとその後の記録の基礎となっている知識を知ることによって，臨床家は多くのことを得ることができ，そのため，困惑している子どもが提示す

る要素の理解が進むだろう。ある場合には，多くの臨床家が訓練によって得られるようになった直感を確定するのにこの知識は役立つだろう。また，他の状況でも，正統な理論や方法（例えば，アタッチメント理論）に立って取り組まれた親子についての研究結果を見ることは，困っている親子を理解したり，援助したりする新たなアプローチを生み出す可能性に行き着く。

　親子の相互作用の分野で，現在，その治療に情報をもたらしたり，臨床用に使える手法に変化させたりしている勇気付けられる研究の例がある（例えば，Beebe, 2005）。20年以上にわたって，ベアトリス・ビーブ（Beatrice Beebe）やティファニー・フィールド（Tiffany Field），ダニエル・スターン（Daniel Stern），コルウィン・トラヴァーセン（Colwyn Traverthan），エドワード・トロニック（Edward Tronick）は，人の乳児の社会的・情動的な可能性やニーズに関して，膨大な発見を示し続けてきた。これらの"赤ん坊の観察者"達は，母子関係について，典型的なものも非典型的なものも，細かくその要素を熱心に研究してきた。彼らは，親と赤ん坊のやり取りを録画した場面に，詳細な分析を行い，1コマ1コマの観察を通して，親子の相互作用の特徴をわれわれが理解できるようにした。例えば，トロニックの母子間の相互作用におけるタイミングと質の研究（Tronick & Weinberg, 1977）では，安定したアタッチメントを形成している場合でも，100％正しくやりとりしているわけではないことが明らかになった。事実，実験室での相互作用では，一番良いやりとりで，50％ほどの正しさであった（Stern, 1985を参照のこと）。このことから，"正常な"社会的行動とは，理解されているという自信に満ちた希望の中で，親との相互作用に子どもが関与でき，そして，もし誤解されていると感じるならば，修復することに関われるかどうかということになる。一致しない部分を解決していくことは，安定したアタッチメントを形成するための本質的な要素を供給することとなる。それはつまり，乳児や子どもが養育者を焦点化された相互作用に引き戻すための方略を誘発し，そして，何がうまくいって何がうまくいかないか（意識的にも，そして，中心としては無意識的に）を学習することである。これは，内的な確信や一体感，そして，アタッチメント安定性にとって本質的な要素で

ある。不一致が多すぎるやりとりや強すぎるやりとりをしてしまう親子は，大量の欲求不満と恐れ（失うか，見捨てられるか）にまみれていて，双方共に相手とどのように調律したらいいのかを探すことをあきらめてしまう。このような場合に，防衛的にやり過ごすことは比較的早くから（つまり，9か月以前に）形成されてしまい，圧倒されていることや調律不全の相互作用から生じる痛みを予防できなくさせてしまう。

　ベアトリス・ビーブと協同研究者は，前言語期における母子間での相互作用の精密な詳細について測定することを注意深くやり遂げた。最近の研究論文集で（Jeffe, Beebe, Feldstein, Crown, & Jasnow, 2001），88組の4か月の赤ん坊と母親の"リズムの結合"の測定から，アタッチメント分類を予測することがどのようにできるかに光を当てた。"順番のとり方，参加の仕方，譲歩，そして，後を追うこと"という概念で，これらの会話的やりとりの特徴を見定めることによって，実証的に一律の方法で，母子間の調律を定義することができた。生後4か月での観察が，その後12か月時点で行われた分離後（ストレンジ・シチュエーション時）の再会場面において，母親に対する喜びを表した応答を予測できたということは，初期の母子相互作用のパターンが，自己と他者を含む子どもの内的な世界（あるいは，内的作業モデル）の構築にいかに貢献しているかをはっきりと示したことになる。ビーブたちは，関係性の中でどのように自分を感じるのか，関係性に何を持ち込んでくるのか，そして関係性から何を期待するのかという持続する感覚を，子どもの心の中に築いていく助けとなる実際の経験を捉えたようだった。

　発達研究は徐々にこの中核的関係性のシステムにおける標準的な母子相互作用と，ある程度異常な問題をはらむ相互作用について，見分けられるようになってきている。乳児の観察に対する詳細分析的なアプローチから蓄えられている知見によって，年齢の高い養子やかつて虐待された子どもに対するアセスメントが形成されるという希望がもたらされている。学童期初期の被虐待児は，安定した自己発達の組織化や精神衛生の根幹となったり，安定したアタッチメントの形成に直接影響したりするような，相互主観的，相互作用的な情動調節

第3章 虐待された子どもとその養親に対する治療的介入

の通常のステップを経験せずにいる（Beebe, Knoblauch, Rustin & Sorter, 2005；Berlin, 2005；Cassidy et al., 2005）。それにもかかわらず，避けられない生物学的な基盤からの影響により，どこでも可能であれば，持続したアタッチメント対象を捜し求め維持するために（Bowlby, 1969, 1980），このような遅い時期に措置された子ども達は，関わって欲しい，関わりのペースを落として欲しい，もう一度関われる準備ができるまで手を出さずに待っていて欲しいといった望みに気付いたり，的確に応答してくれるアタッチメント対象に，そうした欲求の兆候を非言語的にも言語的にも（たとえしばしば隠していても）伝えようとするのである。これらは，通常の養育を受けていれば，学童期初期の子どもが乳児期にすでに習った"古くからの"レッスンである。しかし，遅い時期に養子となった子どもは，"信号が変わった"時に気付いてくれたり，気分の変化を理解してくれたり，自分たちを調整し導いてくれたり，規範を分かち合ってくれたりする誰かを持つことが最優先事項なのである。

親子の問題の解決にあたっている臨床家に対して，ジョン・ボウルビーの研究から宿題としてメッセージが出されている。これに関しては，アタッチメント理論の中心的前提とそれが生み出した多くの研究結果の短いまとめを紹介することから始めたい。本章では，親子間の相互作用に対するアタッチメントを基礎とするアセスメントの使用方法や，関係性を規定している暗黙のパターンを探る方法について詳しく述べていく。これらは，養親にとって，"アタッチメントを促進する行動"を分かりやすくし，そのような行動を奨励したり，定着させたりするためにお伝えする。"振り返り"セッションでは，養子の行動を理解するための新しい道筋を養親が発見できる手助けとなるように，話し合っていく。さらに，養子縁組の目的である新たに形成していくアタッチメント関係を促進するために，養親がビデオから選択した一部の場面を見ることは極めて重要な時間となる。トラウマ経験や虐待，また，ジョン・ボウルビーが述べた"情緒的な絆の形成と破壊"などの背景があったとしても，アタッチメント関係は築きあげられるのである。

われわれの臨床活動においては，子どものケアができなくて，他者にこの義

務を任せている親と接触する。このような親を持つ子どもは，複数の別離経験と喪失を我慢して経験してきた。このような子どもの存在が，ジョン・ボウルビーを母性的養育の剝奪の衝撃について，研究や理解を深める仕事へと邁進させていった。第二次世界大戦の落とし子として生まれたばかりの世界保健機構（以下，WHO）のために準備した報告書で，子どもが母親（あるいは，母親の代理）との持続する喜びの感覚を経験し，継続的なケアを受けることに，精神衛生というものがいかに依存しているかについて，ボウルビーは述べていた（Bowlby, 1951）。1950年代に，彼が設立したタビストッククリニックの子どもと家族部門において，ボウルビーは親子関係の重要性を明白にすることを目的とした，研究グループを開催していた。このグループに属する多くの仲間の中でも，ある1人が特に，ボウルビーが理論的な基礎を築き，発展させていくために多くの利益をもたらした。その人とは，カナダから来ていた臨床心理と発達心理の専門家であったメアリー・エインズワース（Mary Ainsworth）であった。ボウルビーや彼の学際的な組織と時間を共有した後で，エインズワースはロンドンを離れて，最初はウガンダで母子の縦断的研究を行い，その後，アメリカに渡った。エインズワースは，親と乳児の"健康"な関係性や安定性を促進するためには，敏感性（sensitivity）が高く応答性もあるケアが重要であることを発見した。その見返りとして，他者との関係性を信用するために必要な確固たる自己感覚や，認知的，社会的な目的が追求できるコンピテンスを子どもが育んでいくことを明確にした。児童精神科医でもあり，分析的な理論家でもあり，かつ臨床家でもあるボウルビーは，エインズワースの発達研究（例えば，Ainsworth, Blehar, Waters, & Wall, 1978）を頼りにして，認知心理学やコントロール理論，進化理論をアタッチメント理論を進展させるために使い，アタッチメント（*Attachment*, 1969），分離（*Separation*, 1973），喪失（*Loss*, 1980）という3冊の本を執筆した。

　ボウルビー（1973, 1980）が提示したアタッチメント関係における概念化の本質は，次の4つの前提を中心とする。それらは，（1）個人間における親密な情緒的絆は最重要であり，生物学的な基盤に基づく，（2）子どもがどのよ

第3章　虐待された子どもとその養親に対する治療的介入

うに扱われるかは，子どもの発達や後の人格の機能にとって大変影響力が大きい，（3）アタッチメント行動は，これから何が起きるのかを予想したり，どのように行動するかを計画したりする，自己と他者に関する"内的作業モデル"という概念を活用する組織化されているシステムの一部分とみなされている，（4）いったん身についたアタッチメント行動は容易には変わらないが，変化を受け入れる可能性を持ち続けてもいる。つまり，人生における幸不幸の影響を受けるのである。これら全ては，子どもの養育の病理や経験を理解するために，積極的に考慮に入れていくべき事柄である。

　関係性に対する思考や感情を組織化し，将来の相互作用のあり方についての予測をもたらすという自己とアタッチメント対象にまつわる内的作業モデルが形成されるという考えは，古典的な精神分析的な思考と認知心理学の統合から生まれた。ボウルビーは直接，われわれは自分の中に自己や他者の表象，および，他者と仮想上の会話をする自己という表象をいつも持っている，という考えを示した。実親であろうと，養親であろうと，教師であろうと，あるいは，保育者であろうと，子どもと相互作用する大人にとって知っておかなければならないことは，子どもがもつ自己感や他者感，および，子どもが何を予想したり，どう行動したりするのかは，人との関わりの歴史の中から形成されてきたということである。各々の保育者や養育者がそれぞれ自分の持つ内的作業モデルが反映した関わり方で子どもに接しており，そこで子どもが実際に体験した多くの経験の中から内的作業モデルが形成されたことを，子どもの養育やケアにあたる者は認識しなければならない。アタッチメントの安定性を促進するような，敏感で調律された養育を受けた幸運な子どもに形成されている内的作業モデルと比べて，不健全な養育を経験した子どもの心にある表象はあまりスムーズに機能しないだろう。間違っていたり，混沌としていたり，非合理的であったり，暴力的である子どもの行動は，間違った養育や混沌とした環境，非合理的で，よく暴力を振るった養育者を心の内側に取り込んだものなのである。

　重要なことは，いったん形成されたこのような内的作業モデルは変化に抵抗する一方，人生のどの時でも変化が不可能ではないとボウルビーが強調してい

ることである。保護された子どもが永続的な養子縁組で迎えられる時の抜本的な変化は，最も劇的な介入の結果を代表しており，子どもに大きな影響を与える機会となるのである。しかし，ボウルビー（1973）は，これらの子どもやその子を養子とした養母が直面する，乗り越えるべき課題を以下のように記している。

　一連の行動がいったん組織化されると，たとえその行動のパターンが機能しなくとも，そして，組織化された行動が最初に依存していた外的な刺激や内的な条件が無い場合でさえも，それはしつこく続く傾向がある。ある行動の特定の部分が取る独特な形態やそれが最初に組織化された時にできた一連の動きは，それらの行動を取ったがゆえの結果を，他の関係のない場面でも導き続けることになるのである。

　この分野における偉大な一歩は1980年代半ばに，成人の親に対してアタッチメントの内的作業モデルを測定する面接の技法が案出されたことである（Main, Kaplan, & Cassidy, 1985）。これは，初期のアタッチメントの経験が後の発達にどのように影響を与えるのかや，どのように親が子どもに対して情動的な影響を持つのかを明らかにするだけではない。極めて重要なことは，アダルト・アタッチメント・インタビュー（Adult Attachment Interview）は，どのようにその大人が不幸な養育経験を乗り越えてきたかについて明確にするところである。アダルト・アタッチメント・インタビュー中に見られる，回復力（resilience）を示す中心的な証拠は，アタッチメントの安定性が持つ意味と価値を伝えてくれた重要な他者（例えば，養親）との支持的な関係性を持っていたことが談話の中で表われている場合である。さらに，安定感をはぐくんだか獲得した大人がアダルト・アタッチメント・インタビューでする話し方には，語り方に一貫性があり，過去経験についても自律的な描写ができ，現在を大切に考え，将来に対しては希望に期待を持っていることから，アタッチメントに価値を置いている特徴が現れている。このような場合は安定自律型として分類され，他の3タイプの不安定型，（1）アタッチメント軽視型（dismissal），（2）とらわれ型（preoccupation），（3）過去の喪失やトラウマによる解決されていない悲嘆

を保持している，未解決型（unresolved），と区別される。安定自律型という心的状態は，他の分類に比べて，子どものアタッチメントの発達において最も良好な結果と関連しており，これは言語や文化を越えて見られている。その中には後で見るように，養親と大きくなってから養子になった子どもを持つ家族も含まれている（Steele, Hodges, Kaniuk, Hillman, & Henderson, 2003）。

現在の介入プロジェクトの背景

"アタッチメント表象と養子縁組"[1]というわれわれの研究では，親の心的状態（アダルト・アタッチメント・インタビューによる分類）の影響と，以前には虐待されていた，新たに養子として迎えた子どもに対するストーリーステム法（Story Stem Assessment Profile）で語られたテーマに，説得力のある証拠を見出した（Steele et al., 2003）。養子となった子ども全てが，養子となった後1年目と2年目の調査で，肯定的なアタッチメントに関するテーマを増加させていたように，生物学的には関係していない親子において，アタッチメントの世代間関連が明確化されたのである。また，アダルト・アタッチメント・インタビューで安定自律型の分類を得た養親のところに養子となった子どもは，時間と共に，アタッチメントにまつわる否定的なテーマの語りの量が減少していった。これらの発見は，トラウマを背負った子どもと一緒に問題解決にあたっていく上で，最も重要な特徴に光を当てたと理解している。それはつまり，新たな肯定的な表象を作っていく方が，持続的に影響してくる否定的な表象を改善するよりも，もっと容易いということである（Steele et al., 印刷中）。

　新しい良質な表象が，昔からの悪い表象と共に存在するようになること，さらに，安定自律型の養親に養子として養育をしてもらうことになった場合には悪い表象が減少することを見出したわれわれの発見は，養子縁組の文献におけ

---

(1) この研究に対して，セインズバリー家族信託のテッドワースとグラスハウス信託からの豊富な支援をいただきました。両者に対して心より感謝いたします。

る希望的な結果と一致している。子どもは以前の経験と比較して，養子縁組された家庭で大変うまくいっている（Brodzinsky, Smith, & Brodzinsky, 1998；Hodges et al., 2003a）。養子となった家族で成長する機会は，以前における過酷な経験からの衝撃を軽減する助けとなる，慈愛に満ち，回復を促進する家族経験をもたらす（Hodges & Tizard, 1989；Howe, 1998；Performance and Innovation Unit, 2000；Tizard & Hodges, 1978；Triseliotis & Russell, 1984）。養子縁組は，存在する介入方法の中で，最も情熱的な形態を子どもに提供すると言われてきている（例えば，O'Connor & Zeanah, 2003）。しかし，国内で養子縁組された子どもの多くは，（1）年齢が高いか，（2）虐待かネグレクトされているか，（3）緊急保護要求（Emergency Protection Orders）の措置としてか（子どもに対する危険度が高いことを示唆するイギリスの専門用語），（4）複数の保護を経験しているか，である。養子となった子どもは，養子になる前にも，それから保護を受けている最中にも，より困難な成育歴を経験してきている。さらに，保護を受けている子どもの人口は，全体として増えており，難しい課題を提示している。初期の虐待による結果としての情動的，行動的問題の高さを見せる子どもがより多く措置されればされるほど，さらにサービスが必要となり，それには，各子どもに特定的なニーズを親や専門家に明確にするための詳細なアセスメントも必要となる。なかなか引き受け手のない子どもを養子とする養親やそこに養子としていく子どもを，アタッチメントの観点からアセスメントしようというわれわれの研究は，まさに，このような困難な背景を何とかしたいというところから始まったのである。

　この研究は，生物学的に関係していない親子において，アタッチメントの世代間のパターンを調べた最初の1つとなっている。アタッチメント関係の本質として最も重要な特徴は親子間の相互作用の質である，というアタッチメント理論の中心命題に光を当てるという意味で，本研究は特に重要な内容を扱うのである。研究の中心テーマは，親子2者がそれぞれ新しく進展していくアタッチメント関係に持ち込む特定の特徴である。養子縁組は，年齢的に高い被虐待児と養親の2者が育む，新たな関係性を観察できる特別な機会を提供してくれ

る。この研究における中心的な要素は，親と子の特徴を記述することであった。部分的には，保護された子どもに必要となる養親／養育者との組み合わせ決定における困難を助けたいという希望もあった。体系的で実証されたアセスメントを使用することによって，養子縁組が壊れてしまう確率が減るのではないかと考えた。重要なことだが，本研究は長期縦断的であり，アタッチメント関係に対する子ども側の変化，つまり行動や思考，感情というものが，時間の経過と共にどのように変化するのかを，最初から，1年目，2年目と追いかけるのである。

　新しい関係が進展するにつれて，親と子どものアタッチメント表象が相互に作用しあう仕方について，大変多くのことを学ぶことができた。この研究に参加した家族は，とても好意的に多くの時間を提供してくれ，自分の養子について何かを学びたいという気持ちと，将来同じような過程を経る家族を助けたいという気持ちに動機付けられていた。研究の計画性と本研究に与えられた倫理委員会の規定によって，特定の子どもとその家族からのアセスメント結果を彼らに返すことはできないことになっていた。それでも，この研究全体から分かったことについては，家族に知らせてきたし，規定のことを家族は理解をしていたものの，個別の自分たちの結果をもらえないことにがっかりしていた。ストーリーステム法（Story Stem Assessment Profile）（Hodge, Hillman, & Steele, 2000）によるアセスメント結果を，臨床現場の家族にフィードバックする経験をジル・ホッジ（Jill Hodge）が豊富にもっていたおかげで，われわれはもともとの研究を短期介入へと拡大する研究を行う資金を確実に得ることができた。[2]

養子縁組介入研究

　介入研究では，われわれがもともとの"アタッチメント表象と養子縁組"研

---

[2] "養子縁組介入研究"に対するセインズバリー（Sainsbury）家族信託のヘッドリー（Headley）信託からの豊富なサポートに感謝いたします。

究で使った2つのストーリー構成法と2つの質問紙法に焦点化し，データ収集を行った。これらは，ストーリーステム法（Hodegs et al., 2000），協同構築作業における親子相互作用のアセスメント（Steele, D'Agostino, & Blom, 2005），親業ストレス尺度（Parenting Stress Index: Abidin, 1983），（子どもの）長所と短所の尺度（Strengths and Difficulties Questionnaire: Goodman, 1997）であった。親子協同の構築作業が行われる場所に，親子を招き入れることから介入研究は始まった（Steele et al., 2005）。その後，子どもにはストーリーステム法（Hodges et al., 2000）による測定を，親には質問紙に応えることをお願いした。だいたい1か月後，ストーリーステム法からの談話が書き起こされ，協同構築作業と質問紙からの得点化が終わった頃に，子どもを担当しているソーシャルワーカーと親とが最初の振り返りセッションに招待される。このセッションでは，親とソーシャルワーカーに協同構築作業とストーリーステム法において，最も中心的なテーマの例を"フィードバック"することに重点が置かれた。そして，家庭における養子の現在進行している行動，特に，両者にとって最も懸念している状況との関連で，アセスメントから示唆されることを臨床家と一緒に理解していかないかと親とソーシャルワーカーに声をかけた。ソーシャルワーカーの参加は非常に重要で，振り返りセッションにおいて，潜在的な治療的価値を確かに高めるものであった。養子とその子の成育歴をよく知っていて，セッションにおいて潜在的に重要な参加者として助けになり，さらに，2回の振り返りセッションが終わった時点で，家族が継続的に連絡を取り合える立場にいる人にも同席して欲しいという理由で，われわれはソーシャルワーカーを招くことにした。アタッチメント理論から応用したアセスメントが介入の中心として使われている臨床的な構造場面に，ソーシャルワーカーを含めたグループにも参加してもらったことは，"相互にとっての利益"を生み出したと，後になってからだったが気付いた。最初のフィードバックからだいたい1か月後に，2回目の振り返りセッションを行い，そこに養親とソーシャルワーカーを招待した。最初のセッションから得られた子どものデータを，どのように理解するのかについて話し合いを続けた。この回に，長所と短所の尺度と親業スト

レス尺度への2回目の記入をお願いした。つまり，最初の親子のナラティブのアセスメントと2回目の親に対する質問紙への回答との間には2，3か月が空いており，振り返りセッションを経験することで，この期間に親は自分自身や養子についての見方を変化させる時間を持った可能性がある。本章の目的のために，協同構築作業のアセスメントとその得点化について明確にしていく。

親子の協同構築を通してのアセスメント

協同構築作業とは，簡単に行えてビデオ録画できる，親子の相互作用のアセスメントである。子どもと親はテーブルに一緒に座り，木でできた積み木のセットを与えられ（形や色，サイズがそれぞれ違う），「できるだけ多くの積み木を使って何かを作ってください」と指示される。5分間親子で構築する時間があって，5分たったら実験者が入室する。この作業の目的は，"リアルタイム"で親子の相互作用を観察する機会を提供することであり，つまり，実際その2人が互いにどのように関わるのかを観察できる。これは最初は，子どもの表象（ストーリーステム法によって）と親の表象（アダルト・アタッチメント・インタビューによって）の質を明らかにする目的のアセスメントを補足する意味で行われた。

もとの"アタッチメント表象と養子縁組"研究では，協同構築作業中に現れる親子の行動の本質を捉えるために，得点化のシステムは5分間全部の相互作用を対象としていた。親について，子どもについて，2者について，と分けて評定を行い，正負の感情や声の出し方，表情，相互作用の全体的な質を得点化した。これらを検証する中で部分的には興味深い結果が収集された一方，最初の測定から1～2年後の時期では，結果は望んだほど確固たるものではなくなっていた。このことを心に留めて，もっと細かい間隔でのやりとりを測定基準とした，新たな得点法を案出してみるという冒険をした。話し合いやコンサルテーションに多くの時間を取った後で，5分間全部の作業よりも，10秒ずつに分けた間隔で起こる親と子の行動を検証することに決めた。この方法は詳細

分析という"赤ん坊の観察者"（例えば，Beebe, 2005）からの教訓を取り入れたものである。今までのところ，10秒という間隔に分けたことで，示唆された非言語的なレベルや手続き的なレベル（例えば，表情，視線の変化，接触のパターン）における行動のかすかな変化にも注意を払えるようになった。何が言われたのかを聞き取ることに注意深くなったし，そのことで，"アタッチメント促進的行動"という興味深い材料を見つけることができた。さらに，注意深く親子2者を観察していると，重要な特徴が表出されていることが分かった。それは特に，親の行動を見ている時にそうであり，ある程度大きくなった子と養子縁組をする場合に挑まねばならない課題なのだが，新たなアタッチメント表象を作るように親の行動が調整されているやりとりであった。例えば，ある親は（意識的にではなく！）子どもの名前を使うことに多くの努力をしていた。自分のもともとの名字に対するアイデンティティは子どもにとってとても重要である中で，最初から"名字"を分かち合っていない家族のところへ養子として入るのである。だからこそ，子どもの名前を強調することは特に重要な関係性促進の方法として感じられた。子どもにとって，養親によって明確に何度も発音された自分自身の名前は，自分たちは同じところに属するのだ（例えば，「よくできたよ」というコメントは「よくできたよ，トム」とは異なって感じられるだろう）という包み込まれるような，穏やかな感覚として経験されただろう。

　相互作用を見ていると，特にアタッチメント関係を促進するために重要である，分かち合うという経験を具体化することや，あるいは，分かち合っている知識を参照することなど，一部の親はそういうことが上手であることが分かった。例えば，積み木で作ったタワーが崩れてしまった時，ある父親は非言語的に（行動によって）も言語的にも両方で，息子に，「心配しなくていいよ，父さんが積み木を拾うよ」と伝え始めた。その父親はそれから，家を積み木で作ることを提案し，自分の家で最後に一緒に作ったことを息子が思い出すかどうかを尋ねた。この中ではさらに，「おじいちゃんが家に寄ってくれて，温室を作るのを」どのように手伝ってくれたかということに触れていた。父と息子が家でやっていた建築を再現し，楽しく活発に作ることに没頭することで，積み木

が崩れ落ちたことに対する不安は変容されていった。再び，このやりとりの一部の何がそんなに重要なのかといえば，父親が息子の不安感を調整して，不安のない状態へと変化させた力であり，そして，すでに自分たちがある程度分かち合ってきた経験からのレパートリーをさらに確認し，こうした共有経験のうえに重要で継続的な関係性が作られていくということを2人が認識していけるよう導ける力なのである。

　アタッチメント促進的行動の3番目の例は，代名詞の**私たちは**や**私たちを**を単純に含んだり使ったりすることであった。これも親が無意識的に行っていたことで，作業中，自分たちに言及する2人を見ていると，例えば，「何を作りたい？」と聞くよりも「僕たちで家を作ろうよ，いいだろう？」の方が相互作用の質を高めていた。現在進行中の活動で話題の中に自分が登場することは，自分たちの関係が進むような作用をするようで，ささやかな方法のようだが，関係を作っていく1つ1つの要素を積み上げることになるようだ。各々の10秒間の区切りに対する特定の得点化の概要は，章末の資料3.1に載っている。このスケールは17種類の親の行動と16種類の子どもの行動を含んでいて，同時に，(この作業に対する以前の方法のモデルに基づいて) 一部の包括的な評定が5分間全部に適用される。われわれが観察した家族の全部にまたがる結果を報告する前に，事例の提示をする。

事例提示：トンプソン一家

　トンプソン氏は5歳のメリッサと異父弟の3歳のエリックが養子となったことを喜んでいた。不十分な養育と心理的ネグレクト，さらに，身体的ネグレクトも推測されて，2人は2年間里親に保護委託されていた。中程度の学習障害を持つ実母は，自分自身も困難な子ども時代を耐えてきた人だった。実母の母親が家を出て行ったあとに父親によって育てられ，その後，10代には父親の死後に姉によって養育されていた。メリッサは複数の混血で（イギリスとアフリカ系カリビアン），6番目の子どもであった。8人きょうだいであったが，下の

子については全く知らないという。メリッサのきょうだいのある者は養子となり，また他の者は親戚や友人のところにいて，誰も実母と住んでいなかった。メリッサは，実母と，半分血のつながった弟のエリック，および，エリックの実父（白人）と住んでいて，その男性を自分の父親だと信じていたが，メリッサの実父については不明である。

　メリッサは初期の段階で行政の注意を引き，特に社会福祉課（イギリスの児童相談所）は，情動レベルにおいても，身体的なケアのレベルにおいても，実母の能力について重大な問題があるという認識を持っていた。家庭環境のアセスメントで，家に数多くの訪問者があること，メリッサはいつも1人で取り残されている証拠がたくさんあること，事実上，見知らぬ人たちがメリッサをかわいがり面倒を見ていたことが分かった。さらに，弟のエリックがベッドに長時間にわたって放置されている証拠もあり，そのため児童相談所は家庭から子どもたちを離して，養子縁組にあたらせるという処置をした。ソーシャルワーカーは，メリッサと異父弟のエリックとの関係性について，関心を示した。例えば，メリッサは3歳なのに"母親"であるという気持ちを示し，弟の世話に責任を持つことが期待されていた。メリッサは実母に対してはほとんどアタッチメントを示さず，実際，母親はメリッサをほとんどかわいがっていなかった。継父は多少のやさしさを彼女に示したので，メリッサは継父とは交流していた。

　メリッサは最初里親家庭に措置されて，それからすぐに弟も一緒の家庭に来て，養子縁組が決まるまでそこに2人で2年いた。弟に対してメリッサが極端に緊密な関係を形成しているようであったが，里親家庭にエリックが来たことは，再び，養育者からの注意や愛情をエリックと競争しなければならないことを意味し，この状況は実母と住んでいた時とあまりに類似していた。エリックはとても扱いやすい赤ん坊（里親委託の段階で4か月児であった）で，里母によってとてもかわいがられ，メリッサよりも好まれた子であったとソーシャルワーカーはコメントした。この弟の存在は，メリッサの分離の感情（この感情の一部は異なる人種であるということからも派生していた）と自分は家族から締め出されているという気持ちを増幅するだけであった。メリッサは里親委託の間

耐えていたのだが，里親はあずかっている間にメリッサが出した問題行動には対処しようとはしなかったし，むしろ，そういうことを避けていた。例えば，お風呂時間は，お湯につかることと髪の毛をとかされることが嫌だという彼女の断固とした主張で，極端に大変な時間となっていた。2人がトンプソン家に養子となった時，明らかにエリックの方が容易く移行し，新しい親に対してアタッチメントをすばやく形成した。メリッサは，また苦しい立場となり，自分が属していないと信じる環境で，親の注目や愛情を弟と争うこととなった。

協同構築作業中のメリッサと父親

　メリッサと養父は，たくさん積み木がのっている小さなテーブルの前に，静かに隣同士に並んで座っていた。メリッサが中心となってビルを作ることが事前に了解されていた。メリッサがビルを作り始めるとすぐに，養父は援助役として控え，ビルの作り方についてコメントをし，次の積み木をやさしく手渡していた。メリッサはそのビルを家だと呼んだ。養父は建物内に区切りを作るために，トレイの真ん中に積み木のいくつかを使って壁を建てていた。養父は時々しかメリッサを見なかったが，メリッサはベッドや枕を家に備えることを楽しんでいた。養父はその建物内に壁を作ることを同時に進めていた。彼女の様子を気にかけながら，養父は中央の壁が崩れ落ちるまでメリッサに継続させた。そして，すぐに再度壁を作り始めた。メリッサは壁が壊れたことを分かっていたが，壊れたことを気にすることなく，家の中にあるものを作り続けていた。養父に気付かれることなく，メリッサは咳をした数秒の間作業を中断した。この時点で，メリッサは家の真ん中に信号機を置き，この章の最初の部分に記述したように，父親の驚きに直面した。彼女は確固として，「**私**は信号が好きなの」と（上ずった声で）宣言し，家の中には信号機はないよという養父による提案にもかかわらず作業を続けた。メリッサは車のためのガレージを作り，家のリビングに信号機を改めて導入した。この時には養父は頬杖をつき，応答しなかった。このやりとり全ての進行において，養父がリビングエリアにその存在を仕方なく認め，何も言わなくなるまで，メリッサは信号のことをもう2

回言及した。それにもかかわらず，このように認知されたことは満足する効果をもたらしたようで，その時点からメリッサが養父によって作られた壁を明らかに受け入れたことからも，注目される瞬間であった。家ができて養父がメリッサに何を作ったのか改めて尋ねた時，穏やかだがすばやい一瞥を養父に向け，そして，競争に勝ったことからのささやかな微笑と一緒に，彼女は"信号機"も含めて，家の中にある生活用品を1つ1つあげていった。この養父との治療はこの相互作用によって明確化され，家の中にある信号機（メリッサの新しい世界にある，速く動く情動の信号を調整することを助ける何か）に対する，娘の新たな望みが持つ意味に気付くことの重要性を彼に教えることとなった。このことについて改めて，以下の討論のところで考えていく。

セッション後の振り返り

メリッサの養父とソーシャルワーカーと一緒に行った最初の振り返りセッションで，最も重要なところを報告する。メリッサのストーリー構築での内容と父親との協同構築作業から，振り返りを行った。ストーリーの方からは2つの中心となるテーマが現れた。第一には，彼女の表象世界には大人が明確に存在していないことだった。例として，あるストーリー構築課題で，面接者が話の始まりを次のように語った。「残りの家族みんなは家におり，子どもは学校にいる。絵を描いて，『私が描いた絵はとってもいいわ。家に持って帰る』と言った。それで家に帰り，ドアをノックして，父母が開けた。次に何が起こったか教えてくれる？」メリッサの語りでは，その女の子は母に絵のことを話して，それから，母にそれをあげる，ということだった。振り返りのセッションでセラピストは，いかにこの最初の場面が肯定的な内容かを伝え，絵に興味を抱いた親を表象として持っていると伝えた。それからメリッサは語りの中で，絵が失われて，見つかり，そして，再び失われ，"風が吹き飛ばしてしまったから"だと理由づけたと伝えた。この方法で，メリッサはその絵に対する親の反応について語ることを避けたのである。セラピストで面接もした人（J.H.）は，この語りの内容は現実に何が起きたのかを報告するものではないが，しか

し，子どもの期待や不安が何であるかを示すものであると養父に説明をした。そして，メリッサのような子どもの場合は，自分のしていることがこれでいいのか分かっていないことを示す傾向にあり，こういう場面で親がどう反応するのかを期待することは部分的には以前の養育経験から形成されていること，そして，変化していくには長い時間がかかることを伝えた。

　メリッサの語りの内容で際立った2番目のテーマは，家族に対する希薄なイメージと誰が誰に属するのかについて不明な点であった。ある話の中で，メリッサは父母について語り始めて，その中で小さい女の子が主人公として出てきて，さらに幼い弟と妹が出てきた例があった。最初に作った話の半分ほどのところで，メリッサはこの家族を2つに振り分け，1つの群は母と住み，もう1つの群は父と住むというようにした。最初の家族構成を完全に壊して再構築したのだが，これらは完全に別々の家族であった。メリッサの養父はこのことを説明した時にすばやく，そして，熱心に応答して，「そのとおりです。彼女は私たちに属しているという感覚を持っていません。さらに，自分をわれわれに預けるということに抵抗しています」と述べた。養父は，自分がメリッサによって完全に拒絶されたと感じた多くの状況を述べた。例えば，予防接種に連れて行った時，彼よりも看護師に慰めを求めたことがあった。さらに，「私が感じていることは，私の家にこの小さい女の子がいて，彼女を知ることはできるし世話もできるが，それだけだということなのです……遅すぎる前になんとか彼女の心と触れ合える方法が必要なのです」と語った。セラピストはこの重要な問題に焦点を十分当てることにし，拒絶されたと感じている養父の痛みに共感しながら，この家にいる人々が永久にメリッサの家族なのだと感じられるように援助する方法について話をした。メリッサの事例では，本来なら理想的に多くのことがもっと以前に行われるべきだったのだが，状況が軽視されたことで前の担当のソーシャルワーカーはメリッサと一緒にいろいろなことができなかった。セラピストとソーシャルワーカーは，メリッサに"人生について語ること"に関する治療をすることは，以前に彼女がどこにいて，今はどこにいるのかについての意味を理解する助けになると提案した。メリッサとの相互作

用の方法についても多くの議論をし，彼女が示すあからさまな拒絶的行動にひるんでしまわずに，彼女が驚かない程度に働きかけ，親の望みとして彼女と"つながりたい"ということ，そして，彼女に"つながりを感じて欲しい"ということを示すことになった。例えば，メリッサと遊ぼうとした養父に対して，すぐにメリッサは背を向け，そして，つまらないと嘆いた場面があった。その時，すぐに「いいよ，もう遊ぶ必要はないよ」と応答したことがあると養父は報告した。メリッサは自分のやり方で物事を通したいという意図があるようだが，こういう場合，養父は彼女の拒絶的な態度に対して，「誰でも退屈になる時はあるさ。でもそれでもいいんだよ。このゲームを後でしたくなるかもしれないし」と応答し，このことで遊びや相互作用への誘いかけはそのままにし，遊びたくなった時には喜んで一緒に遊ぶというメッセージを送ることができる。

　協同構築作業における彼らの相互作用の目立った特徴については，2つの主たるテーマが選ばれた。第1のテーマは，積み木で作る主体者としてのメリッサの役割に対して，養父がやさしくメリッサを扱うことで，控えの役割をとっていることであった。このことは話しを"組み立てるための足場"となるような補助と関連していた。そこでは，何が作られているのかを語ったり，あるいは，メリッサの作業後に何を作ったのか説明してもらったりしていた。積み木を並べながらどのように作業について言葉でやりとりするか，そして，2人による談話をどのように形成するか，ということにとって，養父の言葉が2人を結びつけていることなど，そのような暖かい雰囲気で包まれるような行動が，メリッサにとっていかにアタッチメント促進的であるかという観点から，これらの点を養父に取り上げることにした。セラピスト（M.S.）は，父親と関わることを目的として，メリッサが些細なジェスチャーで示しているような心の痛むある相互作用の部分を説明した。ときどき，これらはあまりに些細で気付かないままとなる。セラピストはさらに，お互いが積み木を置きながら，歩調を合わせて作業をとても上手くおこなっていたことを語り，そして，メリッサが「信号機はどうするの？」と尋ねたことに移った。養父は「家の中に？　信号機？」と問うような口調で繰り返していたことで，その時の自分の驚きを思い

出した。メリッサは「**私が信号機を好きなの**」と高めの強調された声音で，どれほどお願いしたかをセラピストは報告した。養父のアタッチメントに関わる誘いを拒否する多くの相互作用をメリッサがしたことに反して，実は彼女が養父との関わりを持とうとしているという理解を共有しないまま，どのように2人の調律が狂ったり互いにやり過ごしたりしたかについて，セラピストは注意を促した。メリッサのような経験のある子どもが，本当は親に対して関わりたい気持ちを間違った伝え方で訴えることがいかに多いかをセラピストは語った。そしてうまく養育された子どもなら正しくアタッチメントの信号を表出できるが，そういうことができないために起こるのだと説明した。関わろうとする機会につながる小さなきっかけに焦点化して，メリッサの養親はいかに慈愛深く彼女を愛しているかについて，そして，この家族に彼女が本当に属しているのだということを彼女に分かってもらうように援助できるだろう。

養父は2回目のセッションに参加し，最初の振り返りが彼のメリッサとの経験にいかに響き渡ったかをさらに探った。多くのいいことや悪いことに振り回される，芽生えたばかりの関係性についての心配を養父は伝える一方で，関係が深まったことと拒否されたと感じる気持ちが軽くなったという変化に驚いているとも報告した。実際，この養父は，ストーリー構築と協同構築作業を通してメリッサを考えることは，彼の中により共感的な方向性を呼び起こしたとコメントしていた。

結　　果

5分間の協同構築作業における評定の信頼性について，最初に報告する。ここで，30個もある10秒間の区切りを合計することで，どのように関係することのパターンが見出せるのか，そして，子ども側の非言語的変数と言語的変数，および，親側の言語的，非言語的変数がどのように相関するのかを示す。この方法で，互いが互いに及ぼす効果の見積もりを得られた。結果についての2つめのセクションでは，治療以前と治療開始後3か月時点における，養親に対す

る質問紙の結果を検討している。"治療的介入"の期間という明らかに短い間であるにもかかわらず、臨床的な治療が始まる前と後とで、養親が養育に対して抱くストレスのレベルの得点間に違いを見つけた。われわれは、この短い期間に起きたと思われる**どのような**変化にでも興味があった。最後に、3番目の結果のセクションは、子どもに対する養親の見方が肯定的に変化したことと、協同構築作業で親に見られるある特定の行動とが関連するかどうかという点について検証している。

信頼性

社会科学研究大学院（New School for Social Research）における博士課程と修士課程の院生によって構成された、得点化作業をした者同士において、大変高いレベルの信頼性が得られた。彼らは、互いに大変一貫性高く行動等を評定してくれた。この高いレベルの信頼性が得られたことで、1つの合計された（信頼性ある）得点が以下に続く結果のセクションで使用されることになった。さらに、サンプルサイズの小さいことと、1つの10秒間の区切り内で起きる行動の多く（例えば、接触）は数が少ないことから、観察された言語的、非言語的行動に対して、総合得点を作成するために30区切りの得点を合計した。

陰性感情

子どもからの陰性感情の表出の総合得点は、親の行動の重要な3側面に強く関連していた。それらは、（1）親の否定的な表情、（2）例えば子どもの手を押しやるというような、親の支持的ではない接触、そして、（3）親が眼差しを向ける行動、であった。さらに、子どもが否定的な言語表出をする時は、親の非支持的な子どもへの接触や否定的な表情と強く関連していた。親と子の陰性感情に関わるこれらの結果は、かつて虐待された経験を持つ子どもと、新たな関係性を確立しようとしている養親が直面する、超えなければならない壁を表しているのだろう。養子となった子どもの中には、否定的な感情表出をしやすい子がいるが、その子らの親が子どもの陰性感情には陰性感情で反応することや、あるいは、非支持的な接触をしたり、緊張した眼差しを向けるなど、子

どもから発生した反応と関連した行動をとることは理解できる。以上のことは，カーレン・リヨンズ−ルス（Karlen Lyons-Ruth）達の研究で，未組織型の行動をする乳児を持つ親の特徴である，侵入的行動を取るか（われわれの分類では非支持的接触と類似）あるいは，無能状態となるか（われわれの分類では緊張した眼差しと類似）ということを思い出させる。子どもとの関与を維持しようと，親が一生懸命なのは明らかであるが，しかし，不適切な凝視行動と身体接触によって，残念ながら，良い得点とはならないのであった。

子どもからの回避を乗り越える

興味深い発見の１つは，子どもによる回避（例えば，注視嫌悪）に対する親の反応に関わることであった。子どもが親を避けていることに対する総合得点は，共有した経験に言及する親の言語表出と正に関連しているのだが，それは子どもを関わらせようとするために計画された注意深くて親しみある試みを親が行った結果なのであった。重要なことだが，共有している経験への言及をした親は否定的な表情をしておらず，他の行動を見せる傾向にあった。それは肯定的な表情や子どもの名前を用いること，さらに**私たちは**とか**私たちを**とかの言葉を用いること，質問に答えること，子どもとのやり取りでは肯定的な強化を使うこと，促進的，支持的な接触を子どもにすることであった。関連して，親が，**私たちは**や**私たちを**という代名詞を使った時には，子どもからの質問に大変効率よく応えられていたことも観察された。子どもの名前を用いていた親は，促進的，支持的な接触を子どもと持つことが多かった。ここでは子どもが興味を示さない時でさえも，"アタッチメント促進的行動"が親の方でとても活発であることが分かった。このような親を持つ子どもは，親の自分に対する関心に応えてか，後半の２分30秒において，回避的な行動が減少する傾向にあった。

３か月間で変化した自分や子どもに対する親の態度

子どもの長所と短所の尺度（the Strength and Difficulties questionnaire：子どもに対する見方）と親業ストレス尺度（Parenting Stress Indes：自分自身と子ど

もに対する見方）における親の回答の変化が，治療的介入を行った3か月間で，どの程度起こったかを見ていく。子どもの長所と短所の尺度とその5要因が測定する内容は，愛他行動の強さ，情動行動問題の困難さ，過剰行動，行為問題，仲間問題であり，これらについては親の得点に変化はみられなかった。ただ，40%の親が養子を，正常と問題のある領域との境目か，あるいは臨床的なレベルでの問題を抱えていると見ていた。このレベルは，3か月という短期治療では変化はなかった。より勇気付けられる結果として，親業ストレス尺度で測定された親の観点は，われわれと子どものことを話し合う以前と比べて，3つの点で有意な変化を示したことだった。それらは，養母では（1）子どもをより受容できるようになった，（2）子どもとのつながりをより感じるようになった，（3）親としてうまく関われるようになった，ということであった。

協同構築作業中の親子相互作用と関連した親の態度における変化

　子どもに対する親の感情について，治療的介入の以前に観察された親子相互作用の結果と関連するかどうかを調べるため，得点の変化を計算した。父母各々が（子どもに対する）受容性，（子どもに対する）特別な絆，そして，（親としての）効力感に応答したもので，それらがどのくらい改善したのかを示すものである。変化を表す肯定的な指標は，全体の評定と詳細分析からの評定（30個の10秒区切りの観察行動の集まり）との関連を見ることで，どの親子ペアが治療的介入から最も良い効果が得られているのかを見積もった。子どもに対する受容性と子どもに対する特別な絆，それから，親としての効力感の3つの分野全てで報告得点が上昇していた。

子どもをもっと受け入れられると気付くこと

　振り返りセッションの後に，子どもをもっと受け入れられると感じるようになったという親の報告が増加し，それは最初に録画された協同構築作業の以下の側面と関連していた。（1）子どもが肯定的な表情を見せる，（2）親が子どもを見る，（3）促進的で，進行中のレベルに合った身体的接触を子どもがする，（4）子どもが，**私たちは**とか**私たちを**という親和的な言葉を使う，で

あった。つまり，多くの否定的な感情や挑むべき問題を抱えているこれらのサンプル内においてさえ，子どものことをもっと受け入れられるとすでに感じていた親は，最初の観察場面で，言語的および非言語的レベルの両方で養子との肯定的な相互作用ができるような素因を持っていた。

子どもとの絆を多く感じるようになったこと

振り返りセッションの後に，子どもとの絆をさらに感じるようになったと報告した親には，事前の協同構築作業における2つの評定が関連していた。それらは，（1）親がほとんど子どもを回避しないことと，（2）否定的だと分類されるような発声を子どもがほとんどしなかったことであった。興味深いことに，子どもとの絆を感じることが上昇したという親を予測したのは，**低いレベル**の親の回避性と子どもの否定的な発声であった。

親としての効力感をより感じるようになったこと

親としての効力感が増加しているという報告は，最初の相互作用における4つの肯定的な要素と3つの否定的な要素と関連していた。効力感増加における肯定的な関連要素は，（1）協同構築作業における親の（子どもへの）見守り，（2）促進的だと判断できた子どもからの接触，（3）提案に対する子どもの応答，（4）子どもの肯定的な表情，であった。振り返りセッション以前で，互いに上手く関与し合うサインを親子が見せているということでは意味がある。こういうことが親の柔軟性をより高くし，親の効力感をさらに強化するフィードバックに対して，より受容的にさせるのだろう。

効力感の増加は協同構築作業での3つの否定的な要素とも関連していた。それらは，（1）親の否定的表情の表出，（2）子どもの否定的表情の表出，（3）子どもが回避行動を見せる，ということであった。援助が必要な状況において，何がアタッチメント関係としてみなされるのかということの本質をこれらの結果は指し示している。協同構築作業そのものでは変化を確認できるデータをわれわれは持っていない一方，最初の治療的介入以前のアセスメント時より介入後のアセスメント時で親としての効力感が高くなったという結果は，これらの否定的な要素もまた肯定的な方向へと変わっていくのではないかとい

うことを示唆している。

討　論

　困難な状況にある親子と一緒に心理的治療を行うことについて，ここでの発見から，臨床的な意味で何が言えるのかということを中心に述べていく。われわれのサンプルの子どもはかつて虐待され，現在養子となったという特定の特徴を持つことを考えよう。最初に，協同構築作業における詳細分析とマクロ分析の評定の相対的なメリットについて説明していく。否定的情動の重要さと子どもが回避したことを乗り越えようとすることを含む非言語的行動や言語的行動に焦点を当て，特定のメリットについて討論する。2番目に，ある特定の親子相互作用の一貫したパターンが，自分の親としての感覚を良い方向へと変化させることや，子どもとの絆を感じるようにさせることについて，結果から解説していく。

　5分間の親子相互作用や協同構築作業に対する評定法は，乳児期の研究で用いられている詳細分析の方法から部分的に影響を受け（Beebe, 2005を参照のこと）たもので，観察された行動をより近くで見て情報を得るものである。そして，この詳細化された，経験則に近い方法を取ることで見返りが得られた。この乳児の研究では，注視，表情の様子，空間定位，接触，姿勢，発声の韻律的およびリズム的な特徴，を含むコミュニケーションにおける暗黙的で手続き的な要素を活用している（Beebe, 2005）。この方法に影響を受ける一方で，われわれの研究は乳児期研究ほど詳細な分析を行うわけではなく，また，そこまでの必要性もないと考える。事実，J. ジャッフェ（Jaffe）とB. ビーブ（Beebe）によるコンサルテーションで（2005年10月時点），少し年齢の高い子と親を対象とした分析の単位としては，10秒が発達的に適応的だろうと合意していた。詳細分析を使っている仲間に対して，新たな養親とかつて虐待されていた子どもにおける親子関係をより良く理解し支援するために，この分析は重要な方法であると伝えたいというのがわれわれの望みである。

この経験は，非言語的にも言語的にも，行動の中に見られるわずかで暗黙的な側面に注意を細かく払う価値があることを明らかにしている。人間の視覚に必ずしもうまくとらえられない行動のニュアンスを観察することをこの分析は可能とするようだし，より包括的な評定方法では見逃しうるような感情の表出に対して，気をつけて観察するようにしむける。同時に，言語的な内容レベルでの相互作用の特徴は，これらの新しく家族となった者たちにおけるアタッチメント関係を促進する一部として重要であることが証明された。現在の研究の1つの限界は，最近養子をもらった養親家族において使った協同構築作業への反応についての，標準的なパターンをまだ確立していないことである。詳細分析の方法は，臨床的なサンプルよりも，言語行動や非言語的行動がより統合的であるノーマルな親子関係において，より使用しやすいのかどうかを見極めることにも興味がある。

　われわれが評定した行動のまとまりと報告（行動の10秒区切）により，親子の関与の仕方が，広く表われる2種類のパターンと意味のある関連をしていることが明らかになった。まず第1に，問題を感じさせる否定的な悪循環の影響を見つけた。それは，一部の親子において，促進的ではない否定的な表情と接触が繰り返されていて，そして，子どもと共有した経験について親が何も語らないことが分かった。2番目に，より希望の持てるパターンを見つけた。それは，子どもは親を避けるのだが，親は子どもを避けたりしないことだった。むしろ，過去に一緒に行ったことについて話したり，子どもの名前を呼んだり，あるいは，否定的な表情や声音なしで"私たちは"とか"私たちを"という言葉を言ったりすることで，親は子どもを相互作用へと導入するように関わり合える環境を作っていた。特に一部の親子が，すでに共有していた親密で楽しかったことを思い出し，語っていたことは，これらの養子と養親が一緒になってまだ短い期間しか経っていないことを考えると，本当に驚くべきことである。これらの発見は，ペリー達（Perry, Pollard, Blakely, & Vijilange, 1995）の洞察的なコメントを思い起こさせる。「ストレスの高い時にこそ表面に出やすいのだが，人生初期における関係性にまつわるトラウマを完全に無くすことを期待

してはいけない。しかし，失われた養育経験を償える道筋を子どもが得られるような最も良い機会は，このような被虐待児が"アタッチメント促進的な養親"のところで養子となることである」と彼らは述べている。そのような養親は，いつ（そして，なぜ）信号が変わるのか（つまり，子どもを無視したり叱責したりしたいと感じる場合に，それをしてはいけない時はいつなのかを知っていて，代わりに，子どもの行動は受け入れて欲しいという意味なのだと分かること）について，気付くことができる人達のようなのであった。すでに見てきたように，これは最近の分かち合った親密な経験を思い出し，まんがの吹き出しのように今行っている作業の中に挿入することで達成されるのだろう。これらは，家族経験のもつ，肯定的で，関係性の構築を促進する質を強調するようになるだろう。変化を促進した他の親行動として，子どもからの質問に答える行動や否定的な表情のやり取りに引き込まれないようにそれを断ち切った行動があった。

　メリッサと養父が作っていた家に興味深い追加物として彼女が信号機を入れたことは，養子からの変わった意固地なリクエストが，実は理解や支援を心の奥から望んでいるのだということを感じて欲しい，という気持ちから来ていることを表している。そして，養親がこのようなことを分かるように援助されるべきであるという意味を込めて，この章のタイトルを命名したのである。車を運転している時に，たまに故障した信号機が"赤"のまま変わらずにいる交差点でずっと止まっていることを，メリッサのリクエストは思い出させる。その場合少し待った後で，われわれはゆっくり注意深く進もうとするだろう。しかし，もし特殊な事情で"故障している"というメッセージを受け取ったなら，われわれは動かずにじっとしており，どこにも進まないだろう。養子たちが前に進むためには，養親からの援助が必要である。そして，養親もまた，そうするためにセラピストによる支援が必要なのである。養親は少し年長の養子から出される情動シグナルを理解したり，赤信号を無視したり，子どもから避けられることを何でもないこととしたり，質問に応答したりと，まさに今書き進められている新たな家族のシナリオを強化するために，セラピストからの洞察が必要なのである。

第3章　虐待された子どもとその養親に対する治療的介入

　この臨床的な道具のセットは，治療的介入に参加している養親たちに適確なフィードバックを提供し，そして，一部の養親には肯定的な影響をもたらした。例えば，養子の行動の潜在的な意味について一部の養親を考えさせたり，あるいは，養子と相互作用する時の特定の特徴について，はっきりした見方を持ち込んだりすることで，養子（や自分自身）について新たな角度から見られるように促進したが，それはより現実的でありより希望に満ちた見方であった。この見方は，養親がだんだんと親としての効力感を増加させたことや，子どもを受容していったこととの関連から効果があったと理解される。まとめると，分かるか分からないかくらいの程度でも（親に優しく接触するなど）子どもが養親を必要としていることを示す力があれば，親子関係に関わる感情を親がより肯定的に感じていたのである。養子による養親への依存の表現は，その子に対する好意を触発すると同時に，親自身の効力感において，自分のかかわり方は大丈夫だという信じる力も引き出す土台となる。最近養子とした子どもが，自分たちをすぐに必要とし欲するということが信じられないという養親との臨床的作業において，養子たちはそれらの要求や願望を偽装された方法で伝えることを養親に知らせることは最重要である。本章の前半で述べたように，アタッチメントを歪める行動だと一見思われる子どもの行動を何でもないことだとすることは，関係性を築いていく中で重要な要因であると分かってきている(Dosier, Higley, Albus, & Nutter, 2002 ; Lieberman, 2003 ; Marvin, Cooper, Hoffman, & Powell, 2002)。親に対して回避的行動を養子が取ったにもかかわらず，子どもと分かち合う作業を続けられる方法を探ったり，子どもに"あなたを心にいつも留めている"ことを伝えることのできる養親は，自分たちの関係性を確固たるものにしていけるだろう。このことは，子どもの先導に従い，子どもの空間に侵入しない必要性を重要視するアタッチメント研究とはある一定の対比を示している。例えば，乳児における未組織型のアタッチメントの形成に関わる1つの道筋は，母親の侵入性である（Lyons-Ruth & Jacobvitz, 1999）。しかし，養親による，敏感性を十分考慮したアタッチメント的な関与に，子どもが一見したところ無関心さを装うことを何でもないこととすることは親の侵入性ではな

い。それよりも、これは、養親を援助する中で、彼らのアタッチメントの現存を感じさせ、しかし、侵入的ではないのだという繊細なバランスがあることを強く示唆しているのである。

ここで報告された研究で、子どもが親のアプローチを避けることを何でもないこととする親の方略として重要な要素は、子どもの名前を呼んだり、**私たちは**や**私たちを**という代名詞を使ったり、過去の共有した経験に言及したり、あるいは、共に参考にできることを示したりするなど、言語で応答することを含んでいた。この方略は言語的な性質の高い働きかけであるため、養親の個人的な成育歴の振り返りの程度が、今の関係性構築の方略に関連するかどうかについて考慮する必要性をもたらす。この研究に参加した養親のアダルト・アタッチメント・インタビューの結果をわれわれは知らないのだが、もし、親が安定自律型で一貫性のある分類であるなら、協同構築作業において、共有した経験への参照が最も容易く心に浮かぶだろうと予期していた。単に、子どもの名前や**私たちは／私たちを**という代名詞を説教的に使用することのみでは、アタッチメントを促進するとは考えなかった。しかし、むしろ、アタッチメントに調律され、アタッチメントに価値を置く、特に安定自律型の養親による共有された経験への言及が、このような結果をもたらすだろうとは見込んでいた。養子の養育をしていく中で安定したアタッチメント関係を促進することを目的に、養親と共に探る文脈において、養親や里親にこのメッセージを伝えていくことの有用性を、まだまだ探っていこうと思っている。

乳児期の発達研究から洞察を得てここまで進んできたが、次の可能性としては、養子と養親との相互作用を撮ったビデオテープを養親と一緒に見ることだろう。親子の心理療法においては、養親にとって自分自身や養子を理解することを促進するための触媒となるような場面の選択には、注意深い扱いが必要だろう。この詳細分析を（乳児より）大きい子どもでクリニックに紹介された子に使用する、という試みを行った仲間を知っている。そこでは、ビデオ場面からのフィードバックは治療的介入の基礎を形成していた（Dowing, 2004）。われわれの今後において、ここで議論してきた5分のビデオ録画を組み入れる計

画をしている。さらに協同構築場面で親子がどのように交渉するのかを調べることは，養親たちの関係性の性質についてや，治療的状況におけるフィードバックがどの程度役に立つのかについてなどの，強力なヒントをもたらすことになるだろう。

本章の結果から，宿題として3つのメッセージが抽出された。(1) アタッチメント促進的行動は，肯定的な情動のやりとり（非言語的レベルでの表情）や子どもの名前，**私たちは**や**私たちを**という代名詞を使った言語的なやりとり，さらに，**たとえまだ1，2か月しか一緒にいなくても**，その中で共有された経験についての言及を維持できる養親において証明された。(2) 親による些細な回避行動は，不良なアタッチメント結果を生みやすい。(3) 虐待された子どもによる回避行動は予想され，そして，それが（親が拒絶されたと感じないように援助されることにより）"何でもないこととされる"場合に，関係性は豊かになっていく。

謝 辞

　テッドワース慈善事業の，セインズバリー家族信託のグラスハウスとヒードレー信託からの援助に対して心より感謝申し上げます。また，協同構築作業の場面を評定してくれた研究チームのメンバーにも感謝申し上げます。

文 献

Abidin, R. (1983). *Parenting Stress Index Test Manual.* Charlottesville, VA: Pediatric Psychology Press.

Ainsworth, M., Blehar, M., Waters, E., & Wall, S. (1978). *Patterns of attachment: A psychological study of the Strange Situation.* Hillsdale, NJ: Erlbaum.

Beebe, B. (2005). Mother–infant research informs mother–infant treatment. *Psychoanalytic Study of the Child, 60,* 7–46.

Beebe, B., Knoblauch, S., Rustin, J., & Sorter, D. (2005). *Forms of intersubjectivity in infant research and adult treatment.* New York: Other Press.

Berlin, L. J. (2005). Interventions to enhance early attachments: The state of the field today. In L. J. Berlin, Y. Ziv, L. Amaya-Jackson, & M. T. Greenberg (Eds.), *Enhancing early attachments: Theory, research, intervention, and*

policy (pp. 3–33). New York: Guilford Press.
Bowlby, J. (1951). *Maternal care and mental health: A report prepared on behalf of the World Health Organization as a contribution to the United Nations programme for the welfare of homeless children.* Geneva: World Health Organization.
Bowlby, J. (1969). *Attachment and loss: Vol. 1. Attachment.* New York: Basic Books.
Bowlby, J. (1973). *Attachment and loss. Vol. 2. Separation: Anxiety and anger.* New York: Basic Books.
Bowlby, J. (1980). *Attachment and loss. Vol. 3. Loss.* New York: Basic Books.
Bowlby, J. (1988). *A secure base: Clinical applications of attachment theory.* New York: Basic Books
Brodzinsky, D. M., Smith, D. W., & Brodzinsky, A. (1998). *Children's adjustment to adoption: developmental and clinical issues.* Thousand Oaks, CA: Sage.
Cassidy, J., Woodhouse, S. S., Cooper, G., Hoffman, K., Powell, B., & Rodenberg, M. (2005). Examination of the precursors of infant attachment security: Implications for early intervention and intervention research. In L. J. Berlin, Y. Ziv, L. Amaya-Jackson, & M. T. Greenberg (Eds.), *Enhancing early attachments: Theory, research, intervention, and policy.* (pp. 34–60). New York: Guilford Press
Downing, G. (2004). Emotion, body, and parent–infant interaction. In J. Nadel & D. Muir (Eds.), *Emotional development: Recent research advances* (pp. 429–449). Oxford, UK: Oxford University Press.
Dozier, M., Higley, E., Albus, K. E., & Nutter, A. (2002). Intervening with foster infants' caregivers: Targeting three critical needs. *Infant Mental Health Journal, 23*(5), 541–554.
Goodman, R. (1997). The Strengths and Difficulties Questionnaire: A research note. *Journal of Child Psychology and Psychiatry, 38,* 581–586.
Hodges, J., Steele, M., Hillman, S., & Henderson, K. (2002). *Coding Manual for Story Stem Assessment Profile.* Unpublished manuscript, the Anna Freud Centre, London.
Hodges, J., Steele, M., Hillman, S., & Henderson, K. (2003a). Mental representations and defences in severely maltreated children: A story stem battery and rating system for clinical assessment and research applications. In R. Emde, D. Wolf, & D. Oppenheim (Eds.), *Revealing the inner worlds of young children: The MacArthur Story Stem Battery and parent–child narratives* (pp. 240–267). Oxford, UK: Oxford University Press.
Hodges, J., Steele, M., Hillman, S., Henderson, K., & Kaniuk, J. (2003b). Changes in attachment representations over the first year of adoptive placement: Narratives of maltreated children. *Journal of Child Clinical Psychology, 8,* 351–368.

Hodges, J., & Tizard, B. (1989). Social and family relationships of ex-institutional adolescents. *Journal of Child Psychology and Psychiatry, 30,* 77–97.

Howe, D. (1998). *Patterns of adoption: Nature, nurture, and psychosocial development.* Oxford, UK: Blackwell Science.

Jaffe, J., Beebe, B., Feldstein, S., Crown, C. L., & Jasnow, M. D. (2001). Rhythms of dialogue in infancy: Coordinated timing in development. *Monographs of the Society for Research in Child Development, 66*(2), 1–132.

Lieberman, A. (2003). The treatment of attachment disorder in infancy and early childhood: Reflections from clinical intervention with later adopted foster care children. *Attachment and Human Development, 5,* 279–282.

Lyons-Ruth, K., & Jacobvitz, D. (1999). Attachment disorganization: Unresolved loss, relational violence, and lapses in behavioral and attentional strategies. In J. Cassidy & P. R. Shaver (Eds.), *Handbook of attachment: Theory, research, and clinical applications* (pp. 520–554). New York: Guilford Press.

Main, M., Kaplan, N., & Cassidy, J. (1985). Security in infancy, childhood, and adulthood: A move to the level of representation. In I. Bretherton & E. Waters (Eds.), Growing points of attachment theory and research. *Monographs of the Society for Research in Child Development, 50*(1–2, Serial No. 209), 66–104.

Marvin, R., Cooper, G., Hoffman, K., & Powell, B. (2002). The Circle of Security Project: Attachment-based intervention with caregiver–preschool child dyads. *Attachment and Human Development, 4*(1), 107–124.

O'Connor, T. G., & Zeanah, C. H. (2003). Attachment disorders: Assessment strategies and treatment approaches. *Attachment and Human Development, 5,* 223–244.

Performance and Innovation Unit. (2000). *Prime Minister's Review of Adoption.* London: Cabinet Office. Available online at http://www.doh.gov.uk/adoption/

Perry B. D., Pollard, R., Blakely, W., & Vigilante, D. (1995). Childhood trauma, the neurobiology of adaptation and "use dependent" development of the brain: How "states" become "traits." *Infant Mental Health Journal, 16*(4), 271–291.

Steele, M., D'Agostino, D., & Blom, I. (2005). *The co-construction coding manual: Verbal and non-verbal behavior.* Unpublished manuscript.

Steele, M., Henderson, K., Hodges, J., Kaniuk, J., Hillman, S., & Steele, H. (in press). In the best interests of the late-placed child: A report from the attachment representations and adoption outcome study. In L. C. Mayes, P. Fonagy, & M. Target (Eds.), *Developmental science and psychoanalysis : Integration and innovation.* London: Karnac Books.

Steele, M., Hodges, J., Kaniuk, J., Hillman, S., & Henderson, K. (2003). Attachment representations and adoption: Associations between maternal states of mind and emotion narratives in previously maltreated children. *Journal of Child Psychotherapy, 29,* 187–205.

Stern, D. (1985). *The interpersonal world of the infant.* New York: International University Press.

Tizard, B., & Hodges, J. (1978). The effect of early institutional rearing on the development of eight-year-old children. *Journal of Child Psychology and Psychiatry, 19,* 99–118.

Triseliotis, J., & Russell, J. (1984). *Hard to place: The outcome of adoption and residential care.* London: Heinemann.

Tronick, E., & Weinberg, M. (1997). Depressed mothers and infants: Failure to form dyadic states of consciousness. In L. Murray & P. J. Cooper (Eds.), *Postpartum depression and child development* (pp. 54–81). New York: Guilford Press.

第 3 章　虐待された子どもとその養親に対する治療的介入

資料3.1　協同構築場面における評定の概要

親の非言語的行動への評定
この評定は親による非言語的コミュニケーションのスキルがどのように効果があるのかについて，表情や声音，ジェスチャー，空間的配置，接触のパターン，他の非言語的な特徴から判断していく。
- **親が身体的近接を求める**——子どもとの関係で，どのくらい親が近くて利用可能か。
- **親が身体的近接を回避する**——子どもからみると，親がどのくらい利用可能でないか，距離があるか。
- **注視する行動**——量的な測定として，親が子どもとアイコンタクトをするか。
- **表情（肯定的）**——親が熱心でわくわくしている様子を示す。
- **表情（否定的）**——親の熱心さが欠けている。
- **ジェスチャー**——子どもとの相互作用をうまく行うために親がジェスチャーを使うかどうか。
- **接触のパターン（支持的）**——子どものニーズを読み取ることができ，親が適切な接触でシグナルに応答することができるか。
- **接触のパターン（非支持的）**——子どものニーズを読み取ることができず，適合しない接触を親がするかどうか。

親の言語的行動への評定
これらの項目は，相互作用全体の間に子どもとコミュニケーションを取る時に，どのように親が発音の仕方や感情を通して，声のトーンや単語をメッセージが伝わるために使うのかに力点を置いた，親の言語的行動のスキルの使い方を評定する。
- **声の表出（肯定的）**——肯定的な声音——声の幅，強度，頻度，および，上がり調子かどうか。
- **声の表出（中立的）**——中立的な声音——声の幅，強度，頻度，および，イントネーションの高低がないかどうか。
- **声の表出（否定的）**——否定的な声音——声の幅，強度，頻度，および，下がり調子かどうか。
- **子どもの名前の使用**——相互作用の間に子どもの名前を親が何回使うか。
- **"私たちは"や"私たちを"という代名詞の使用**——これらの言葉を何回使うか。
- **質問への応答**——相互作用中に子どもからの質問に親が答えるかどうか。
- **質問をする／提案をする**——質問をしたり，提案をしたりするなどで親が先導するかどうか。
- **肯定的な言語的強化**——相互作用中に肯定的な強化を親がするかどうか。
- **共有された経験に言及するかどうか**——相互作用中に以前の共有された経験に親が言及するかどうか。

親の全体的な評定
この項目は，協同構築作業中における，子どもに対する親の全体的な振る舞いと，応答の仕方を測定する。どのようにその振る舞いが反映され，表出されているのかの両方を含む。
- **振る舞いにおける肯定的な質**——親が肯定的な感情を子どもにどのように示すかを測定する。暖かさ，微笑み，笑い，賞賛，楽しみ，子どもに言及すること，そして子どもにとって肯定的だと評定者が感じるどんな行動も含まれる。
- **振る舞いにおける中立的な質**——子どもに対する中立的な感情の測定である。距離，ひきこもり，平坦さ，無関心，子どもへの言及がないこと，そして子どもからの距離をとっていると評定者が感じるどんな行動も含まれる。
- **振る舞いにおける否定的な質**——子どもに対する否定的な感情の測定である。批判，侮蔑，緊張，怒り，困惑，そして，子どもにとって否定的だと評定者が感じるどんな行動も含まれる。

- **勇気付ける振る舞い**——子どもとの相互作用で親がどのように勇気付けるかの測定。勇気付ける親は，高いレベルの主導性と提案を示し，作業において積極的に関与し，子どもの提案を受け入れる。
- **統制的振る舞い**——子どもとの相互作用において親がどのくらい統制的であるかの測定。統制的な親は，子どもの提案を無視するように関わることが多く，それは子どもをやりとりに含めないというレベルまである。
- **子どもに対する敏感性**——子どものニーズに対してどのくらい親が敏感か，そして，そういうニーズに対して親自身がどのくらい自分の行動を適応させるのかを測定する。
- **積み木が落ちたことに対する応対**——積み木が偶然壊れた，あるいは，子どもがわざと壊したことに対する親の応答を測定。この項目だけは，得点は，0＝なし，1＝肯定的，2＝中立的，3＝否定的，となる。

子どもの非言語的行動への評定
これらの項目は子どもの非言語的コミュニケーションスキルを測定する。表情，声のトーン，ジェスチャー，身の置き場，接触のパターン，そして他の非言語的行為を含む。
- **子どもが身体的近接を求める**——親に子どもがどのくらい近いか。
- **子どもが身体的近接を避ける**——親からどのくらい遠くて距離があるか。
- **見る行動**——どのくらい親とアイコンタクトを取り，直接親を見るかの頻度。
- **表情（肯定的）**——喜びや熱意を表す子どもの肯定的な表情。
- **表情（否定的）**——喜びや熱意のなさを表す子どもの否定的な表情。
- **ジェスチャー**——相互作用において，サポートやガイダンスを得ようとして子どもがジェスチャーを使うかどうか。
- **接触のパターン（促進的）**——親との相互作用を促進するような接触を子どもがするかどうか。
- **接触のパターン（破壊的）**——親との相互作用を壊すような接触を子どもがするかどうか。

子どもの言語的行動への評定
相互作用全体において，親とのコミュニケーションを取る時に，言語的スキルを子どもが使う場合に評定する。区切りや感情を通してメッセージを伝える声や言葉の使い方に重点が置かれる。
- **発声（肯定的）**——肯定的な発声表出——声の幅，強調，頻度，上がり調子かどうか。
- **発声（中立的）**——中立的な発声表出——声の幅，強調，頻度，イントネーションの高低がないかどうか。
- **発声（否定的）**——否定的な発声表出——声の幅，強調，頻度，下がり調子かどうか。
- **親の名前の使用（パパ，ママなどの親を表す言葉，名前，など）**——母さん，ママ，母ちゃん，父さん，パパ，父ちゃん。
- **"私たちは"や"私たちを"という代名詞の使用**——これらの単語を何回用いたかの回数。
- **質問への応答**——相互作用中に，親が尋ねたことへ子どもが応答したかどうか。
- **提案や親の率先したことへの応答**——親の提案や率先したことへ，子どもが応答するかどうか。
- **子どもが率先し，提案をする**——子どもが提案をしたり率先したりするかどうか。

子どもの全体的な評定
これらの項目は，協同構築作業において親に対する子どもの全体的な振る舞いや応答そのものを評定すると同時にそれらの振る舞いがどのように反映され表出されるのかも評定する。
- **振る舞いにおける肯定的な質**——暖かさ，微笑み，笑い，賞賛，楽しみ，肯定的だと評定者が感じるどんな行動も含まれる。

第3章　虐待された子どもとその養親に対する治療的介入

・**振る舞いにおける中立的な質**——距離，ひきこもり，平坦さ，無関心，子どもへの呼びかけがないこと，距離をとっていると評定者が感じるどんな行動も含まれる。
・**振る舞いにおける否定的な質**——不安，緊張，怒り，距離，困惑，いらいら，批判。
・**統制的振る舞い**——親からの何らかの働きかけなしに，高いレベルの没頭を示すことであり，親を排斥する場合まで含む。
・**注意の持続性／焦点化**——作業の間に注意が集中する持続性。
・**積み木が落ちたことに対する応対**——積み木が偶然か，あるいは，わざと，テーブルの上か床の上に崩れたことに対する子どもの応答を測定。この**項目だけは**，得点は，0＝なし，1＝肯定的，2＝中立的，3＝否定的，となる。
・**構築作業**——親と子が一緒に作るか，別々に作るか。この**項目だけは**，得点は，0＝作ることがない，1＝別々に，2＝最初別々だが途中から一緒に，3＝一緒に，となる。

2者についての評定
・**親子のリズム性と協調性**——作業中の移行や移動におけるスムーズさの評定。言語的な協調性だけでなく，体の部分や姿勢，動き，協同，1つの行動から他の行動への移動のあり方を考慮に入れる。
・**創造性**——構築作業で表現された2者としての創造性のレベルを測定。そこでは，最終的にできたものから測定する。より高い得点はより洗練された構築物（それは，複数の階層があったり，色がコーディネイトされていたり，より想像的であったり，など）に与えられる。そこでは，子どもは一緒に一貫した説明をすることができる。最低でも積み木の過半数を使えないと点数は低くなる。
・**相互作用の全体的な質**——作業の全体的な質を評定。相互作用と作業を一緒にやっているレベル，相互作用のバランス，親子の喜びの様子，全体的な行為を考慮にいれ，そこでは親子は言語的，非言語的なシグナルを通して相互作用している。

第4章　里親ケアにおける養育責任者としての役割
　　　　——「この子は私の赤ちゃん」インタビューからの洞察

メアリー・ドジャー，ダミオン・グラッソ，
オリバー・リンドハイム，エリン・ルイス

　生存していくために，生物学的には養育者に依存するようにヒトの乳児は生まれてくる。様々なことで依存するのだが，その中でも特に捕食者から守ってもらうためや，体温を共に調節し合うため，そして，栄養を補給されるためといった保護を養育者にしてもらうように赤ん坊は進化してきた。われわれの進化的な歴史によれば，乳児に対して責任を全て持つ養育者の存在が，乳児の生存には必要不可欠なのである。この章では，責任を持つ，ということを，自分の子どもとの間で半永久的な関係を築くように動機付けられていること，と概念化する。ほとんどの親は自分の乳児に対して強く責任を持つようになる。しかし，代理の養育者によって育てられている乳児では，その養育者の責任感はもっと多様だろうし，そのため，しっかり考えてみることが重要だろう。代理養育者の責任感に影響を与えるいくつかの要因があるが，それらには対象児との関係は半永久的であると認知することや子どもの持つ魅力的な要素（例えば，どの程度乳児が幼いか，子どもの気質や行動はどうか），代理親として以前にどのような経験をしたのかということが含まれている。ヒトは責任を持って養育にあたる者を持つように進化してきているので，育てることに真剣でない養育者を持つことは，生きていくためには破壊的なこととして経験されるだろう。養育責任の異なるレベルに関連する子どもと親の特徴を検証し，どのような状況が子どもの発達に影響を与えるのかについて伝えることが本章の目的である。

第4章 里親ケアにおける養育責任者としての役割

　われわれが訪問した児童保護局に，ある養母が担当のケースワーカーと一緒に約束の時間に来ていた。彼女は養子の赤ん坊を，まるでフットボールかジャガイモの袋を抱えるように腋の下に入れていた。彼女はその格好のままそこで用事をしていたので，その包みはまるで無生物のように思われた。彼女の行為にしろ赤ん坊の行為にしろ，普通の赤ん坊の特徴を示すものはなかった。普通の養母はもっと赤ん坊とやりとりをするので，これはほとんど見ることのない経験であった。例えば，生物学的な祖母が養子を引き取ろうとしていることを話していた時に，ある養母はとても緊張して息が詰まりそうになっていた。生後すぐからその赤ん坊を育てていたので，その子を取り上げられることを想像しただけでパニックになってしまったのだ。つまり，その子はわが子同然であると思っているのである。これらの2名の養母については，2つのことが根本的に異なっている。責任を強く持っている養母は養子を"強く"守ろうとしており，彼女の目にはその子に向けられた輝きがあった。対照的に，ジャガイモの袋を抱えるようにしていたもう1名の養母には，このようなことは見られなかった。ここでは，責任感という概念がどのようにアタッチメント理論に適合するのかを考慮し，責任感が赤ん坊の発達にとって必要不可欠であるという証拠を出し，養育者の責任感を強化するような政策や慣習における変化を考えていきたい。

アタッチメント理論と養育に責任を持つこと

　現代のアタッチメント理論では，養育者と子どもとの関係性において，重要な要素として養育責任を持つことをあげていない。それにもかかわらず，養育に責任を持つという概念はアタッチメントに対するボウルビー（J. Bowlby）の初期の理論における中核となっていた。1944年に，ボウルビーは罪を犯した思春期の少年の研究結果である"44人の未成年の窃盗犯"という論文を出版した。ボウルビーは窃盗犯となった少年の多くに，彼らを保護するという養育責任を果たす大人が誰もいないことを見つけた。少年の多くは意味のある人間関係を

築けないようであり、養育に責任を持つ保護者を持たないことによる破壊的な影響とは何かをボウルビーに印象づけた。ロバートソン夫妻と共に行った施設養育に関する研究（例えば，Bowlby, 1951）は，養育に責任を持つ保護者の存在が，子どもの健康的な育ちには欠くことのできないことだというボウルビーの確信を強くした。彼の初期の研究において養育責任を持つことに対する概念化は，アタッチメント理論を発展するための起動力にはなったが，最近の実証的な研究や理論的な論文の多くでは，養育への責任よりアタッチメントの質（つまり，アタッチメント行動における個人差）の方により焦点が当てられている。

養育に責任を持つことが最重要だと考えることから離れていったのは，通常の養育をしている親の間で，責任ある養育状態にほとんど差異が見られなかったためだと推測される。実際，ストレンジ・シチュエーション法で観察すると，典型的な発達をしている子どもの中に重要な個人差が見つかったため，強調点がアタッチメントの質へと動いたのである。ストレンジ・シチュエーション法は子どもが心的な苦痛状態を経験する中で，親の利用可能性をどのように予期するのかを測定するために案出された。この方法は，比較文化での妥当性においても，予測的妥当性においても，高い信頼性を証明されている（Ainsworth, Blehar, Waters, & Wall, 1978 ; van IJzendoorn, Dijkstra, & Bus, 1995）。そのため，アタッチメントの質は決定的な意味を持つ概念として，そして，ストレンジ・シチュエーション法は強力な手法として浮上したのである。

里親ケアシステムの中にいる幼い子どもたちの存在が，半世紀も前にボウルビーが表明した，養育に責任を持つことの重要さという点にわれわれを立ち返らせてくれる。このような立場にいる子どもにとっては，誰が養育に責任を持つのかということは中核的な課題である。自分たちと半永久的な関係を維持するという養育者の動機に頼ることができるのかどうかは，苦痛状態において親が落ち着かせてくれるかどうか（アタッチメントの質を反映）に対する乳児の期待と同じくらい，決定的に重要なのだろう。

霊長類でアタッチメントを研究している霊長類学者は，アタッチメントシステムの2者間，3者間における機能について説明している（例えば，Berman &

Kapsalis, 1999)。人のアタッチメント研究者はこれらの言葉を異なる概念に当てて使用しているが,われわれはここで霊長類学者が用いるのと同じように使う。2者間でのアタッチメントは親が子どもを落ち着かせること(恐れを感じた後などに)を表し,3者間のアタッチメントは脅かしている第3者から親が赤ん坊を守ることを表すとする。これら2つのアタッチメントの機能は,統計的には無関連であった(Warfield, 私信)。例えば,霊長類メンバー内の順位として,下位にいるメスは効果的にわが子をなだめることはできても,高い位置にいるメンバーから守ることはできないかもしれず,ゆえに効果的ななだめ(2者間機能)は可能でも,他者からの保護(3者間機能)ではうまくいかない可能性が高い。逆に言えば,アタッチメント軽視型の母親は乳児をうまく落ち着かせることができなくても(2者間機能),脅威(3者間機能)からわが子を守ることは上手であったり,あるいは,進んで守ろうとしたりする可能性がある。

　霊長類学者が定義した2者間でのアタッチメントが,ストレンジ・シチュエーション法では測定されている。親がなだめてくれるという子どもの予期期待は,2回の分離後の再会場面での出会い方や過ごし方によって測定される。この手法で測定されていないのは,親が自分を守ってくれる(つまり,霊長類学者による3者間機能)かどうかである。養育責任を持つということは何なのかとわれわれが提起している内容と,この3者間機能はほとんど同じ意味を持っている。

養育責任の高さと低さの例

　ジャスティンは,里親であるリー夫人と共に産まれた病院から彼女の家へ直行し,生後14か月間,一緒に継続的に暮らしていた。ジャスティンとリー夫人が一緒にいるところを見るのは喜びそのものである。リー夫人は,彼がボールを蹴ってリビングルームを走り回ることに喜び,ストレンジ・シチュエーション中にジャスティンとの分離で不安になっていた。ジャスティンもまた,1つ

のおもちゃをもう1つのおもちゃの中にうまく入れられたことを彼女に自慢げに見せ，ストレンジ・シチュエーションでの再会で，リー夫人に走り寄り，腕の中に飛び込むというように，リー夫人に夢中であるように見えた。彼はリー夫人の最初の里子だった。数年前，自分の家系に精神病があるために，リー夫人は子孫を持たないことに決めた。しかし，ジャスティンは自分の子どもとなった。家から離れている時にも，ジャスティンのことを思った。ジャスティンがとても愛らしい子どもになったと語る時に，リー夫人は輝いていた。いつか，ジャスティンの本当の祖父母が現れて，彼を養子として引き取っていくのではないかと恐れていた。ほとんどの実親は子どもとの関係が半永久的であることを疑わず，不安を持ったりはしないが，強く子どもを守りたいという点と子どもを語る時に目が輝くという点において，リー夫人と実親との間には差はほとんどないだろう。「この子は私の子なのだ」と，ほとんどの実親が感じるように，リー夫人も感じていることは明白であった。

　ラリーも14か月であった。ダンカン夫人のところに措置される以前に2度，他の家庭に措置されていたが，最初の里親では3か月，次の里親では3週間を過ごした。現在はダンカン夫人宅で6か月が過ぎたところである。ダンカン夫人は20年間里親として働き，全部で46人の子どもを預かってきた。里親となってすぐに預かった2人の子どもについては感情を込めて話すものの，最近では里子との距離を取っているように見受けられた。ラリーの他に3名の子どもが最近同居するようになった。特別な支援が必要な3歳の女の子や28か月の男の子である。ダンカン夫人とラリーとのやり取りを見るのは，ジャスティンとリー夫人とのそれを見るより，ずっと難しかった。ストレンジ・シチュエーションでの分離後の再会場面で，ラリーは途中までダンカン夫人に近づいたが，距離を少し置いていた。ラリーは不安を感じて，近づきたがっていたようだった。ダンカン夫人はことさら慰めようとはしなかった。ダンカン夫人がラリーについて話していた様子は，リー夫人が子どもについて語るのとは全く異なっていた。自分の子どもとは思っておらず，ただ，養育をしている子だと。ラリーの発達的変化について話し合っていた時，ダンカン夫人が気づいた最も大

きな変化は，カーシートにおとなしく収まるのを嫌がるようになり，結果として，夫人の時間を以前よりも取るようになったということだった。

ジャスティンとラリーについては，いくつかの異なる点があげられるが，養育者がどれだけ養育に責任を持つかということは，そのうちの確かな1つである。逸話レベルでこの点を強調してみたが，われわれは養育者がどの程度責任を持っているのかを測定する面接法を考案することにした。

「この子は私の赤ちゃん」(This Is My Baby：略して，TIMB；Bates & Dosier, 1998) という面接法を作成したが，そこでは養育者は子どもに対する気持ちを語り，そして，子どもとの関係性についての質問に答えるようになっている。特に，里子が自分達から去るとすると，どれだけその子どもを思い寂しいかについてや，里子を養育できるようにと望むかどうかなどの質問がある（資料4.1参照）。このTIMBは半構造化状態で行われ，分析される。養育に責任を持つことについてと，近接し，重なり合っている2つの要因（受容と影響を与えられるという信念）が測定される。本章での焦点は養育に責任を持つことにあり，それはリッカート尺度の5段階評定で量的に測定される（1＝最も低く養育に責任を持つ，5＝最も高く養育に責任を持つ）。

次に載せるのは，リー夫人に対する面接からのトランスクリプトである。

　　面接者：ジャスティンを育てたいですか？
　　リー夫人：ええ，そのとおりです。何よりもそうしたいのです。時々，彼を育てられなくなるのかもしれないと思うと，パニックを感じます。そうなったら，彼にとっても，私にとっても，最悪でしょう。
　　面接者：もし，ジャスティンの措置が解除されたら何が起こるでしょうか。
　　リー夫人：まるで州や国を出て行くように感じます。そんなことを私はしないでしょうし，するべきじゃないと分かっていますが，誰か他の人に措置されると考えただけで我慢できない思いになります。私のことを母親だと思っています。ケースワーカーはジャスティンがずっと私のところにいるとは思わない方がいいと言いますが，それはジャスティンには理解できないことです。ある時点で，私の存在は理解できない何かとなるだろうと

は思いますが。彼は私の赤ちゃんです。

　リー夫人のトランスクリプトからは，強くジャスティンの親であることを望み喜び，そして，措置が解除されたなら，とても深く寂しい思いをするということが明確に伝わってくる。この内容はリー夫人がジャスティンを自分の子どもだとみなし，彼を育てることが自分の人生において重要なことであり，このままジャスティンの人生において関わり続けていきたいという意思を持っていることが明らかなため，5点満点中の5点を得ている。5点を得るには，リー夫人のトランスクリプトのように，養育者が**この特定の子ども**に関するこれらの課題について広範囲にわたって思い巡らせてきたことが聞き手に伝わるほど，内容を細かく説明できなければならない。さらに，各々のTIMBトランスクリプトは録音された面接内容から採点される。そのため，これらの質問に回答する親の声のトーンは得点を決めるのに影響する。そのため，子どもに対する感情的な部分の投資が欠けていると思われるようなフラットなトーンでは，5点を取ることはほとんど無理であろう。

　5点と採点される，もう1つの典型的な例を次にあげよう。

　　面接者：もし，マチューの措置が解除になったら，どのくらい彼がいないことを寂しく思いますか？

　　里親：実際に殺されるみたいです，本当……，むちゃくちゃつらくて，とても考えられない，考えられないです。とてもひどいことでしょう（泣き出す）。ああ，神様。胸が張り裂けてしまうでしょう。普通の母親が子どもを失うのと同じです。ひどすぎることです。わかるでしょう，どうやって暮らしていったらいいのか……

　最低レベルでしか養育に責任を持たない例は，ダンカン夫人のトランスクリプトから見ることができた。

　　面接者：ラリーを育てたいですか？

　　ダンカン夫人：私が育てることにはならないと思う。もし彼の両親が一緒になれないなら，養護施設に措置されるでしょう。もし，実父のような生

き方をしなければ，ラリーはいい子になると思います。十代になった時に，どのようにラリーを扱ったらいいのか分からないだろうし。私は赤ちゃんとのほうがやっていきやすいの。

面接者：そちらの措置から解除されたら，どうなると思いますか？

ダンカン夫人：そうね，私がいないのを寂しいと思うでしょうね。でも，多くの子どもを見てきたし，適応していくわ。新しい誰かに慣れるし。ある時は1日かかったり，また1週間かかる時もあるし，たった1時間で慣れることだってある。だから，彼は大丈夫でしょう。ラリーは私の子どもじゃないし，それを忘れたことはないわ。彼にも私がママじゃないことを忘れさせたことはないし。時々，ラリーは私を「ママ」と呼ぼうとしたけど，いつも間違いを直してあげた。「違うのよ，私はジェニーおばさん。あなたのママじゃないの」ってね。里親が里子にあまりにも執着するのを見てきたけど，それは大きな間違いよ。

リー夫人のトランスクリプトと比較して，ダンカン夫人のトランスクリプトは，ラリーを育てることを望まず，特に，ラリーがある程度成長した時に彼を育てたくないということを示していた。さらに，ダンカン夫人は自分とラリーの間の母子の絆を積極的に制限しようとすることを述べていた。措置が解除された後にラリーがどうなるかについても無関心であった。ダンカン夫人のインタビューを聞いていて，これらの言及は当たり前のことを語るような感じで，ラリーに対する感情的な投資は明らかに欠けていた。

1点しか得られなかったもう1つのトランスクリプトを次に示す。

面接者：シャルロットがそちらの家庭から去ることになったら，どのくらい彼女がいなくて寂しいと思うでしょうか？

里親：ああ，寂しいと思うでしょうね。預かった全ての子ども達に愛情をとても感じてきたので，全員の子どもたちに対して，寂しさを感じているわ。でも，彼女はいずれ去るでしょうし，子ども達がそうなることは来た時から分かっているから，それによって，あんまり感情的に落ち込まないようにしなければ。

これらのインタビューは互いに驚くほど異なっている。リー夫人は最も高い得点を得（この子は確かに私の子，という極），一方ダンカン夫人は最も低い得点（ジャガイモの袋のように子を扱うという極）を得た。この人達や他の養母達のインタビューを集め始めてから，親子が作業中に見せるやりとりは，養育者がわれわれに話していたことによって証明されるのだと分かった。つまり，ジャガイモの袋のように子どもを扱う里親は養育責任を測る尺度で大変低い点となり，反対に実子のように扱う里親は大変高い点を取ったのである。養育責任を持つという評価で低い得点だった他の里親は，実子とは別の部屋に里子を置いていたり，3人の預かった乳児をほとんどの時間，車のシートに寝かせたりしていた。養育責任の得点が高かった里親の例としては，休暇に際して州の境を越えていくために，里子のために（児童相談所から）許可を得ようと大変努力したり，以前に実子と一緒に行ったのと同じように，里子も含めて祭日を祝ったりしていた。

これらの2つのトランスクリプトから導かれる例は，このインタビューを実施していて見つけた回答内容の多様性を例示しているのだが，その一方で，多くの里親は2点や3点，あるいは4点を得ており，評定するにはそれほど明白ではない回答をしている。大抵の里親はあまり極端ではない回答をするため，そのような語りをわれわれの研究室で集められたTIMBのトランスクリプトから抜粋して提供しておく。どのように各々の抜粋が評定されたかについての短い説明も載せておく。

TIMBでの3点は，養育責任を中程度に持っていることを示す。この得点は，里親の回答が"平均的"である時に与えられる。つまり，より高い得点を得ている里親に比較してみると，この得点は感情的な投資をしている親と似てはいるのだが，あまり内容が詳しくなくて，里親の声のトーンが温か味に欠け，信頼レベルも高くないと思われる場合に与えられる。そのようなトランスクリプトにおいて，里親はよく"正しいこと"を言い，それゆえ低い得点を得なくても済むようにはなるが，養育に責任をしっかり持っている里親の回答よりもその内容の信頼性が低くなるのである。

次の例は，3点を得たトランスクリプトからの抜粋である。

面接者：ミーガンを自分で育てられればなぁと思ったことはありますか？

里親：ええ，もちろん，そうです。

面接者：もし，ミーガンが去ることになったら，どのくらい寂しいと思うでしょうか？

里親：えっと，とても寂しいと思うでしょうね。えっと，とても。ええ。すでにミーガンが来てから1年以上たってますし。

この回答で詳細さが欠けることは，里親がこのようなことをかつて1度でも考えたことがあったのだろうかと思わせ，養育責任を高く持つ他の里親ほどには，こうした問題やこの子どものことが，この里親にとって重要ではないことを示している。3点は，ある部分では大変高い責任を現しているが他のところでは低いレベルになっているというような，里親の感情的な投資が正負両方である場合にも与えられる。

3点を得た里親と比較して，より多くの証拠か，あるいは，より説得力のある証拠をあげた場合に4点と評定されるが，5点を得た里親ほどには内容が詳しくないか，感情的な部分が十分ではない。

例として，養育責任の尺度で4点を得た里親の回答を以下にあげる。

面接者：ショーンをずっと自分で育てたいと1度でも思ったことがありますか？

里親：はい。

面接者：もし，彼が去ることになったら，どのくらい寂しく思うでしょうか？

里親：とっても思います。だって，彼は私になついているし，私も彼にとても親密感を持っています。私の母も親密感を持っています。私の家族のみな，私の彼もそうです。だから，分かるでしょ，彼が去ったら私の心は傷つくでしょう。

里子を育てることに対する感情的な投資が低く，その子との関係性が続くことを望む気持ちが薄いが，養育責任を持とうという多少の証拠がある時に2点

が与えられる。この評価を得た里親は，答えた内容が里子をしっかり育てたいという証拠に乏しいのだが，しかし，子どもに対して無関心ではなく，自分のところから子どもが変更されることを望んでいるのでもない。1点の里親とは違い，里子に対してある程度の親密性を持ってはいる。

養育責任の尺度で，2点を得た里親のトランスクリプトを次に提示する。

面接者：マイケルを自分で育てたいと1度でも思ったことはありますか？

里親：思いはしたけど，無理だろうと。すぐに手がかかる子になると思うし，自分の年齢を考えると，なかなかできないと思う。自分で育てることを考えはしたけど，できるとは思えないです。

面接者：もし彼が去ったら，どのくらい寂しいと思うでしょうか？

里親：ああ，寂しいと思います。えっと，彼が去っていくのに直面できないっていうほどじゃないけど，私，私達は寂しくなると思います。7月にあるところに行かねばならなかったので，マイケルを2日間あずけたのですが，とても寂しかったです。なんだか，ちょっと奇妙な気がして，彼はここにいないわ，っていう感じで。

われわれが心配した問題の1つは，養育責任に関する尺度を親に記入してもらう時に，社会的な望ましさの影響があるのではないかということであった。しかし，この点については多くの自己記入式の質問紙には問題がある一方，この養育責任の尺度には，社会的望ましさの偏りからの影響をそれほど受けないことをわれわれの観察は示唆した。実際，子どもに責任感をあまり持ちすぎないように，多くの里親は児童相談所の職員から警告を受けていたにもかかわらず，里子を養育することに責任を持ってしまったと感じていた。つまり，とても献身的に里子と関係を築いた里親は，大抵，自分の深い責任感をいくらか悔しがるようであった。

別々の評定者によるTIMBの評定は信頼性高くできることが分かった。評定者間信頼性はピアソン相関係数で計算され，平均で0.90となった（Ackerman & Dozier, 2005）。さらに，里親による養育責任に対する報告は，時間がたっても相対的に時間的安定性を示していた。テスト-再テスト信頼性は，11か月間

を経て計算されたが，$r=0.61$（$p<.01$）（Lindheim & Dozier, 印刷中）であった。TIMBの妥当性検証に最も適しているのは，その関係が時間の経過とともに継続するのか，それとも，中断するのかを予測する力だろうと考える。これを評定するには，2年間にわたって，関係性の時間的安定性の予測因として，養育責任を持つ程度を検証することである（Dozier & Lindheim, 印刷中）。里親の養育責任を持つ尺度での得点が1点高いと，里子がその里親に2年以上にわたって措置が継続されている確率がおよそ2倍であった（見込み比率で，1.812）。例えば，4点を持つ里母は，3点の里母に比べて，2年かそれ以上，里子の措置が続く確率が2倍近くある。実親が"親"としてふさわしいと判断されたり，あるいは，里親や養親として親戚が名乗り出たりというように，里子の措置解除は養育の責任をどのくらい持つのかという以外の理由で行われる場合もある。それにもかかわらず，里親が里子にどの程度養育の責任を持つのかということが，少なくとも，里親-里子関係が安定して続くかどうかに影響を与える1つの要因なのである。

養育責任を持つことと他の変数との関連

　低い養育責任しか持たない親と高い養育責任を持つ親とを峻別できると思われる重要な変数について熟慮した結果，里親と里子のいくつかの特徴が明確となった。里親と里子のある特殊な側面が，その里子に対する里親の養育の責任のレベルを予測していると思われた。

　多くの里子を預かった経験のない里親に比べて，複数の里子を預かっている里親は新たに措置された里子に対して，養育の責任を持ちにくいようだった。実際，今回参加した里親の中には，初めての里子を持つ人から，全部で100人以上の里子を預かったことがある人まで存在していた。里子との関係はほんの一時的なもので，その里子にとって何が最も良いかを決める法的な権威はないので，最終的に里子が去ることを予期せねばならないと里親は説明されている。予想されるように，以前に預かった里子の数が，現在預かっている里子に対す

るTIMB上の得点を予測したのである（Dozier & Lindhiem, 印刷中）。

　重要だと思われる里子の特徴は，措置時の年齢とどの程度の行動上の問題があるのか，ということであった。措置時の年齢は多様な理由で重要だと思われた。最初に，（ヒトを含めた）多くの種の幼児は"かわいい"と思わせる特徴を備え，それが養育行動を触発するように進化してきたと推測されている（Lorenz, 1942）。例えば，赤ん坊の大きなひたいや大きくて丸い目，小さくて丸い鼻は多くの大人によってかわいいと認識される特徴である（Fullard & Reiling, 1976 ; Lorenz, 1942）。しかし，子どもは徐々にこのような赤ん坊らしい特徴を失うので，もっと大きくなってから措置された子どもに対して，里親の養育責任の持ち方が少なくなっていくと予想された。関連して，月齢の大きい幼児よりも，月齢の小さい乳児の方が依存度が高いという赤ん坊らしい特徴を多く持ち，それは養育責任を持つ気持ちをより触発しやすい要因として大きいだろう。予想通り，措置された年齢が養育責任のレベルと関連した。細かく言えば，年齢の高い赤ん坊より，幼い赤ん坊を里子として迎えた里親の方が，養育責任を持つ尺度で点数が高かったのである（Dozier & Lindhiem, 印刷中）。

　里子の問題行動が里親の養育責任を持つ程度に影響することも予測された。特に年齢の高い子どもの中で，問題行動の少ない子どもよりも，深刻な問題行動を持つ子どもの場合，その里親の養育責任が低い点数となった。実際，里子の問題行動の程度と養育責任の程度とは関連しており，養育責任をより高く持っている里親の里子は問題行動のレベルが低かった（Lindhiem & Dozier, 印刷中）。しかし，これらの分析は因果の方向性を示したのではなく，子どもの行動が養育責任に影響を与えたのかもしれないこと，養育責任が子どもの行動に影響を与えたのかもしれないこと，あるいは，ある第3の要因が両方に影響を与えたのかもしれないこと，という3つの結果を示唆しているのである。

　アタッチメントに対する心的状態と養育責任を持つこととの関連について，明確な仮説があるわけではない。上記で議論してきたように，アタッチメントという概念と養育に責任を持つという概念は，比較的関係がないのだろう。一般的に，実母では，慈しむことにおいてはぎこちないアタッチメント軽視型の

母親でも，自分の子どもを守ることについては，他のタイプの母親と同じように強い意識を持っている。養育に責任を持つこととアタッチメントに対する心的状態との間に関連がないことについて，このことが議論されるだろう。逆に，他のタイプよりも，安定自律型の母親が子どもに対して低いレベルで養育に責任を持つことは困難であろう。今日までに得られているわれわれの結果は，アタッチメントに対する心的状態と養育に責任を持つこととの間には弱い関連しか見出せていない。確認できた主要な差異は，安定自律型の母親はあまり沢山の里子を預からないが，アタッチメント軽視型の里母は沢山預かるという点である。里子として預かった子どもの数を統計的に統制してみると，アタッチメントに対する心的状態と養育責任を持つことの間には関連は見られなかった。

なぜ，養育に責任を持つことは重要なのか

　ヒトの乳児は誕生した瞬間から，完全に養育者に依存しなければやっていけないという方向で進化をしてきている。生存のために海に向かって卵から出た時から長い砂道を這って行かねばならない海ガメの赤ん坊や，生まれた時から母親の毛にしがみつけるサルの赤ん坊とは違い，ヒトの赤ん坊は抱かれるにしろ，運ばれるにしろ，生存に必要なものをもらうにしろ，全て親に依存している。だからこそ，ヒトの乳児は養育行動を引き出すシステムを完備している。すでに述べたが大きなひたいや丸い目，くるっとした鼻などかわいいと感じられる特徴を備えている。また，親の目を好んで覗き込むことや哺乳反射は，養育したいという気持ちを引き出すのに大変有効である（Blauvelt, 1962）。進化は親の側にも養育行動を準備させている。出産や授乳時に出るホルモン，特にオキシトシンの高いレベルは養育行動を調整するために重要らしい（Pedersen, 1997）。オキシトシンは妊娠中や授乳中にいつもよりもずっと多く産出される（Carter & Altemus, 1997 ; Carter et al., 1997）。高いレベルのオキシトシンはより応答的な養育行動（Pedersen, 1997）や全体的に養育行動を促進させる変化と関連しており，そのことによってストレスや単調さへの耐性が高まり，穏や

かな気持ちももたらされる（Carter & Altemus, 1997; Levine, 1983）。

　このようにして，乳児は養育に責任を持つ養育者を保持するように進化し，そして，養育者（特に母親）は自分の子どもの養育に責任を持つ傾向を進化的に備えているのである。養育責任を持たない親を持つことほど，乳児にとって恐ろしい状況はないとわれわれは推測する。養育の責任を持つ親を保持することは，なだめてくれる養育者を持つことよりもずっと本質的であり，特に身体的な要求が満たされることよりも，より危急のことではないかと思われる。養育責任を持つ親を持たない子どもは，様々な種類の脅威に脆弱である。例えば，養育責任を果たさない親は，危険から子どもを守るための犠牲を払いたくないのかもしれない。そのため，養育責任を果たさない親を持つ子どもは危急の，しかし継続的な危険喚起状態を経験しやすいこととなる。このような親は，問題をはらむ長期的な影響を神経系や行動に与えることによって，子どもの適応を阻害するとわれわれは予測している。

　その養育者のところに里子がどのくらい留まるかが，養育責任のレベルによって予測されることが分かり，措置の継続性と関係性をそのレベルが反映していると考えられる（Dozier & Lindhiem, 印刷中）。同じ家庭で措置を継続できることは，里子にとって長期的なレベルでの適応を良くする予測因である。例えば，複数の措置を経験した里子は学習上の困難を抱えやすく（Aldgate, Colton, Ghate, & Heath, 1992），問題行動が頻発する傾向にある（Fisher, Burraston, & Pears, 2005）。2001年にアメリカにおいて大体17%の子どもが，措置を経験した最初の年で3回かそれ以上の措置家庭の変更を経験している（U.S.Department of Health and Human Services, 2003）。より小規模の研究ではこの比率はもっと高くなり，1年の間で5回も変更をした子ども達がいた（DeSena et al., 2005; Newton, Litrownik, & Landsverk, 2000; Rubin, Alessandrini, Feudther, Localio, & Hadley, 2004; Webster, Barth, & Needell, 2000）。そのため，養育に責任を持つ里親の存在は，公衆衛生の視点から考えても，決定的に重要な意味を持つのである。

臨床的示唆

　里親システムは子どもにとって一時的な保護を与えるために計画された。養育に対する責任感が低い里親は，このようなシステムの中に存在している。比較的最近まで，里親養育と養子縁組は統合されずにきた。里親は養親となることを許可されていなかったし，養親は里親となることを許可されていなかった。里親は子どもを養子にすることを奨励されていなかったが，そうすると基本的に子どもを一時的に家庭で預かることを進んで行う里親を，減らしてしまうためだと一部では考えられている。反対に，臨床家やケースワーカーは，預かっているうちに里子にあまりに親密にならないようにと里親に注意を促していた。2001年に，実親の親権が終焉させられていた全部で126,000人の子どもは，5年以上も養子縁組を待ち続けていた。2001年に養子縁組がかなった46,668人の子どもの約半分は，里親によって養子として迎えられた。残りの113,380人の里子は永続的な養子縁組を待ち続けている（U.S. Department of Health and Human Services, 2003）。養子を勧める魅力ある様々な国や州のプログラムが増加したが，里親家庭の募集や研修については養子縁組を考えずに行われており，特に実家族との再統合が最初に目的となっている場合はことさらそうである。再統合を目的とした里子をあずかる里親は，もし，再統合が失敗した場合に，里子を養子にするという可能性について，ケースワーカーとはほとんど話し合っていない。里親に預けることが，あまりにも，危機的状況に対する一時的な解決に使われている。里親の養育への責任についての理解をさらに深めるために，研究がもっと存在してしかるべきであろう。しかし，今の時点で分かっていることから，預かっている里子に対する里親の養育者としての責任感を強化する方略について提案したい。

1．**実親との関係を壊す前に，実親に対して援助を行うこと**。再統合が可能性として考えられるならば，母子の2者に対して別々に対応するよりも，母子両方

第Ⅰ部　アタッチメント研究で使うアセスメントの臨床利用

一緒に集中的に対応することの重要性を，臨床家やケースワーカーに勧めたい。バート・パウエル（Bert Powell），ケント・ホフマン（Kent Hoffman），グレン・クーパー（Glen Cooper），そして，ロバート・マービン（Robert Marvin）と協力しながらジュード・キャシディ（Jude Cassidy）が取り組んでいる大変優秀な研究がある。普通，刑務所に入っている母親は乳児と分離させられることが当たり前となっている。キャシディと同僚はバルティモアの刑務所で，母親囚人を，従来どおり乳児と分離する群，あるいは，乳児と共に過ごせる群とにランダムに割り当てて研究を行った。乳児と共に過ごす母親囚人には，サークル・オブ・セキュリティ（the Circle of Security：安全感の輪）のプログラムを体験させた（Powellらの第7章を参照のこと）。プログラムの施行者は，他の活動が制限されている中なので，このプログラムに対して母親囚人の動機付けが大変高く，学習には大変良い環境であったと述べた（J. Cassidy, 私信）。この構造（つまり，母子を同居させ，援助を行う）は，最も基本的な方略として大変納得のいくものである。

　里子が乳児の時は，里親家庭において，乳児とその10代の母親を一緒に預かることがとても広がってきている。里母は，彼女達に対して母親としての成長を促し，適切な養育を施す役割モデルとしても支援ができる。乳児の里子に対しても，何か足りないケアがあれば，適切なケアを行える。理想的には，里親は持続する肯定的なサポート源となるように，母親である思春期の少女とその子どもに対して継続的で半永久的な関係を築くことができればとてもいいだろう。

2．里親が養育に責任を持てることに対して好ましい状態を作ること。再統合が不可能な場合のみに提案するのだが，幼い里子は里親養育に置かれるべきであろう。赤ん坊にとっては特に，保護的で養子縁組可能な家庭は可能な限り存在すべきである。これを実行することは，里親家庭の許可と養子縁組の許可との両方に関わるが，すでに子どもを里子としていれば養子として迎えることは容易いはずである（Wulczyn, Hislop, & Harden, 2002）。さらに，臨床家やケースワーカーは，里子のその後の人生の中に里親が存在し続けること（実親の家に

たとえ戻っている時も）を奨励しており，そのようなシステムに変えることは，そうではない状態に比べて，養育に対して里親が責任を持ちやすくさせる。例えば，里親が実親を支援したり，"代父母"やおば，おじとして子どもの人生に関わり続けたりすることは，半永久的な措置ではない場合でも，心理的な観点から養育に責任を持ちやすい状態にするだろう。

3．**専門化した研修と支援を里親に提供すること**。早い段階で預けられた場合に比べて，10～12か月以降で乳児が措置された時に，かわいがって育てていきたくても，親にとって困難だと感じられるように乳児は振舞いやすい（Stovall & Dozier, 2000 ; Stovall-McClough & Dozier, 2004）。月齢の進んだ乳児はストレスがかかった時に，回避型やアンビヴァレント型のように振舞いやすく，これらの反応は自分達は必要とされていないとか，乳児の世話をするのに十分な力がないというように，里親によって解釈されやすい。養育者は乳児のシグナルに対して"同類の"反応をする傾向があり，まるで赤ん坊が自分を必要としていないかのように応答したり，怒りをもって応答したりする。対応困難な行動を取る乳児や幼児は，措置変更のリスクが高まる。そのため，われわれは介入プログラム，「アタッチメントと生物行動学的遅れの取り戻し」（Attachment and Bio-behavioral Catch-up）を作成した。これは，つらい状況にいる乳児に対して愛情込めた世話をすることに含まれる，いくつかの中心的な問題を対象としたもので，乳児のケアをしづらく感じてしまう場合でも，乳児の行動に"同調"せずに応答する確率を増やし，予測可能な対人関係の環境を提供するものである。幼い里子を預かる中で，継続的に慈しみ育てられる家庭環境を促進する方法として，臨床家やケースワーカーが里親研修用の技術としてこの介入プログラムを持ち込むことを望んでいる。

結　　論

幼い子どもの健康な発達に貢献する養育責任が持つ役割を完全に理解するためには，里親養育におけるさらなる研究が必要だろう。里親が養育に責任を持

てるかどうかは，ある種の子どもの特徴（例えば，問題行動や措置時の年齢）や里親の特性（例えば，以前の里親経験）と関連しており，これらのことは重要な子どもの後の状態（例えば，同じ家庭に居続けられるかどうか）とも関連している。再統合の後でも，里親が里子の人生に継続的に関われるシステムに変更することは，そうではない場合に比べて，養育に対する里親の責任感に影響を与えるだろう。養育に対する責任感が充実するように里親が行動することによって，里子が第1養育者である里親との間に長続きする関係を形成し，ポジティブな結果を得，"逆境に打ち勝つ"ようになることを期待している。

文　献

Ackerman, J. P., & Dozier, M. (2005). The influence of foster parent investment on children's representations of self and attachment figures. *Journal of Applied Developmental Psychology, 26*(5), 507–520.

Ainsworth, M. S., Blehar, M. C., Waters, E., & Wall, S. (1978). *Patterns of attachment: A psychological study of the Strange Situation.* Oxford, UK: Erlbaum.

Aldgate, J., Colton, M., Ghate, D., & Heath, A. (1992). Educational attainment and stability in long-term foster care. *Children and Society, 6*(2), 91–103.

Bates, B., & Dozier, M. (1998). *"This Is My Baby" coding manual.* Unpublished manuscript, University of Delaware, Newark.

Berman, C. M., & Kapsalis, E. (1999). Development of kin bias among rhesus monkeys: Maternal transmission or individual learning? *Animal Behavior, 58,* 883–894.

Blauvelt, H. H. (1962). Capacity of a human neonate reflex to signal future response by present action. *Child Development, 33*(1), 21–28.

Bowlby, J. (1944). Forty-four juvenile thieves: Their characters and home-life. *International Journal of Psycho-Analysis, 25,* 19–53.

Bowlby, J. (1951). *Maternal care and mental health.* Geneva, Switzerland: World Health Organization.

Carter, C. S., & Altemus, M. (1997). Integrative functions of lactational hormones in social behavior and stress management. *Annals of the New York Academy of Sciences, 807,* 164–174.

Carter, C. S., DeVries, A. C., Taymans, S. E., Roberts, R. L., Williams, J. R., & Getz, L. L. (1997). Peptides, steroids, and pair bonding. *Annals of the New York Academy of Sciences, 807,* 260–272.

DeSena, A. D., Murphy, R. A., Douglas-Palumberi, H., Blau, G., Kelly, B., Horwitz, S. M., et al. (2005). SAFE Homes: Is it worth the cost? An evaluation of a group home permanency planning program for children who first enter out-of-home care. *Child Abuse and Neglect, 29,* 627–643.

Dozier, M., & Lindhiem, O. (in press). This is my child: Differences among foster parents in commitment to their young children. *Child Maltreatment.*

Fisher, P. A., Burraston, B., & Pears, K. (2005). The Early Intervention Foster Care Program: Permanent placement outcomes from a randomized trial. *Child Maltreatment: Journal of the American Professional Society on the Abuse of Children, 10*(1), 61–71.

Fullard, W., & Reiling, A. M. (1976). An investigation of Lorenz's "babyness." *Child Development, 47*(4), 1191–1193.

Levine, S. (1983). A psychobiological approach to the ontogeny of coping. In N. Garmezy & M. Rutter (Eds.), *Stress, coping and development in children* (pp. 107–131). New York: McGraw-Hill.

Lindhiem, O., & Dozier, M. (in press). Caregiver commitment to foster children: The role of child characteristics. *Child Abuse and Neglect.*

Lorenz, K. (1942). The innate conditions of the possibility of experience. *Zietschrift für Tierpsychologie, 5,* 235–409.

Newton, R. R., Litrownik, A. J., & Landsverk, J. A. (2000). Children and youth in foster care: Distangling the relationship between problem behaviors and number of placements. *Child Abuse and Neglect, 24*(10), 1363–1374.

Pedersen, C. A. (1997). Oxytocin control of maternal behavior: Regulation by sex steroids and offspring stimuli. *Annals of the New York Academy of Sciences, 807,* 126–145.

Rubin, D. M., Alessandrini, E. A., Feudtner, C., Localio, A. R., & Hadley, T. (2004). Placement changes and emergency department visits in the first year of foster care. *Pediatrics, 114*(3), e354–e360.

Stovall, K. C., & Dozier, M. (2000). The development of attachment in new relationships: Single subject analyses for 10 foster infants. *Development and Psychopathology, 12*(2), 133–156.

Stovall-McClough, K. C., & Dozier, M. (2004). Forming attachments in foster care: Infant attachment behaviors during the first 2 months of placement. *Development and Psychopathology, 16*(2), 253–271.

U.S. Department of Health and Human Services, Administration on Children, Youth and Families. (2003). *Child welfare outcomes 2001: Annual report.* Washington, DC: U.S. Government Printing Office.

van IJzendoorn, M. H., Dijkstra, J., & Bus, A. G. (1995). Attachment, intelligence, and language: A meta-analysis. *Social Development, 4*(2), 115–128.

Webster, D., Barth, R. P., & Needell, B. (2000). Placement stability for children in out-of-home care: a longitudinal analysis. *Child Welfare, 79*(5), 614–632.

Wulczyn, F., Hislop, K. B., & Harden, B. J. (2002). The placement of infants in foster care. *Infant Mental Health Journal, 23*(5), 454–475.

第Ⅰ部　アタッチメント研究で使うアセスメントの臨床利用

資料4.1　『この子は私の赤ちゃん』（This Is My Baby：TIMB）面接用の質問項目と評定のガイドライン

> TIMB面接用質問　<（　）内には子どもの名前，呼び名が入る>
> 1．（　　）ちゃんの特徴をお尋ねすることから始めたいと思います。どのような性格でしょうか。
> 2．（　　）ちゃんを自分で育てたいと願ったことはありますか。
> 3．もし，（　　）ちゃんの措置が他に移されることになったら，どのくらい寂しくなると思いますか。
> 4．今，（　　）ちゃんとの関係が，（　　）ちゃんにどのように影響をしていると思いますか。
> 5．将来にわたって考えると，（　　）ちゃんとの関係は（　　）ちゃんにどのように影響するだろうと思いますか。
> 6．（　　）ちゃんに対して今現在，何が欲しいと思いますか。
> 7．（　　）ちゃんの将来において，何が欲しいと思いますか。
> 8．（　　）ちゃんのことや，（　　）ちゃんとの関係のことで，お尋ねした以外のことで，伝えておきたいと思われることは何かありますか。
> 9．〔里親の名前〕さんが里親として経験してきたことについて，基本的なことをお尋ねして，このインタビューを終えたいと思います。
> 　　a．里親になって，どのくらいの年月がたちましたか。
> 　　b．全部で何人の里子を預かりましたか。
> 　　c．現在，何人の里子を預かっていますか。
> 　　d．ご自分自身のお子さんか，あるいは，養子縁組をされたお子さんは，現在何名，同居されていますか。

TIMB養育に責任を持つことの評定
・5点（高い責任感）：里子とその子の養育に対して強い情緒的な投資をしている証拠を里母は提供している。養育に責任を高く持っていることについて，複数の指標が面接の最初から最後まで提示されている。子どもについてや母子間の関係性についての語りに，母子間の感情的な絆の強さを制限するような心的，あるいは，身体的な活動は無く，子どもに対する強い絆を明白に反映している。里子の成長を促進するための資源を責任を持って里母が提供している証拠があるか，あるいは，心理的に里子を養子のように思っている他の指標がある。里子は完全に家族に統合されている。里母は最終的には里子が自分の家庭からいなくなる（例えば，実親のもとへ戻る）ことを知っていても，自分の家にいる間は自分の子どものように思っている。
・3点（中程度の責任感）：里母は里子に対してある程度の投資をしている証拠があるが，高い点を得た里母ほど明確なものではない。高いレベルの養育についての責任はいくらかは持っているのだが，里子について心理的には養子としては感じていないことを示唆する証拠がある。里子が自分の家庭からいなくなることを思うと寂しいとは言うものの，それはかなり当たり前の表現としてであり，高い点数を得た母親に見られる強い感情的な絆は感じられない。里母が乳児の里子に対して心理的な結びつきを制限していると語った場合，そこにはこのことについて葛藤している証拠もある。里子は部分的に家族に統合されている（つまり，家族が休暇に出かける時だけ，レスパイトケアに預けられている）。全体的に，里子は十分に世話を受け，慈しまれてはいるが，特別な程度には至っていないと評定者は結論付けるだろう。
・1点（低い責任感）：里母は，面接の中でみられる限り，強くて積極的な感情的投資や養育を里子に対して全く行っていない。高いレベルの養育についての責任は，あったとしてもごくわずかな

程度である。里母は子どもが家庭に残るか去るかについて無関心か，あるいは積極的に里子が変更されることを望んでいる。里子が去ることになったとしても，ほとんど寂しいとは思わない。母子間の絆を強化することを制限するような心的，身体的な行動をしているらしいことが分かる。心理的に養子として考えられていないし，家族にもうまく統合されていない（例えば，レスパイトケアに恒常的に預けられている）。里子は家族の一員というより，歓迎されないお客として見られているか，自分の家を通り過ぎていく一連の子ども達の1人に過ぎないと見られている。

第5章　子どもの診断に関する親の解決と親子関係
―――「診断への反応インタビュー」からの洞察

ダビッド・オッペンハイム，スマダール・ドルエフ，
ニナ・コレン－カリー，エフラト・シャー－センソー，
ヌリット・イルミア，シャハフ・ソロモン

　子どもが自閉症のような深刻な発達障害の診断を受けたほとんどの親は，ショックや悲しみ，絶望感，あるいは混乱という強い情緒的反応を経験する。多くの研究者がこの経験について子どもを亡くすことになぞらえてきた。それはまるで，望まれていた，普通に発達していく子どもという存在が失われたかのようであり，代わりに親は子どもの発達に関する多くの疑問や不安，そして恐れに直面することになる。アタッチメント理論の観点からは，子どもの診断によって引き起こされた感情にうまく対処でき，時間が経つにつれて子どもへの見方を変えられる親は，その診断に関して"解決"した心的状態にあると考えられる。解決という状態は子どもに対する受容を育み，子どもの独自の特徴に合った養育を促すと考えられる。自分が理解され，受容され，そして安心していられると子どもが感じられることにその結果は寄与するだろう。他方，親の未解決な心的状態には，診断を踏まえて子どもに対する見方を変えられないという困難さが含まれており，したがってそれは子どもの欲求に一致しない反応につながりやすい。診断を受けた子どもの親と作業をする臨床家は，解決過程を促進するうえで重要な役割を演じることになり，それはおそらく親にも子どもにも肯定的な影響を与えるだろう。この章の目的は解決の概念と，解決（およびその欠如）がどのように親の面接の中に反映されるかを例証する短い場

面を紹介することである。それに加えて，われわれは親や子どもの特徴，および親子の相互作用と解決状態が関連していることを示す研究を要約していく。最後に親と共に臨床作業を行う上での，研究から得られる示唆について述べていく。

理論的な議論を始めるに当たって，われわれは診断を受けることは喪失という情緒的体験であると捉えるので，ボウルビー（Bowlby）の喪失と悲嘆の作業に関する彼独自の考え方を紹介することから始める。

喪失と悲嘆の作業：ボウルビーの理論

死別を経験した個人に関する研究や臨床的経験に基づいて，ボウルビーは一般的に喪の過程を特徴づける4つの段階を提示している。それらは麻痺すること，思慕して失った対象を探すこと，無秩序さと絶望，そして"大なり小なり"の再組織化である（Bowlby, 1980）。ボウルビーはこの順序が一般的な喪の過程に特徴的であるとしながらも，段階の間を揺れ動く可能性や段階の重なりといったそれぞれの人に見られる多くの変動を認めていた。ボウルビーは**再組織化**を最適で健康的な結果として説明し，そこに喪失を含んだ新しい現実に沿ったその人の表象世界の配置を含めた。そうした配置は喪失の不可逆的な性質を受け入れることを含んでおり，古い思考や感情，行動のパターンを通過して放棄すること，喪失が真に永遠のもので，人生は新しく形作られなければならないことを徐々に受け入れることを含んでいる。この過程は広い範囲に及ぶ高まった強い情緒に覆われているものの，感情状態だけでもないし，つらい感情を発散するだけのものでもない。ボウルビーにとって，内的作業モデルの認知的再形成と自己と他者との再定義は，健康的な悲嘆の作業をしていくことにとって欠かすことの出来ないものである。悲嘆に暮れる人が新しい現実と喪失に続く生活環境に適応することを可能ならしめているのは，この再形成なのである。逆に言えば，喪失に沿った作業モデルの再形成に失敗すると，内的モデルと外的現実が不一致であるために，個人の適応力が制限されることになる。

この章でわれわれは，自閉症スペクトラム障害などの深刻な発達障害の診断を受けた子どもの親が示す，同様の内的作業モデルの再形成について論じる。親は子どもに関する内的作業モデルを診断の観点から再配置する必要があり，この再配置が子どもの要求にあった養育を促すこととなるだろう。この過程の研究は喪失とトラウマの解決に関するアタッチメント研究に依拠しており，われわれは次に，これに関する文献を概観していく。

喪失やトラウマの解決：メインとヘス

喪失とトラウマの解決に関するアタッチメント研究は，主に回顧的なものであった。メインとヘス（Main & Hesse, 1990）は過去の喪失体験に関する個人の面接を用いて，喪の過程の結果についての検証を行い，それによって表象世界の再組織化について研究をしていた。過去に関する個人の心的状態を査定するために，メインとヘスはアダルト・アタッチメント・インタビュー（Adult Attachment Interview ; Main, Kaplan, & Cassidy, 1985）を用いたが，その中で成人は自らの幼少期のアタッチメント経験を尋ねられ，そこには喪失の体験に関する質問も含まれている。アダルト・アタッチメント・インタビューは，アタッチメントの歴史に関する成人の全般的な心的状態を分類するために用いられた。ここで，より直接的な関連があるのは，被面接者の過去の喪失やトラウマに関する**解決した**，あるいは**未解決**の心的状態の分類である。メインとヘスによれば，喪失やトラウマについて話している際の会話や思考のモニタリング機能の崩れは，解決の欠如を示している。トラウマについて述べる際に会話が現在形になったり，亡くなっていた人物をまるで生きているかのように話したりするような崩れ方は，喪失体験を表象システムに統合し，その喪失を含んだ新しい現実に作業モデルを配置し直すことに失敗していることを示しているのである。したがって，この観点からは，解決した心的状態とはボウルビーの枠組みにおける再組織化の段階と同等のものとなる。興味深いことに，ボウルビー自身は**解決**という用語を用いてはいなかったのだが。

メインとヘスにとって，解決の欠如は養育と密接に関係し，したがって，子どものアタッチメントにとって重要なものなのである。彼女達の研究の中核的な焦点は，親の過去，とりわけ過去の喪失やトラウマに関する心的状態が子どものアタッチメントを予測する，その道筋を見つけ出すことであった。解決の欠如という状態は子どもが出す信号の正確な読み取りを妨げるために，適応的な養育が行えないことだとメインとヘスは主張した。未解決状態の親はアタッチメントと養育の相互作用で苦痛を感じ怯えやすく，(1)子どもにとって理解できない，子どもを怯えさせる養育行動を示したり，(2)おそらく子どもを自分のアタッチメント対象と混同するために，子どもが懸念の源であることを子ども自身に伝えてしまったり，あるいは(3)アタッチメント欲求が高まった際には子どもを避けたりする，といういずれかをするようである（Lyons-Ruth & Spielman, 2004 ; Main & Hesse, 1990 ; Marvin & Pianta, 1996）。その子どもは，今度は，自分のアタッチメント行動や欲求が親を怯えさせ，あるいは親の怯えさせる行動をもたらすと思うようになる。このように，喪失に関して未解決な状態であることで，子どもの信号を正確に読み取り，それに適切に応答する親の能力が妨げられるので，子どもと親の間では不安定型の，中でも無秩序型のアタッチメントが発達しやすくなる。この仮説は数多くの研究によって支持されており，親の未解決な心的状態が子どもと親との間の無秩序型アタッチメントと関連することが明らかにされている（van IJzendoorn, Schengel, & Bakermans-Kranenburg, 1999）。

　もし過去の喪失やトラウマに対する解決がなされておらず，それが養育を崩壊させ，不安定型／無秩序型アタッチメントと関連しているのであれば，子どもの診断に対して親が解決していない場合にも，同様の結果が明らかに認められるのではないだろうか？　この疑問が次にわれわれが向かうピアンタ（Pianta）とマービン（Marvin）の研究を導いたのである。

子どもが受けた診断に対する親の解決の状態：ピアンタとマービン

ピアンタとマービン (Marvin & Pianta, 1996; Pianta, Marvin, Britner, & Borowitz, 1996; Pianta, Marvin, & Morog, 1999) は脳性麻痺やてんかんの診断を受けた子どもを持つ親について研究し、他の研究者達のように、その経験を、悲嘆や喪の作業と多くの類似性を持つ情緒的に苦痛な過程を引き起こすような喪失経験として概念化した。親の反応は、診断を受けた数か月後か、あるいはさらに数年経ってから、面接によって回顧的に調査された。確かに定義上、解決の問題は親が診断を聞いてからそれなりの時間が経った後に初めて検討しうるものである。ピアンタとマービンは解決を、"今の現実に対する注意と問題解決を再方向づけし、再焦点化できるように、親の表象の中にその診断の経験を統合すること"と定義した。このように彼らは、喪失に引き続く適応には作業モデルがどのように再配置されるのかという問題が含まれる、というボウルビーが強調した点を採用したのである。親が子どもの診断を認め、受け入れ、診断を越えて子どもの独自性や個別性を見ることを、そうした再配置は可能にする。ピアンタとマービンはこうした再配置の欠如は養育への障壁となることを主張した。親は子どもの問題を効果的に否認しつつ、望んだ通りの、典型的に発達していく子どもであるかのようにその子どもと関わろうとするのかもしれない。あるいは、子どもを診断を通してのみ捉え、子どもの人格の他の側面を無視するのかもしれない。別の親は、悲嘆に圧倒されたり、さらに一部の親は専門家の診断の間違いに注意を向けたりするだろう。以下に描写されているように、解決が欠如していることは様々な仕方で表現されるのだが、それらは全て子どもの今の現実と独自のニーズに対して親が注意を払い、そして資源を充てることが難しいという共通点を有しているのである。

診断への反応インタビュー

親の解決の状態を検証するために、ピアンタとマービンは「診断への反応イ

ンタビュー」(the Reaction to Diagnosis Interview, RDI；Pianta & Marvin, 1992) を開発した。RDIは子どもの診断に対する親の感情や考え方を説明するよう求める5つの質問項目から構成されている。最初の質問で親はいつから子どもの問題に気付き始めたか，その時子どもは何歳だったか，気付いた問題は何だったのかについて尋ねられる。この質問は，正式な診断がつく前であっても，子どもの問題について最初はどのような考え方や関心を持っていたのか，ということに親が焦点化するのに役立つ。さらに，この質問はそれぞれの家庭に特有な物語と，子どもと家族がたどった診断の過程に関する重要な情報を提供することになる。2つめの質問は子どもの問題に対する親の感情を問うものである。ここでは，親は子どもの発達がたどってきた不利な経過に気付いた時の反応を述べるように促される。3つめの質問では，親は子どもの診断を知らされてからしばらくの間，どのように感じ，考え，行動したかについて詳細に説明するよう求められる。この質問は，多くの親を人生における非常に困難な時期に引き戻すことになるのだが，診断が下されたすぐ後のその診断への反応を捉えようとしている。どう感じ，何を考えどうしたか，この新しい情報が自らの生活にどう影響したか，そして（あるいは）子どもや自らを救うために何をしたかを述べるように親は求められるのである。4つめは"変化"に関する質問であり，診断を受けた時から現在までの間における親の感情の変化を尋ねている。最後に，5つめの質問において，親は子どもが特定の診断を受けた理由についてどのように考えるのかを尋ねられる。これは子どもの症状に関してどのように考えているのか，そしてなぜこの災難が自分たちの身に降りかかったのかといった実存的な問題に関する，親の様々な思いを語る機会を提供している。

自閉症スペクトラム障害の診断に対する親の面接

　この節でわれわれは，自閉性障害や他に分類されない広汎性発達障害（PDD NOS）と診断された子どもを持つ家族における，親子関係と親の解決の状態に関してわれわれが行っている研究からの例を提示する。最初の"未就学児"の

研究 (Dolev, 2005) には，2歳半から5歳半の未就学齢の男児とその母親が含まれ，他方2つめの"家族"研究 (Salomon et al., 2006) には，より幅広い年齢の男女児（平均年齢約8歳）と，その父母が含まれている。この2つめの研究は今も進行中のものであり，部分的な38例の親子のデータだけが現在のところ利用できる。

　実例はRDIの分類システム (Pianta & Marvin, 1993) に沿ってまとめられており，解決型の分類を例示することから始め，続いて未解決型の分類を示す。その短い場面を例示する重要な目標は，それぞれの分類の中の（つまり同じ解決型の中や，同じ未解決型の中の）スタイルの幅を説明することである。なぜなら解決の状態もその欠如も，表面的には異なって見えながら，その奥に横たわる組織化は同様のものを反映しているような，そうした様々な仕方で表現されることが多いためである。

子どもの診断に対して解決型である例

　解決型と分類される親の中核的な特徴は，（1）診断を受けた時から現在までの間に経験した変化を説明する能力があり，（2）改善の希望を維持しながら子どもの状態を受容し，（3）子どもの発達的な障害の理由や原因を探すことを保留し，そして，とらわれていない状態の3つである。これらの特徴がまず記述されている。加えて，解決型分類は3つの指向性—思考，感情，行動—を反映した下位分類に分けられるので，それらをその後に説明していく。

診断時から現在までの変化への気付き

　この特徴には，子どもの診断と治療にまつわる感情や思考，行動における変化についての親の談話が含まれている。ある母親は子どもの診断を受けた時から2年が経つ間に経験した変化を，以下のように鮮明に述べた。

　　「いくらか時間はかかりましたよ，最初のショックを乗り越えなきゃいけませんでしたから。最初，私たちの目に入ったのは自閉症でした，この子は—自閉症なのって！　でも時間が経つにつれて，それはそうじゃないと分かりました，あの子はまず何より私たちの子どもであって，素晴らしい

子どもで―愛らしくて,おもしろくて,すごくおかしい時だってあるんです。今では私達はあの子にとって一番良いことを,あの子を助けるために,もっとしようとしています。あの子がとても頑張っているところや,前に進んでいるのを見ると私たちもすごく強くなれるんです。時々は心配なこともありますけど,ショックとか絶望とかは今はもうなくて,希望をいっぱい感じてます。」

　この母親は子どもの診断に関して経験した変化―息子を主に自閉症という診断のレンズを通して見ることから,彼がそれでも自分の子どもであり,自閉症の他に多くの肯定的な特徴を持っていることを認めることへの変化について話している。子どもの見方における彼女の変化には,感情の変化,つまり初めに感じたショックと絶望がよりバランスの取れた感情へと変わったことが伴っていた。

　多くの解決型の親は,この母親のように,子どもが前進することで子どもや自分の養育に肯定的な側面を見るようになれたり,より楽観的になれたり,自分の中に現在と将来を取り扱う資源を見い出すようになれるという,相互に関連しあう過程について話をする。こうした親が述べる前進は信じうるものであり,"本当"であるように思われるものの,それは"客観的に"言えばむしろ小さな足取りだと指摘しておくことは重要だろう。こうした面接で述べられる子どもは全て,面接時には依然として,自閉症／広汎性発達障害（PDD）の境界にいるのである。したがって,解決型と分類される親を特徴づけるのは,初めの診断から現在までの視点の変化であり,発達によって得たものを将来への希望ある兆候として利用できる能力を持っていることなのである。

受　容

　解決の状態はまた,改善に希望を持つことと絶望しないこととを維持しながら,子どもの状態や明らかに発達障害のある子どもと生活する現実を受け入れることを含んでいる。例えば,"変化"の質問への答えとして,ある母親は次のように語った。

　「かつては問題が全部なくなって,あの子が成長していくだろうと考えて

いました。問題を治療して，あの子は完全に普通になるんだと思っていましたけど，でも今ではここがあの子が留まるところなんだなって分かってます。それでも，私たちは一生懸命やっていて，あの子が学校に行くようになって何年かしたら通常学級に入れるだろうと信じているんです，たぶん個別の支援がいくらか必要になるとしてもですね。」

子どもの状態に対する知覚が，診断とそれが暗示する全ての現実を受け入れる，大きな困難を抱えている状態から，よりバランスの取れた立場へ変わっていったことについてこの母親は話している。一方で彼女は子どもの障害が永続的なものであり，それが生涯息子の人生の一部であり続けることを受け入れており，他方で息子の機能が前進することへの楽観的な（それでも非現実的なものではない）希望を示している。

自らの人生が普通の道に戻っていると語り，子どもが一連の性格や属性を持っており，その多くが肯定的で"普通"のものでありうると考えることで，解決した心的状態が明らかとなる親もいる。何より重要なことは，そうした親が診断的なラベルを越えて子どもを見ているということである。そうした母親の1人は，これについて次のように述べている。

「今では全然違う考え方をしています。自分でもびっくりするんですけど，普通の生活に戻って，私達は私達の生活を始めました。あの子の自閉症っぽい行動をある瞬間には見ますけど，それ以外の時はあの子は私達の家族の1人なんです。他のきょうだいに話すのと同じやり方であの子に話しかけますし，何かを頼んだらしてくれるんです。」

とりわけ面接中に自らの感情について話す親にとって，解決している状態とは苦悩や悲しみがもはや存在していないことを意味するのではない，ということを強調するのは重要だろう。親の中には今でもまだこうした感情や他の否定的な情緒を経験している人もいるが，これらの否定的な情緒は親たちを打ち負かしてはいない。むしろ，それらは彼女らの現在の心的状態を説明する幅広い情緒の連続体の一部なのである。例えば，"変化"の質問への回答として，ある母親はこう言った。

第5章　子どもの診断に関する親の解決と親子関係

「時々，泣いたり，あの子や私たちの将来はどうなるんだろう，どうやってやっていくんだろうと心配になりますけど，そういうのは本当にまれにです。今では違う考え方をしている気がします。あの子はすごく前進しましたし，それで私たちは希望を感じているんです。」

　ほとんどの解決型の親は，最後の例の母親と似て，自らの考えや感情の肯定的な変化を述べる。しかし，否定的変化を描く親もいる。通常そうした親は年長の子どもの親であり，子どもの機能が目立って改善しなかったり，あるいは年を追うごとに悪化さえしたことを報告する。こうした親は楽観主義だったことや希望を持っていたことから，変化のない子どもの状態を受容していったプロセスを述べるようになる。こうした親もまた，子どもを受け入れるとともに自らの思考や感情の変化を誠実に，収まりのあるやり方で述べることが出来るために，解決型であると見なされる。例えば，"変化"の質問に対して，ある父親はこう答えた。

「変わったのは，あの子が小さい時ほど私たちは希望を持てていた，ということですかね。あの子に問題があるのは知ってましたし，怖さもありましたけど，もし私たちが頑張れば良くなっていくだろうっていう希望を持っていました。そうですね，20％が怖さで，80％が希望でした。でも時間が経つにつれて，あの子が大きくなるにつれて，悲観的な方が強くなって，20％が30％，40％ってなっていったんです。でもある年齢でそれは終わりました。私たちはこれが私たちの娘だって分かったんです。自閉症の物差しで言えばあの子の状態は本当に重度です。あの子の能力には限界がありますし，多分あの子は残りの人生の間，この状態に留まっているんでしょう。治療には連れて来ますけど，でもそれはそうすることであの子が幸せそうに見えるからっていうのが大きいんです。私たちは現実主義者で，ほんとに小さな前進しか望めないってことは分かっているんです。」

理由を探すことの保留

　3つめの解決型の親の特徴は，子どもの発達的な障害の原因を探すことを保留していることである。探求を止めることは障害や治療選択肢についての情報

を求めることを止めることを意味するのではなく，むしろこの追求にとらわれないことを意味している。子どもの障害の原因を尋ねられると，こうした親の多くはその原因について同じ発想を共有している。それらには"神の意思"であるとか，遺伝的な要因であるとか，あるいは子どもが受けた予防接種が含まれている。こうした親を解決型とする決定的な点は，それらは単なる推測であることを本人たちが分かっていて，理由や原因を探し求めることに心血を注いではいないという点である。現在進行形の，日々の生活では，こうした親はそれらの問題に集中してはいない。したがって例えば，ある母親は「多分全ては神の思し召しよ，でもそれをそれほど考えているわけではないんです」と言い，別の母親は「もしかしたら遺伝子の問題かもしれないし，赤ちゃんの時に受けた予防接種のせいかもしれないし……，可能性が色々ありすぎて，本当の答えなんて分からないからそれを探すのを止めました」と述べた。

　今子どもの問題の原因を探し求めるのを止めることは，そうした探求が中心的であった時期を経験しなかったことを意味するのではなく，むしろそうした親は現在そうする段階にはいないということを意味している。例えば，ある父親は子どもの状態の原因についての質問に，こう言って応えた。

　「あの子が広汎性発達障害を持っていると気付いた時，私たちはすぐに自分たちの何が悪かったんだろう，いったい何が間違っていたんだろう，それからそういう時って誰か責める相手を探してしまうので，誰を責めたらいいんだろうってことを考え始めました。でも後からそんな風に考える意味はないんじゃないかと。色んなことが原因であったかもしれませんけど，私には分かりません。だから誰かを責めることにエネルギーを注ぐ代わりに，子どもの治療にとって，もっと大事なことは何かということに力を注ぐべきだって思ったんです。」

　親の中には答えの見つからない疑問について話す人もいるかもしれないが，そうした疑問は親の語りの中で優勢を占めるものではなく，したがって解決した心の状態が示されている。例えば，ある母親は子どもの問題の原因について尋ねられて，次のように応答した。

第5章　子どもの診断に関する親の解決と親子関係

「妊娠3か月目まで私は病気にかかっていて，抗生物質を飲んでいました。昔はそれについて色々と考えていて，多分それが原因なんだと思っていましたけど，それは私がどうにか出来ることじゃなかった，起きてしまったことなんだって，今でははっきりとしています。」

この母親の投薬へのとらわれやその結果に対する罪悪感は消えてはいない。彼女は抗生物質が原因ではないと**分かっている**とは言っておらず，ただ，「どうにか出来ることじゃなかった」と言った。現在の状況に集中できるほどにとらわれと罪悪感は十分に静まったのである。

解決型の下位分類

上で述べたように，解決型の分類には3つの下位分類があり，1つは**解決−思考型**（resolved-thinking oriented）である。このグループの親は診断に関する自らの感情を受け入れているが，第一には自分たちの経験した過程についての思考に焦点化し，内省や洞察を表現する。例えば，診断を受けた日のことを話す際に，ある父親は以下のように述べた（ゴチックは内省的な陳述を強調している）。

「最初に子ども発達センターから診断を受けました。そこであの子が自閉症だと言われたんです。とても悲しくて，私たちはセカンド・オピニオンをもらおうと決めました。その診断では**間違っているということを聞きたかったんだと思います**。私たちが会った心理の先生はもっと楽観的で，あの子が広汎性発達障害かどうかさえはっきりさせませんでした。**それがその時聞きたかったことだったので**，本当にホッとしました。後からその先生が間違っていたことが分かって，私たちを誤解させたことに対してその先生に怒りを覚えました，私たちに間違った希望を持たせたことについて。誰もこうした子どもたちの正確な診断はできないということを，**今では分かっています**。"広汎性発達障害スペクトラム"という概念は，子ども1人1人によってとても違っていると思いますけど，**でもそれを最初から分かるのは無理です。最初にそれを理解することは出来ないんです**。」

この父親の解決の状態は，セカンド・オピニオンを求めることを決めた背後

にある動機（診断が間違っているということを聞きたかったこと）を説明する能力の中に表されている。その動機は，最初のショックや過酷な診断を受け入れることの難しさを率直に示すものであり，しかしまたこの情緒的反応が一時的であり，それが変化したことを示唆するものである。同様に，この父親はセカンド・オピニオンとして"楽観的な"診断を受けた後に感じた最初の安堵感や励ましと，この楽観的な考えが根拠のないものだと分かった時に感じた怒りとを対比させている。この父親の，過程指向的なところや，変化している自らの感情についてオープンに話せる能力はまた，"広汎性発達障害スペクトラムであること"が何を意味するかを理解することが当初は困難だったが，時間が経つにつれて，それがどのように変化したかを対比しているところでも明らかである。

　他の解決型の親は，その過程の間中経験した感情を強調するため，**解決－感情型**（resolved-feeling oriented）と考えられる。こうした親は診断を受けることをトラウマ的な経験として話すかもしれない。こうした親は抑うつや破滅の感情（例えば，「私にとっては世界の終わりでした」，「とても深い穴に落ちていくような感じでした」），あるいは否認や診断を下した人物への怒りさえ経験したことについて話すかもしれない。しかし，面接を通じて，とりわけ"変化"の質問をされた際に，診断に関する自らの感情についての意味ある変化を語り，どのように日々の生活に戻ることが出来たかを説明する。ここで解決型の親は，自閉症の診断は自らの人生の一部であることに触れ，しかしその人生は元の道筋に戻ったように感じることを報告する。その変化についての陳述は心動かされる例によって支持され，感情の肯定的変化についての話は信じうるもので，多くの場合親が子どもの機能に改善を見ることと関連している。以下はこの下位分類の例である。診断を受けた日に関する質問に答えて，ある母親はこう返答した。

　「ショックで，息が詰まりそうでした……そこに座って泣いていました，とてもつらいことでした……とても，**とてもつらくて**。その日一日泣くのを止められませんでした。夫と私は誰とも話したくありませんでした。私

第5章　子どもの診断に関する親の解決と親子関係

たちはこのことを友達とか親戚とかにどうやって言うのか分からなかったんです。その日は私の人生で一番ひどい日だったと思います。他のどんなことも意味が無いように感じました。」

しかし後に，"変化"の質問をされた際に，同じ母親は答えた。

「今は楽しい瞬間，楽しい時間がいっぱいあります。あの子の進歩も見ていますし，あの子が子どもとしてだいたいどんな風に発達するかも見ていますし，いっぱい話をしますし，だから楽観的になる余地が沢山あるんです。もちろん状況は変わりました，あの子が前進しているのを私たちは見ているんです。」

最後の下位分類は子どもを援助するために出来ることに焦点化することを含んでいるため，**解決－行動型**（resolved-action oriented）と名付けられている。こうした親は診断を受けたことが必ずしも非常にトラウマ的な経験ではなかったと述べるかもしれないが，それが大変な出来事であったことは認めている。この人たちの語りは，子どものために自分が行ったこと，行っていること，行おうとしていることを説明するのに焦点付けられ，また感情や思考，およびそれらがどう変わったかについても簡単に話している。子どもを助けるのに役立つ可能性のある診断についての情報を求めることや，子どものための適切な治療法を探すことが，最初の反応の説明にはよく含まれている。このように，診断に対する反応についての語り方は上記の2つのスタイルのように内的な思考や感情への焦点化を含まないが，それでも変化の過程を述べ，診断や子どもの受容を示す点において，こうした親は解決型であると考えられる。例えば，診断を受けた日について語る際に，ある母親は以下のように答えた。

「楽な日じゃなかったです，家に帰って泣いたのを覚えてます。でもその時に，ようやく息子の問題に名前がついたんです，ある意味ホッとしました。今はあの子との治療や関わりを始められるでしょう……本を読んで，それについて調べて，それが本当はどういうものなのか知ろうとし始めてるんです。次にやるのは，あの子の役に立つ良い場所を見つけてあげて，出来るだけのことをやってみることだけです。」

結論として，内省的な思考をする人，感情を中心に語る人，行動指向性が高い人という3つの主要な解決のスタイルが見いだされた。それに加えて，解決型とされる面接は全て3つの主要な特徴を共有している。それは，時間による感情の変化，受容，そして理由を探し求めることの保留である。意義深いことは，どのスタイルも他のスタイルよりも良い解決であったり高い水準の解決を示していたり，あるいはより確かな解決とされているのではないことである。ある種の臨床的アプローチは，例えば，感情過程に焦点のある人を行動に焦点化している人よりも"より深い"解決状態にいると考えるので，それと対比するとこれは重要なことである。親は子どもと自分に関する内的作業モデルを改訂し，第一に現在と未来に方向づけられていることを示しているので，全てのスタイルは等しく解決の状態であるとわれわれは考えている。この指向性は重なることがあり，それらは相互に排他的な分類ではないことに触れておくのもまた重要だろう。例えば，主に"思考型"のものでありながら，"行動型"の要素も含むような指向性を反映する面接もありうる。結論として，解決型の親を特徴づける現在への歪みのない指向性は，子どもの欲求にあった子どもとの相互作用を支えるようである。そうした親は子どもの問題だけでなく診断とは無関係な子どもの独自の特徴に目をやり，受け入れ，したがって子どもの行動に適切に応答しやすいのである。

子どもの診断に対して未解決型である例

未解決型の親は子どもが重大な発達障害を抱えているということについて，自らの内的作業モデルを改訂することに困難を抱えている。全体的な印象として，そうした親は子どもをあるがままに受け入れず，多くの場合，片側だけの，非現実的な子どもの姿を思い描いている。それ以上に，そうした親は診断に対するつらい気持ちを表すことを自分に許さずに，最初の診断を受けた際の反応の中に今でも取り込まれているように見える。これらの状態はいずれも子どもの診断に対するバランスを欠いた見方や感情を反映している。未解決型はいくつかの下位分類に分けられる。それらは，中和型（neutralizing），情緒圧倒型

(emotionally overwhelmed），怒りのあるとらわれ型（angrily preoccupied），抑うつ型（depressed），認知的歪曲型（cognitively distorted），混乱型（confused）である。われわれは以下に，各々について説明していく。

未解決－中和型：この下位分類には，診断についての，感情的意味からの遊離が含まれている。こうした親は診断を受けた日については話すことが出来，その日の詳細の多くを思い出すことさえ可能である。しかし，その情緒的経験が意味するところの全てから，切り離されているようなのである。こうした親は通常，診断を受けた後の困難を何も語らないか，最小限にしか不快な気持ちについて話さない。例えば，ある母親は診断を受けたことへの反応を尋ねられて以下のように答えている。

「本当のところ私は何も……そういう時，病院を出て，診断を受けて，ん～……世界の全てが変わってしまったっていう親もいることを聞きましたけど，私はそんな風には感じませんでした。本当にそうなんです。それはそれとして受け止めましたね，どうですかね，泣いたり，落ち込んだりはなかったですし，何もなくて，ただそうなんだと思いました……先生と話して，それについて説明してもらって，その先生はとても良い人でしたし，それを良い形で私たちは受け止めましたね。」

この母親は，診断を受けたことについて，その出来事の情緒的な衝撃を最小限にするように，事実だけを事務的に述べるだけで終わっている。われわれはそうした反応を，診断を受けたことの中にある苦悩や不安を喚起するような含みから距離を取ろうとする試みを表しているのではないかと考えている。重要なことに，この母親や中和型と分類される他の親は，こうした反応の防衛的な性質への内省や，最初の，最小限の反応に関して，何らかの見解を得たという兆候を何も示さない。例えば，最初の反応が時間の経過とともに変化した過程について何も述べないのである。診断によって呼び起こされた情緒に親が対処することを中和方略が助ける一方で，それは診断を踏まえて子どもについての作業モデルを改訂する親の能力を制限し，したがって子どもの欲求にそぐわない親の反応を導くこともありうるだろう。

未解決型の中和反応は，解決－行動型の反応といくらかの類似点を有している。どちらも子どもを助けるために何をしたか，何をしているかに焦点化しているのである。しかし，中和型の親は自らの感情に触れず，診断を受けた時と現在との間に生じた，情緒的，認知的過程を示すものを何も表さない。例えば，ある未解決－中和型の母親は次のように述べている。

「まず最初に私はあの子が自閉症だとは信じませんでした。大げさに言っていると思ったんです。私たちはあの子にふさわしい所を探し始めて……それから，いろいろ変化があって，あの子をうまく特別学級に入れることができて，それはあの子がずっと先に進むのに役立ちました。」

この母親は最初の反応が否認であったと述べた――「私はあの子が自閉症だとは信じませんでした」。この否認は最初の反応として，面接の何か月も前に起きたこととして描かれ，時間が経つにつれて起こった変化については何も触れられなかった。この母親が依然子どもは自閉症ではないと感じているのかどうかという点は疑問のままに残されている。彼女は子どもを援助するために何をしたかという話に移ったが，しかしその時の，そして現在までの自身の反応や感情は語られなかった。

これを解決－行動型と分類された父親の面接と比較してみるとよい。彼は同じように最初の否認と心理士の"大げささ"について話している。彼は感情や指向性よりも行動の方に焦点を当てているが，しかし否認から受容への自らの構えの進展を説明している。彼はその過程を次のように述べている。

「初め，私は認めませんでした。心理学者は大げさだと考えていたんです。でもそれから子どもを助けたいと思うようになったんです。私たちはあの子のために本を調べたり，適切な治療プログラムを探したりし始めました。今ではもう否認してません，それを人にも話しますし，あの子に問題があるのを分かってます。あの子のためになる良い治療を見つけたと思いますし，あの子はあの子のペースで前に進んでます。」

未解決－中和型の親が否定的感情から自らを引き離す一方，他の親，**未解決－情緒圧倒型**と考えられる親はそれが氾濫してしまっている。こうした親の中

第5章　子どもの診断に関する親の解決と親子関係

核的な特徴は子どもの診断に対する感情によって，あたかも未だに自らが切望した典型的に発達していく子どもの喪失を悼むただ中にいるかのように，圧倒されて見えることである。悲しみや怒りといった強い否定的感情が表出され，これらの感情が時間によって変化したり，あるいは変化の過程にあるということを示すものが，まず全く見あたらない。実際，幾人かの親はその感情がさらに悪くなり，良くなってはいないと述べている。ある父親は診断の日は大変であったと語り，しかしそれからそれは悪くなるだけだと感じていると言った。彼は自分の家族の現在の環境が渾沌としていることを，"中にいて抜け出すことの出来ないループ"と描写し，その原因を自閉症の子どもを持っていることに帰着させた。別の母親は言った。

　「その日はひどくショックを受けました。本当のことを言えば，自閉症についてなんて考えてなかったんです。自分の世界が壊れてしまったように感じて，ただどこもかしこも真っ暗に見えました。何でこんなことが自分の身に起きたのか分かりませんでした。みんなは私が強いと思ってますけど，自分ではそう思いません。毎日が戦いで，子どもと歩いている母親を見るだけで悲しくなるんです。今はどんどんどんどんどんどん，悲しさが強くなるばっかりで─あの子がかわいそうです。」

　いずれの親も子どもや家族について，困難で過酷な現実を描写している。まるで自閉症の子どもを持つことは1日のあらゆる瞬間や情緒的体験のあらゆる側面を色づけ，この全体を覆う感情は肯定的な体験の余地をほとんど残さないかのようである。それだけではないとしても，子どもは主に診断のレンズを通して見られ，肯定的な，あるいは報いとなる側面には何も言及されない。ここでは親が子どもの診断をその子どもについての見方に取り入れる困難は無いように思われるが，子どもを病理以外の姿でとらえようとする，バランスの取れた個別の見方を持つのは非常に難しいようだ。このことは，子どもの信号を正確に読み取り，子どものニーズに適切に応答する親の能力を矮小化しやすい。

　感情の氾濫はまた，面接の反応の長さにも現れるだろう。そうした面接は過剰に精緻化され，極度に詳細に渡ったり，あるいは同じ内容が繰り返されたり

している。幾人かの親は連想的な思考を示し，話がずれていき，面接者が回答を終えるための手助けをしなければ，再度その話題に焦点化しそれを維持することが難しい。

　情緒的に圧倒されている親の中には，子どもの状況について自分を責める親もいる。子どもがどうしてこの状態にあるのかの理由について尋ねられた際，1人の母親はある医学的検査を延期したことと子どもの自閉症との間に直接の関連を描いた。

　「先生は私たちにこの検査を勧めたけど，その週，私は出張があって，その検査を1週間延期したんです。今でもそうしたことを自分で自分に怒ってるんです，もしかしたら―あの子の問題が違っていたかもしれないんです。」

　別の母親は繰り返し自分を責めて言った。

　「それは私のせいだと思います。あの子が小さい時，あの子を育てるのに全力を注いでませんでした，その頃は家族にとって大変な時で，私の周りの人が私を責めてるようにも思えて―多分あの人たちが正しいんです。」

　いずれの母親も子どもの状態について，重い責任を感じたり罪悪感を抱いたりしている。責任についての親の感情を尋ねる質問はとりわけ自閉症においては複雑である。それは自閉症の病因論に関する研究が現在までのところ決定的な答えを見い出せていないためでもある。そのため，子どもがなぜこういう状態になったのかの原因を，親が考えようとする沢山の可能性がまだ残されている。これら2つの例から示唆されるのは，解決が困難な状態とは説明の仕方それ自体にあるのではなく，語りの中で示唆された説明と関連した自己批判や確信，硬直さによるということである。いずれの母親も親の側の特定の行為が子どもの自閉症を導いたのは確かだと思っており，こうした考え方が面接の間中繰り返し浮かび上がっている。子どものために非常に力を注ぐ一方，その罪悪感があまりにも心を占めているために，子どもが親を情緒的に利用できるような心的，情緒的資源を自由にしておく能力が妨げられやすいのである。

　さらに情緒的に圧倒されている下位分類の現れには，診断の日をごく最近の

第5章　子どもの診断に関する親の解決と親子関係

ことのように語ったり，あるいはその日について述べる際に現在形さえ用いながら話すことが含まれる。この章で記述されている面接は全て，少なくとも診断後1年経ってからか，多くはそれ以上経ってから行われていることは注目に値する。こうした親は診断の日を，今でも変わらない鮮明さと緊迫感を伴って再生しているように思える。例えば，ある母親は「この日のことは昨日のように覚えています」と言い，それから診断を受けた部屋の説明に移り，それぞれの人がどこに座っていたかを特定し，彼女に送られた正式な書面からの言葉を引用した。その日のストレスやトラウマは現在においても再度生々しく体験され，その瞬間から送ってきた毎日には診断による影が落ちているように見えるのである。

　他の未解決型の下位分類は，**未解決－怒りのあるとらわれ型**と名付けられている。これらの親は面接者や，より頻繁には診断を下した子どもを治療している専門家に対して怒りを表す。それはもしかすると注意を診断という現実から逸らすためなのかもしれない。診断に納得せず，診断チームによる家族への対応に怒りを覚えたある母親は，診断の日について次のように語った。

　「あの人たちはただ『ダメだ，ダメだ』って言ったんです。ひどかったんですよ。私は泣き止みませんでしたよ……あんな所には戻りたくもありません。どうやってあの人たちの治療を信じられます？　家に帰る途中，あの人たちのせいで事故に遭ったんですよ。私がどれだけ泣いたか分かります？　歩けないくらいだったんですよ！　あの人たちは今まで一度もあの子がどうしてるかなんて聞いてこなかったんですよ！　今あの子をみてる心理の先生でさえあの人たちに怒ってて，何でそんなことをしたのか分からないんですよ。」

　この同じ母親は，"変化"の質問をされた際に，子どもの前進について話し始めたが，すぐに怒りについて話すことに舞い戻った。

　「あの子がどんなに前進したのか目にすることが出来ます。あの子を今見たら，信じられないでしょう―私にとって全部が壊れるようなことだったとか？　私に分かったのは…？　何で？　何を，そのことを考えると，話

149

したくもありません。」

　この母親は依然として激しく怒っているように見える。この母親の怒りは，部分的には子どもを保護することの荒々しさによって焚きつけられている。しかし，その怒りはあまりに強く全体を覆っているため，子どもが使える利用可能性を広げずかえって母親の注意を逸らしている。上で述べた未解決－圧倒型のパターンと同じで，重要なのは怒りがあまりに母親を捕らえているために，子どもにとって母親の利用可能性が低下していることである。これは，解決型の母親が怒りを表出しないということを言っているわけではない。例えば，解決型の親が，適切に振る舞わなかった専門家に怒りを表すことはあるだろう。しかし，この怒りはより調整されたものであり，過去に焦点を当て，そして子どもの見方を色づけてはいないだろう。

　未解決型の別の親は，**未解決－抑うつ型**と分類される。これは面接中の受動性や悲しみ，そして回答の中身に—こうした親は抑うつ的で無力であることについて話し，数多く泣いたことを報告する—現れることがある。例えば以下のように。

　　「診断を受けた後，私は長い間落ち込んでいました……うつの症状がありました。こんなこと言うべきではないんでしょうけど，でも私の人生は決して元に戻らないでしょう。もう一度幸せな人生になるとは思えないんです……新しい家とか，新しい車を買っても，素晴らしい夫や他の素晴らしい子どもがいても，認めたくないけど，心の底から幸せにはなれません。」

　この例では，診断を受けたことによって母親は空虚感や無力感を強く抱き，永遠の悲しみの中に残されたと感じている。ここでは再び，診断が中心的な焦点であり，母親には他の，より肯定的な子どもの姿を見るだけのエネルギーが残されていない。こうした親の別の特徴は，自分を責め，"原因"の質問に自己批判を持ち出して答える傾向である。

　最後の2つの下位分類，**認知的歪曲型**と**無秩序・混乱型**はあまり一般的ではない。前者は診断や子どもについての出来事や情報を歪曲する親について述べ

ている。そうした親は診断を否認したり，子どもの将来について非現実的な期待をするかもしれない（「うちの子どもは普通学級で勉強して，なりたいものに，パイロットにさえなると思っています」）。例えば子どもの困難に最初に気付いた時のことを尋ねられて，ある父親は言った。

「あの子が何かおかしいところがあると言った幼稚園の先生がいましたけど，私は絶対に彼に同意しませんでした。私はあの子を受け入れる幼稚園がなくなって選択の余地がなくなるまで，あの子は大丈夫だ，と言い続けました。」

この父親は診察を受けに行くことを断り，"変化"の質問に答えて言った。

「私は今でもそれが一時的なものに過ぎないと信じています。もしも社会がそれをそんな風に見るなら，問題があることを無視は出来ません，社会から逃れることは出来ませんから，でも私は問題があるとは認めていませんし，何にしてもあの子を通常学級にやるのは今でも譲れません。」

もう1つの下位分類の，**無秩序・混乱型**は一貫性がないか，あるいは連想的な話しぶりによって，聞いている人がその答えの意味を理解するのが難しくなるような，そうした親を指している。例えば，ある父親は言った。

「本当のことを言いますと，子どもが小さかった時でさえ，私が仕事に行くとあの子も，あの子は―あの子はとても強い愛情を私に向けて，それからてんかんが起きて，てんかん発作はこうしたことを簡単に言うのに重要じゃなくて，こういうことは分かりません…。」

まとめると，未解決型の下位分類は全て，親が子どもの診断を甘受し，子どもについての作業モデルを診断の観点から改訂することの困難さを反映しているのだろう。解決型グループの下位分類における場合と同様，ここでもまた，全ての下位分類が等しく未解決型であると考えられる―すなわちそれぞれの下位分類はこの計り知れない難題を取り扱う親のスタイルの違いを表しているのである。

「診断への反応インタビュー」：研究による検証

　この節でわれわれは，自閉症スペクトラム障害（ASD）だと診断された就学前の男児を持った母親の研究とASDの診断を受けた男女児の父母が参加した家族研究からの発見を要約する。どちらの研究においても，RDIを用いてインタビューを行った。初めに，解決型と未解決型に分類された親の比率の結果を要約する。

　調査結果によれば，未就学児の研究ではASDの子どもの親の33％が，家族研究では親の52％が解決型と分類された。母親における割合はピアンタと同僚（Pianta et al., 1996）による報告よりもわれわれの方がいくらか低く，ピアンタらではてんかんの子どもを持った母親の56％，脳性麻痺児の母親の46％が解決型と分類されていた。これらの研究を比較すると，比較的穏やかなてんかんの診断を受けた子どもの母親の方が，より重篤な自閉症／PDDの診断を受けた子どもの母親よりも，おそらく容易に解決へと辿り着けるのかもしれない，ということが示唆される。

　あまり重篤でない診断によって解決の割合が上がるのであれば，ASDスペクトラムの中でもあまり重くない場合に解決型になりやすいことがあるのだろうか？　この疑問に答えるために，われわれは解決型と未解決型の親の状況が子どもの状態の重篤さと関連しているかどうかを検証した。このために，子どものIQと機能の水準（認知的機能と年齢相応の日常生活スキルの獲得を組み合わせたもの），そして親のRDI分類の関連を探った。また，診断の重篤さ（PDD NOSの診断は自閉性障害に比べより穏やかな形の障害となる）と解決の関連についても検証した。いずれの比較においても有意な結果は見出されず，RDIの分類は子どもの状態の重篤さと関連がないことが示唆された。同様な結果はピアンタら（Pianta et al., 1996）においても得られており，そこでは脳性麻痺やてんかんを持った子どもの家族において，子どもの診断の重篤さは親の解決の状態とは関連しなかったことが報告されている。

したがって，RDIの分類は子どもの診断の重篤さと無関係であり，むしろ親がその診断にどのように対処したのかを反映していると言えるだろう。上記のいくつかの例で示されたように，機能水準の低い子どもについて，例えば，子どもの長所や治療で得たものを強調しながら，解決型的な仕方で話すことはありうるだろう。それと同様に，比較的高水準の子どもの機能の状態が受容や解決を保障するわけでもない。例えば，特に高機能自閉症の子どもを持ったある母親は，認知機能の高さとコミュニケーション・スキルの乏しさの食い違いに気付き，特に混乱し，受容が困難となり，結果として面接において未解決型と分類された。

　われわれの次の疑問は，解決の状態が診断が下されてから経過した時間の作用によるものなのかどうかということであった。時間が"傷を癒す"のであれば，診断を受けてから長い時間が過ぎれば，解決の状態になりやすいのであろうか？　ピアンタと同僚（Pianta et al., 1996）は診断からの時間経過と解決の間に関連のないことを報告しており，同様のことがわれわれの研究からも見出された。この問題を検証するにあたって家族研究がとりわけ重要であったのだが，それは多くの子どもが未就学児の研究の子どもよりも年長であり，診断を受けてから長時間が経っていたためである。その結果は，時間の経過それ自体は解決型を保障するものではないことを示した。

　これは重要な結果であり，また関心を呼ぶものである。未解決型の親の割合が比較的高いことと合わせると，それは診断について解決することの難しさは比較的よくあることで，また時間が経つことで簡単に変わるものではないことを示唆している。単純化すれば，多くの親が子どもの診断を甘受するのが難しく，こうした困難は時間が経っても"なくなる"ことがないようである。これらの発見から，解決を促進するよう計画された介入の必要性が指摘され，この問題は後でさらに論じていく。

　ここまでのところわれわれはRDI分類の相関関係に焦点を当ててきたが，ここで，おそらくは中核的な問題に関連した結果に移っていく。それは子どもの診断についての親の解決状態と親子関係に関する示唆である。先に触れたよう

に，解決に関する先行研究（例えばMain & Hesse, 1990）は，第一に親が解決していないと，子どもに対して取る親の行動に否定的な影響があるらしいことを明らかにしようという意図があった。ピアンタら（Pianta et al., 1996）の発見はこの意向を支持するもので，てんかんを持った子どもや脳性麻痺の子どもの不安定型アタッチメントと解決の欠如が関連していることを明らかにした。われわれの未就学児の研究もまたこの結果を支持し，診断に対して解決していることが母親の敏感性ある養育行動と関連していることが見出された。

特に，われわれは3つの異なる相互作用の文脈である，自由遊びや構造化された遊び，そして社会的遊びにおける観察から評定された母親の敏感さ（Biringen & Robinson, 1991）に焦点を当てた。ビリンゲン，ロビンソン，エムデ（Biringen, Robinson, & Emde, 1993）によれば，敏感さとは子どもの情緒的信号の正確な読み取りとその信号へ素早く，柔軟かつ適切に応答をすることであり，それら全てが肯定的な情緒的風土の文脈を成す。解決の状態とは診断を受容しながら，その診断を**越えて**子どもを見ることをも含んでいるため，われわれは解決型と分類される母親は未解決型と分類される母親よりも，敏感性が高いと評定されるだろうと予想した。結果はこの予想を確証した。実際のところ，解決型と分類された母親は未解決型分類の母親との**比較**において敏感性が単に高かっただけではなく，敏感性得点の平均値が尺度開発者によって"敏感性がある"と判断された範囲に入っていた。自閉症の子どもが互恵的な社会的相互作用がうまくできないことでもたらされる，途方もない困難さや計り知れない難題は，敏感性のある母親の応答をますます難しくさせる可能性があることを考えると，この発見は非常に重要なものである。意義深いことに，解決型と敏感性との関連は，子どもの機能水準を統計的に統制した時にも維持された。同様の結果は母親の構造化の評定にも見いだされた。解決型と分類された母親は未解決型と分類された母親に比べ，またもや子どもの機能水準に関わらず，子どもとの相互作用を最適な形で構造化することが示されたのである。

これらの結果は母親の解決の状態と子どもに対する母親の行動を結びつけるものである。われわれは次に，解決の状態は母親との相互作用中の**子どもの行**

動とも関連するのだろうかという問いを立てた。解決型の母親を持つ子どもは未解決型の母親を持つ子どもに比べて，相互作用中に母親に対してより応答的で，もっと関わりを持つだろうと仮説した。この仮説の背後にある理由は，子どもの応答性と関与は自らの要求や自分の出した信号に親の行動が一致したと経験された時に最適なものとなり，それはつまり解決型の親の養育行動に対して見られるだろう，というものであった。また，子どもの応答性と関与を検証することは，これらが自閉症の子どもが脆弱である領域を表しているために，とりわけ重要なものであった (Biringen, Fidler, Barrett, & Kubicek, 2005)。

　子どもの行動は上記の同じ相互作用から符号化された。その結果から，未解決型の母親の子どもと比べると解決型と分類される母親の子どもは，相互作用中に母親に対してより応答的でより関わりを持っていたことが明らかにされた。しかし，これらの結果は"低機能"と分類された子どもにのみ当てはまった。先に述べたように，この名称は子どもの全般的な認知的，機能的スキルの低さを反映し，研究の大部分の子ども (73%) に当てはまった。おそらくより脆弱で低機能の子どもは親の解決の欠如にことさら敏感であり，その結果として敏感性の低い親との関わりでは親に対して応答的ではなくなるのだろう。

　解決の状態と母親や子どもの行動との関連をどのように理解できるのだろうか？　解決が欠如していることの本質は，親が子どもに対する作業モデルを子どもの診断やそれが暗示する限界の観点から改訂することの失敗や困難さを含んでいる。親は，ボウルビーの言葉を借りれば，"モデルを新しい現実に配置し直す"ことができないでいる。親の心の中での子どもに対する作業モデルと現実の子どもとの間の不一致によって，子どもの信号を正しく読み取り，適切な仕方で応答する親の能力は妨げられるのかもしれない。例えば，そうした親は子どもの実際の能力をはるかに超えた潜在的な可能性を子どもに帰属させ，実際の子どもよりも"望まれた"子どもの姿により応答するかもしれない。その結果，こうした親は子どもが機能する水準で子どもと出会うことに困難を覚えるかもしれず，子どもからすればこれは欲求不満がたまるか，混乱させられる経験であり，子どもの応答性と関わりを低めることになりうるだろう。ある

いはまた，子どもを診断の視点だけから防衛的に見て，全体的な人間として見ることが難しい親もいるだろう。このことは安全を感じたい，遊びたい，あるいは構造化されていない時間を楽しみたいという欲求のような，子どものごく"普通の"情緒的，発達的欲求を無視することになりかねない。

　こうした説明は親の子どもへの強い影響力に焦点化しているが，子どもから親へもまた影響は存在するのである。例えば，子どもが著しく非応答的で，関わりを持ってこない時は，もしかすると子どもの診断に関して解決した状態であるのは難しいのではないだろうか？　介入研究はこの問題をはっきりさせる上で特に役立つだろう。例えば，未解決型の親に目標を定め，親の解決を育むよう計画された治療的介入によって，相互作用中の母親や子どもの行動が良い方向に変化したことを示す研究が有用となるかもしれない。われわれはその介入の問題を次に論じる。

診断に関する解決と治療的な介入

　子どもの診断に関して未解決型の親に対する治療的な介入には，まず初めに親のその心的状態を同定することが必要となる。解決は"現実の世界"では査定しうるのだろうか，RDIの実施が不可能であったり現実的でない場合は？　1つの答えは，臨床設定におけるRDIの実施は必ずしも不可能ではない，というものである。RDIはあまりに長い時間を費やすものではなく，普通，実施に必要なのは15分ほどである。RDIで提示される質問の全般的な性質は，インテーク時，親が子どもを初めてクリニックや機関に連れていった際に尋ねられる質問とそう大きく違うものではない。したがって，RDIは幅広い面接や査定の一部になりえるのである。

　RDIの質問を用いることは，単にそれが可能であるというだけに留まらず，決まり切った質問を越えた価値を付加できるということでもある。例えば，多くの臨床家は，子どもが問題を持っていると初めて気付いた日のこと（RDIの1つ目の質問）を，いつもの病歴聴取の一部として親に尋ねることが可能だろ

う。しかし，臨床家は必ずしも他のRDIの質問，例えば診断を聞いた時の感情やその感情の変化，あるいは子どもの状態の原因や理由についての親の考えまでは尋ねないかもしれない。これらの質問は，親の情緒的反応についてだけではなく，診断の時から親が経験してきた過程について―解決型の決定的な側面―知る上でも重要なものである。

RDIはまた，臨床実践において，親が子どもの診断について直接的に話し，その話題についての感情を表現することを励ますためにも用いることが出来る。質問によって，子どもの診断に関する感情や思考は，子どもに対する治療的介入のために"道を聞く"べく親が自分だけでどうにかすべきものではない，というメッセージが伝わる。むしろ，こうした感情について話し合うことは子どもと親への介入の眼目であり，話し合いや相互の作業にとって正当であり重要な話題なのである。質問の言葉遣いは直接的でありながら，開かれた中立的なものとなるよう，注意深く組み立てられている。例えば，質問は時間が経つと診断に関する感情の変化が生じるに**違いない**ということは示唆せず，ただ変化するかもしれないということを意味するよう選ばれている。また，質問は罪悪感について尋ねるような言い方ではなく，むしろ子どもの診断についてのありうる理由をいろいろと話し合うことができるように開かれた形になっている。

多くの場合，子どもの差し迫ったニーズが介入上の努力の"空間"全体を捕まえてしまうために，親の感情についてきちんとした話し合いをすることは重要である。親の感情について話をせず，子どもを援助することにのみ焦点を当てるという問題に，不注意にも親と専門家は陥るかもしれない。子どもの複数の差し迫ったニーズによって，また，潜在的なつらい記憶や思考，情緒を持ち出すことは親にとっても治療者にとっても難しい可能性があり，したがって回避されるかもしれないという事実によって，このような問題が起きるのである。

われわれは臨床の文脈におけるRDIの**実施**について実行可能性と有用性を論じてきたが，そうした文脈におけるRDIの**符号化**の問題―つまり，ある親が解決型であるか未解決型であるかという問題は，もっと複雑なものである。われわれのRDIに関する経験から言えば，正しい使用には特別な訓練が必要となる。

そうした訓練には符号化のマニュアルに深く精通することやフィードバックを受けながら面接の符号化を実践的に経験すること，そして分類にきっちり当てはまらない面接に内在する数多くの複雑さに取り組むことが含まれている。このシステムに大ざっぱに通じただけの全体的な臨床的印象では，そうした訓練の代わりには成り得ない。とはいえ，この章で提示された例を通して行われているように符号化のシステムになじんでいると，その親が解決の過程のどの地点にいるかを臨床家が微調整しながら理解するのに役立つだろう。理解が広がることはおそらく，解決型や未解決型に親を分類することよりも，臨床的にはより必要なことかもしれない（Slade, 2004）。

　われわれの介入に関する2つめの問いの焦点は最良の"玄関港（ports of entry）"（訳注1）に当てられている。治療的介入は"トップダウンで"（訳注2），自身の内的作業モデルを改訂することやその防衛方略を通り抜けることに対する，親の困難に焦点を当てるべきだろうか？ そうした介入は子どもの診断を甘受するよう親を援助することが子どもへの養育を促進するという前提に基づいている。逆に，"ボトムアップで"（訳注3），子どもと親との敏感な相互作用を促し，それが次に解決の心的状態に達することを容易にする方向で介入を行うこともありえるだろう。

　これらの質問に答えるには，まだ手にしていないさらなる研究が必要であるが，われわれはいくつかの方向性を指し示すことが出来る。スターンの"玄関港"に関する著作（Stern, 1995）では，異なる港からの，すなわち表象システム（われわれの場合は解決の状態）や行動システム（われわれの場合は親の行動）といった異なる水準を織り交ぜた"入港"は同様な治療効果を生み出すことが強調されている。その理由としてシステムは相互に連結しており，1つのシステムにおける変化はもう1つのシステムの変化につながるためだとスターンは説明している。このことはどちらの玄関港が選ばれるかは問題ではないことを

（訳注1）Sternの著作に出てくる言葉のようである。
（訳注2）表象レベルから。
（訳注3）相互作用という行動レベルから。

示している。しかし，たとえそうであっても，1つの入り口から入ることは依然として他方からよりももっと効果的であるかもしれないし，それは情緒的問題に対処する親のスタイルに依存するかもしれない。

例えば，われわれの未就学児の研究における未解決型の母親のほとんどは，情緒圧倒型という下位分類であった。診断について思い出し子どもについて考えることは，こうした母親を悲嘆や苦悩，痛みで圧倒してしまった。これらのつらい事柄についてオープンに話すことには何の問題もないのだが，否定的感情を出し過ぎずに自分で抱えることやそれを調整して一貫性のある感覚を達成することに困難がある。そうした親に対しては，診断に関連した悲嘆の過程に焦点を当てる介入が役に立つかもしれない。また，別の未解決型の母親は中和型を示した。子どもの診断に関する最初の経験がどうであったかを探ろうとすることは，こうした親のスタイルと一致しないために抵抗を生み出しやすい。けれども，子どもとの相互作用に焦点を当て，子どもの特定の欲求に対する理解を強調することによって効果が望めるだろう。臨床的作業においては常にそうであるように，親に対して敏感であり，それぞれの親の視点を非常に深く理解するよう努めることはいつでも忘れてはならない要所である。服喪のような解決の状態は様々な異なる形をとり，様々な経路をたどるのであり，このことは治療的介入においてこうした変動性を考慮することを求めているのである。

特別なニーズのある子どもの親は子どもの障害を支援する多くの専門家と関わるが，その心理的反応に注目する専門家はあまり多くはない。そこには作業療法士，言語療法士，小児科医，特別支援教諭，などが含まれるだろう。われわれは，特別なニーズのある子どもと関わる**あらゆる**専門家が解決の過程を分かっておくことがいくつかの理由で役立つだろうと信じている。第1に，そうした認識は理解の難しい反応を普通のこととするのに役立ちうる。例えば，痛みや罪悪感，怒りの強い表出，あるいは子どもの診断に関わる問題の回避が悲嘆反応を予期させるという理解によって，専門家はそれらを受け入れやすくなるだろう。そうした表現に同調的に耳を傾けることは解決を容易にしていく可能性を持っている。

気付きはまた親の体験への共感を促しうるだろう。例えば，"否認"と名付けられる行動や協働の欠如は，その奥にある苦痛な解決の過程が外に表出されていることを反映していると枠付けし直せるだろう。このように枠付けし直すことは専門家が受容的，情緒的に包容的な反応をする手助けとなりやすい。そうした反応は解決を促進しやすいだけではなく，専門家と親との関係を良好にするだろう。時にそれらは介入的作業の効果を広げ，とりわけ治療者が親と子どもに関わる治療的介入においてはそうであるかもしれない。

要約すれば，発達障害があると診断を受けた子どもについての親の解決過程は，親と子どもの双方にとって深遠な重要性を有している。子どもが制約のある中で自らの発達的な可能性を最大化するのを助ける親の能力は，解決の状態によって拡大する。それと並んで，こうした親と取り組む専門家は多くの場合，困難で苦痛な解決過程において親を支えるという必要不可欠で，促進的な役割を演じうる，唯一の立場にあるのである。

謝 辞

この研究はイスラエル科学基金（交付金番号824/2002, 540/3）による支援を得て行われた。

文 献

Biringen, Z., Fidler, D. J., Barrett, K. C., & Kubicek, L. (2005). Applying the emotional availability scales to children with disabilities. *Infant Mental Health Journal*, 26(4), 369-391.

Biringen, Z., & Robinson, J. (1991). Emotional availability in mother–child interactions: A reconceptualization for research. *American Journal of Orthopsychiatry*, 61, 258-271.

Biringen, Z., Robinson, J., & Emde B. (1993). *The Emotional Availability Scales*. Unpublished manuscript, University of Colorado Health Sciences Center, Denver.

Bowlby, J. (1980). *Attachment and loss: Vol. 3. Loss.* New York: Basic Books.

Dolev, S. (2005). *Maternal insightfulness and resolution of the diagnosis among mothers of young boys with ASD.* Unpublished doctoral dissertation, University of Haifa, Israel.

Lyons-Ruth, K., & Spielman, E. (2004). Disorganized infant attachment strategies and helpless-fearful profiles of parenting: Integrating attachment research with clinical intervention. *Infant Mental Health Journal, 25*, 318–335.

Main, M., & Hesse, E. (1990). Parents' unresolved traumatic experiences are related to infant disorganized attachment status: Is frightened and/or frightening parental behavior the linking mechanism? In M. Greenberg, D. Cicchetti, & E. M. Cummings (Eds.), *Attachment in the preschool years: Theory, research and intervention* (pp. 161–184). Chicago: University of Chicago Press.

Main, M., Kaplan, N., & Cassidy, J. (1985). Security in infancy, childhood and adulthood: A move to the level of representation. In I. Bretherton & E. Waters (Eds.), Growing points of attachment theory and research. *Monographs of the Society for Research in Child Development, 50*(1–2, Serial No. 209), 66–104.

Marvin, R. S., & Pianta, R. C. (1996). Mothers' reactions to their child's diagnosis: Relations with security of attachment. *Journal of Clinical Child Psychology, 25*, 436–445.

Pianta, R. C., & Marvin R. S. (1992). *The reaction to diagnosis interview.* Unpublished material, University of Virginia, Charlottesville.

Pianta, R. C., & Marvin R. S. (1993). *Manual for classification of the reaction to diagnosis interview.* Unpublished material, University of Virginia, Charlottesville.

Pianta, R. C., Marvin, R. S., Britner, P. A., & Borowitz, K. C. (1996). Mothers' resolution of their children's diagnosis: Organized patterns of caregiving representations. *Journal of Infant Mental Health, 17*, 239–256.

Pianta, R. C., Marvin, R. S., & Morog, M. C. (1999). Resolving the past and present: Relations with attachment organization. In J. Solomon & C. C. George (Eds.), *Attachment disorganization* (pp. 379–398). New York: Guilford Press.

Salomon, S., Yirmiya, N., Oppenheim, D., Koren-Karie, N., Shulman, C., & Levi, S. (2006, June). *Resolution regarding the child's diagnosis among parents of children with autism spectrum disorders.* Poster presented at the International Meeting for Autism Research, Montreal, Canada.

Slade, A. (2004). Move from categories to process: Attachment phenomena and clinical evaluation. *Infant Mental Health Journal, 25*, 269–283.

Stern, D. (1995). *The motherhood constellation.* New York: Basic Books.

van IJzendoorn, M. H., Schuengel, C., & Bakermans-Kranenburg, M. K. (1999). Disorganized attachment in early childhood: Meta-analysis of precursors, concomitants and sequelae. *Development and Psychopathology, 11*, 225–249.

第Ⅱ部　アタッチメント理論と心理療法

第6章 アタッチメントとトラウマ
——家庭内暴力にさらされた幼い子どもを治療するための統合的アプローチ

エイミー・L・ブッシュ，アリシア・F・リーバーマン

　幼い子どもは危険からの保護のために本能的に養育者に頼る（Bowlby, 1969/1982）。子どもが人生早期にトラウマとなる出来事を経験すれば，アタッチメント対象が自分を保護できるという子どもの確信は非常に危うい状態に置かれる。トラウマ的な経験は通常なら親が子どものために提供する"刺激障壁（protective shield）"（Freud, 1920/1955）を打ち砕いてしまい，アタッチメント関係の中核を脅かす。怯えさせる出来事はまた，子どもと大人の両方に心的外傷後のストレス反応を引き起こすことで親子関係を制御不全にする可能性もある。それは大人からの慰めを求める子どもの能力や，それと相補的に働く親が子どもに安心を与える力を妨げるのである。トラウマ的な出来事によるアタッチメントへの有害な衝撃は，乳児期を超えて幼児期まで広がる。

　それと同時に，トラウマ的な出来事からの回復を可能とする子どもの力は，彼らのアタッチメントの質に左右される。安定したアタッチメント関係を持つ子どもは必要な時に他者が利用可能で，自分は他者から援助される価値があると信じる傾向にあり，こうした態度は支援を求める能力，あるいはそうしようとする気持ちを促進するだろう。逆に，不安定なアタッチメントを持つ子どもは圧倒される環境に対処するために必要な内的資源や情緒的サポートを欠いているため，トラウマに対してより脆弱性が高いのかもしれない（Belsky & Fearon, 2002 ; Toth & Cicchetti, 1996）。トラウマを負った幼い子どもの発達的前進を回復する手助けのために，臨床現場ではアタッチメントとトラウマの理論の

両者を統合する"二重のレンズ (dual lens)"が求められているのである (Lieberman & Amaya-Jackson, 2005 ; Lieberman & Van Horn, 2005)。

以下の例は，母親に対して父親が暴力をふるうのを見た幼児が，後に父親について尋ねられて応答している時の情緒的態度を描いたものである。

5歳のマリアは家族の絵を描いていた。臨床家が彼女に絵について話すよう尋ねると，マリアは答えた。「これは私，これはママ，でこれが弟」。臨床家は「なるほど。ところでお父さんは？　絵の中にいないのかしら？」と言った。少女はこう答えた。「時々パパのことは忘れちゃうの。ママに意地悪するんだもん。」

この少女が父親のことを"忘れ"たかった理由は何か？　マリアとその弟，3歳のアンソニーは幾度か，両親間のDVを目撃していた。父親を家族画から除くことで，マリアはちょうど暴力が起きている間に父親を避けたかったように，父親の暴力的な行動の記憶を排除したいという願望を示したようだった。回避は不安定なアタッチメントの指標であり (Ainsworth, Blehar, Waters, & Wall, 1978)，大人同様幼い子どもの心的外傷後ストレス障害 (Post traumatic stress disorder, 以下PTSD) の症状 (American Psychiatric Association, 1994 ; Zero to Three, 2005) でもあるとして同定されている。

この章において，DVや他のトラウマ的な出来事を経験した子どもに介入する際，臨床家がアタッチメントとトラウマを組み合わせた枠組みを利用するよう，われわれは推奨していく。まず，DVが直接的に，あるいは子どもと養育者に見られる潜在的なPTSD反応を通じて，子どもの養育者とのアタッチメント関係に影響を与えるトラウマ性ストレッサーとなることを確認していく。続いて，子どものアタッチメント関係の質がどのようにトラウマによる精神的健康への衝撃を和らげうるかを論じる。この章の後半では，マリアやアンソニー，そして，その母親の事例を提示しながら，トラウマを負った幼い子どもとその養育者へのアセスメントと介入を行う上で，臨床家がどのようにアタッチメントとトラウマの統合的な枠組みを利用できるかを示していく。

ドメスティック・バイオレンス：
アタッチメント−養育システム内部でのトラウマ

　ドメスティック・バイオレンス（Domestic Violence, 以下DV）は，子どもにとってアタッチメントとトラウマが込み入った結びつき方をしている状況の代表的なものである。アタッチメント理論の基本的な前提は，子どもは危険から保護されるためにその養育者を探し求める生物学的な傾性を持っているというものである（Bowlby, 1969/1982）。子どもは，自らの恐れを軽減し安全を確保するために，どの程度一貫して養育者に頼ることが出来るのかを，養育者の応答の仕方から学ぶ。自らの苦痛に全般的に応答的であるような養育者を持つ子どもは，安定したアタッチメント関係を発展させるが，子どもの脆弱性を無視したり，拒絶したり，あるいはそれに対して一貫性のない応答をする養育者を持つ子どもは，その養育者との間に不安定なアタッチメント関係を発達させやすい（Ainsworth et al., 1978）。

　環境によっては，養育者は無視や非応答的どころではなく，乳幼児を実際に脅かす場合がある。養育者を恐れる乳幼児は，「解決法のない恐怖」に直面することとなり，それは潜在的な保護の源が恐れの源でもあるというパラドックス状況にいることなのである（Hesse & Main, 2000）。その結果，こうした養育者との子どものアタッチメント関係は無秩序なものになりやすい。ストレンジ・シチュエーション法（Ainsworth et al., 1978）における養育者との相互作用場面で，無秩序型の乳幼児は，接近と回避の矛盾した行動を示し，不自然に静止したり，あるいは凍りついたように見え，方向性のない他のサインを示したりする。6歳までに，無秩序型のアタッチメントを形成した子どもは養育者に対して統制的な行動をとるようになりやすい。統制的な行動をとる子どもは親に対して懲罰的であり，命令もするが，一方で別のタイプの子どもは親に対して過度に養育的になっていく（Main & Cassidy, 1988）。養育者の方は，代わりに，親子関係において多くの場合，親として無力であるように見える（e.g.,

Lyons-Ruth, Bronfman, & Atwood, 1999)。

　DVは乳児期におけるこうした無秩序型のアタッチメントの強力な危険因子なのである（Zeanah et al., 1999）。アタッチメントの観点からはこの関連について，いくつかの理由が考えられる。まず第1に，養育者間のDVを目撃することによって，親は痛みや傷を引き起こすことはなく，自分を危険から保護してくれるだろうという子どもの信頼を打ち砕いてしまう。養育者が危害を加えられ被害を受けているのを見ることは，幼い子どもにとっては圧倒的な恐怖感を与えられることになりかねず，そうした恐怖感が暴力の加害者や被害者を子どもの心的表象に結びつけるようになる可能性が高い（Lieberman, 2004；Lieberman & Amaya-Jackson, 2005）。この養育者に対する恐れがその時，その養育者とのアタッチメント関係を，無秩序型へとしていく。

　DVを目撃した子どもが無秩序型のアタッチメントに至るには，間接的な経路もまた存在する。例えば，アダルト・アタッチメント・インタビュー（Adult Attachment Interview；Geroge, Kaplan, & Main, 1996）において過去のトラウマに関して未解決である母親を持つことは，その乳児に無秩序型アタッチメントを形成させやすい（van IJzendoorn, Schuengel, & Bakermans-Kranenburg, 1999）。われわれの暴力を振るわれている母親のサンプルにおいて，53％がAAIにおける未解決の喪失や虐待を有していると分類された（Busch & Lieberman, 2006）。自らの過去のトラウマ体験に関して未解決なままでいる母親は，自分の幼い子どもとの相互作用で怯えたり，怯えさせるように行動しやすい（Schuengel, Bakermans-Kranenburg, & van IJzendoorn, 1999）。例えば，ある未解決型の母親は遊びの間自分の子どもに対して攻撃的に不気味に迫り，別の母親は親子相互作用の間凍りついたり，解離様の状態に入っているように見えたりする（Hesse & Main, 2000）。こうした怯えさせる親の行動が，子どもの無秩序型アタッチメントと関連しているのである。

　また，DV被害者の女性は自分の子どもを虐待する危険性が高く（Osofsky, 2003），不適切な養育は無秩序型アタッチメントと直接，結びついている（van IJzendoorn et al., 1999）という証拠もある。当然ながら，これら2つの無秩序

第6章　アタッチメントとトラウマ

型アタッチメントに至る養育の経路は，相互に排他的なものではない。幼少期の虐待が世代間で関連することを考えると，自分の子どもに対して不適切な養育をする母親は，彼女たち自身も幼少期に虐待されており，そうした体験について未解決のままで成長してきたのだろうと思われる。したがって，子どもに直接虐待していることに加え，そうした母親は未解決のままになっている喪失や虐待に対する心的な状態と関連した，もっと微妙な捉えにくい，怯えさせる行動を見せているのかもしれない。

トラウマレンズを通しての寄与：子どもと養育者のPTSD反応
(訳注1)

　トラウマレンズを用いることで，アタッチメントの文献で見出される以上の，もっと重篤な無秩序型の子どもと親との関係性形成への経路を臨床家は同定できるだろう。DVを目撃することは子どもにとってトラウマ性のストレッサーとなるだろう。トラウマとは"子どもや他者にとって，実際の死や重傷，あるいはその恐れがある出来事，または心理的，身体的統合性を脅かすこととなる危険を直接経験するか，目撃するか，あるいはそれに直面すること"（Zero to Three, 2005, p.19）と定義されている。このトラウマ的な経験の結果，子どもはPTSDを発症することがある。子どもが，トラウマに続いて，発達を妨げるのに十分な強さと広汎性の症状を示し，それが少なくとも1か月持続する時にPTSDだと診断される（Zero to Three, 2005）。子どものPTSDには3つの主要な診断基準がある。

1．トラウマ的な出来事が再体験されている。それは心的外傷後の遊びの中や，反復する悪夢，出来事を思い出させるものにさらされた際に，精神的な苦痛を感じることによって確かめられる。
2．反応性の麻痺，あるいは発達的前進の妨げ。感情の幅が狭まったり，遊びにおける興味が減少したり，トラウマに関連のある活動や場所，人を避けるために努力をすることに表れる。

（訳注1）トラウマという視点。

3．覚醒亢進。睡眠困難，集中困難，過度の警戒心，過剰な驚愕反応，イライラ感あるいは怒りの爆発の増加を含む。

　これら3つの症状群に加え，それまでに獲得されていた発達的スキルが失われたり，他者への攻撃性が高まったり，分離不安のような新しい恐れや年齢不相応な性的行動などが出現することも，子どものPTSDに関連した特徴であると考えられている。

　PTSDの発症率はDVを目撃した子どもの40％にのぼり（Chemtob & Carlson, 2004），アタッチメント対象への脅しを含まない恐ろしい出来事よりもDVを目撃することの方が，その反応において子どもはより重篤なPTSD症状を持ちやすい（Scheeringa & Zeanah, 1995）。しかし，多くの場合トラウマが子どもに及ぼしうる影響に気付くことは難しく，それは親自身に自分がトラウマ的な出来事に関わっているという罪悪感があるため，乳幼児がその経験に気付き理解するにはまだ幼すぎると誤って考えていたり，あるいは親自身が心的外傷後のストレスで手一杯だったりするためである（Lieberman & Van Horn, 2005 ; Pynoos, Steinberg, & Piacentini, 1999）。その結果，親は子どものトラウマ症状を，反抗性行動や注意欠陥多動性障害，あるいは子どもの側の愛情の欠如として間違って解釈することになる。このことは，お互いを遠ざけたり，意思疎通の問題を生じさせたり，子どもの保護をうまくいかなくさせたり，そして最終的にはアタッチメントシステムの無秩序さをもたらすことになる（Lieberman, 2004 ; Lieberman & Amaya-Jackson, 2005 ; Lyons-Ruth & Jacobvitz, 1999）。こうしたことは，なぜある乳幼児が養育者への安定的なアタッチメントを示しながら，瞬間的に無秩序な行動も示すのか，その理由を部分的に説明しうるだろう。少なくともこうした乳幼児の一部は，それまでに応答的に養育してもらえた歴史を有していながら，DVのようなトラウマ的経験によって子どもと親の関係に新しい恐れが差し挟まれることで，安定的なアタッチメントを崩壊させてしまった可能性が高い。

（訳注2）事故や天災などの非対人的な脅威。

第6章　アタッチメントとトラウマ

トラウマに続く子どもの症状を概念化するために二重のレンズを使用すること

　凍りついた姿勢，解離，攻撃性，感情の制御不全，認知的遅延，生理学的変性など，乳幼児期および就学前期の無秩序型／統制型のアタッチメント行動の指標やそれと関連するものが，子どもにおけるPTSDの特徴と類似していることに注目する臨床家もいるだろう（この研究の概観は，Lyons-Ruth & Jacobvitz, 1999 ; van IJzendoorn et al., 1999を参照）。われわれの知る限り，現在までにこの問題についての組織立った実証的な調査は行われていないものの，理論的，臨床的研究はこれら2つの構成概念が関連していることを示している（Lieberman, 2004 ; Lieberman & Amaya-Jackson, 2005）。探索や学習の困難は子どもの無秩序型のアタッチメント関係と心的外傷後の反応の両者と関連している。もし養育者が怯えさせるか（つまり，DV加害者），あるいは怯え無力である（つまり，被害者）と，通常なら学習を促進することになる支持的相互作用がわずかしか経験されないことになりやすい。それに加えて，自分を怯えさせる親や無力な親と関わろうとする自らの情緒的な要請を調整しなければならない子どもは，その認知的，情緒的資源を環境の探索と学習から引き上げ，親の行動のモニタリングに割り振ることだろう（Moss, St-Laurent, & Parent, 1999）。トラウマの観点からすると，新しい発達上の重要な節目が築かれるまさしくその時期に極端な恐れを経験することは，子どもの発達的前進が妨害されてしまうことを意味する（Pynoos et al., 1999）。最も過酷なタイプのDVにさらされた子どもは，そうでない子どもに比べ有意に低い知能テストの結果を示す傾向にある（Koenen, Moffitt, Caspi, Taylor, & Purcell, 2003）。PTSD症状，とりわけ高水準の覚醒がこうした認知への影響の一部を説明するメカニズムであるらしい（Stamper & Lieberman, 2006）。

子どものトラウマに対する反応に影響するアタッチメントの質

　DVや他のトラウマ的出来事がアタッチメントの質を左右しうるとしても，アタッチメントシステムもまたトラウマに対する子どもの反応に影響していく。リヨンズ-ルスとその同僚たち（Lyons-Ruth et al., 1999）は"関係素因（relationship–diathesis)"モデルを提唱した。このモデルによれば，その出来事がどの程度突然であったか，その強さ，発達上のタイミング，アタッチメント対象の関与の度合いといった，トラウマと子どものアタッチメント関係の質の両方に，トラウマからの回復は依存している。このモデルと一致するのだが，養育者からのサポートはトラウマによる子どもへの悪い衝撃を和らげ，PTSD症状から回復できる力を改善するようである（Cohen, Mannarino, Berliner, & Deblinger, 2000 ; Cook et al., 2005）。安定したアタッチメント関係はまた，母親の抑うつや婚姻上の問題，および貧困を含む累積的なストレッサーに直面した際の保護的要因となり（Belsky & Fearon, 2000），より良い生理学的ストレス反応の制御と結びついている（概観はShuder & Lyons–Ruth, 2004を参照）ように見える。これらの発見は，トラウマに対して心理学的な反応や，生理学的な反応を何とかやりくりする乳幼児の能力において養育関係が演じる重要な役割に光を当てており，アタッチメント関係の質を高めることで，トラウマ的出来事に対処する子どもの能力を臨床家が改善していけることが示唆されている。以下のセクションで，子どもがトラウマ的経験から回復するのを援助するために，関係焦点的な介入モデルを用いることについて論じていく。

子どものトラウマからの回復を促進するためにアタッチメント関係を利用すること

アタッチメントとトラウマが相互に影響し合うことは，DVや他のトラウマ的出来事を経験した乳幼児や就学前児への介入が，理論的に子ども-親モデルにならうことを示唆する。子ども－親心理療法（Child–Parent Psychotherapy）はアタッチメント理論と精神力動論の基本的な前提の上に築かれており，それは親子関係が人生早期の人格発達を形成する中核であること，そして幼い子どもが抱える社会的・情緒的な困難への効果的な介入には，このアタッチメント－養育システムに焦点化する必要のあることを強く提案している（Lieberman & Van Horn, 2005）。家庭内暴力や他のトラウマを経験した家族に取り組む際，

第6章　アタッチメントとトラウマ

子ども-親心理療法家は子どもと母親，および両者の関係に深く影響する経験として，そのトラウマを扱うこととなる。子ども-親心理療法はどの主要な養育者（母親，父親，祖父母，養親など）とも行われるものではあるが，この章の目的のために，われわれは養育者を母親として考える。

家族のトラウマとアタッチメント－養育関係を査定する

　子ども-親心理療法の最初の段階では，子どもと母親，そして両者の関係の質を査定する。治療開始に先立って，臨床家は子どものトラウマの歴史と心理学的症状を知るために母親にだけ会う。トラウマについて可能な限り詳細に知ることは，臨床家が治療に適したおもちゃを選ぶための手引きとなり，治療の中で子どもの遊びとその子の実際の経験とを臨床家が結びつける手助けとなる。

　われわれはまた，臨床家が母親のトラウマの歴史と症状を査定することも勧める。なぜなら，母親は治療の重要なメンバーであり，母親の精神衛生の状態が子どもを養育する能力に直接的に影響するからである（例えば，Lieberman, Van Horn, & Ozer, 2005）。加えて，親自身の幼少期の経験を親がどのように考えるかが子どもの養育に影響するため（この研究の概観はHesse, 1999を参照），われわれは母親のアタッチメントの歴史を査定することを推奨する。われわれの治療の効果研究ではアダルト・アタッチメント・インタビュー（George, Kaplan, & Main, 1996）を用いてきたが，母親の幼少期の経験を査定し，親の心理的機能を特徴づけ，子どもの知覚の仕方に影響する理想化や投影，感情の隔離といった防衛パターンを同定する他の臨床面接も用いる臨床家もいるだろう。

　子ども-親心理療法の治療的焦点は子どもと養育者の関係にある。臨床家はアセスメントの際に，治療段階において介入を始めるための有用な入り口を探しながら，母親が子どもとの関係を語る仕方に注意深く耳を傾ける。アセスメントの最後の部分では，臨床家によって準備されたおもちゃやゲーム，パズルを使って母親と子どもとが遊ぶところを観察する。その後，母親と子どもはストレンジ・シチュエーション法に基づきながら，子どもの年齢に合わせられた

分離と再会の課題 (Ainsworth et al., 1978 ; Crowell, Feldman, & Ginsberg, 1988) に参加する。アセスメントのこの部分は，親子関係の多くの領域に関する情報を提供する。それらは，お互いの中に喜びを見つけ出す能力，親の指示への子どもの追従，子どもが導く遊びについて行く親の能力，不慣れな環境（プレイルーム）での分離という潜在的にストレスが高まった経験を親と子どもがどのように何とかするのか，そして再会場面で子どもが親をどのように安全のために利用できるのかという情報である。

子ども-親心理療法におけるアタッチメントとトラウマに焦点化された目標

トラウマを負った子どもへの子ども-親心理療法の主要な目標は，子どもと親がトラウマ的出来事に関する共同の語りを作り上げることを援助することで発達的前進を促し，回復することであり，トラウマをより大きな人生の文脈に置き，年齢相応の営みの中で安全や信頼，楽しみを促す関わりとコミュニケーションの方法を見つけ出すことである (Lieberman & Van Horn, 2005, p.7)。介入は様々な形態を取るかもしれないが，それらは一般的に次にあげる目的を有している。(1) 子どもと母親がお互いの視点を理解するよう援助することで親子関係における互恵性を高め，自分自身や相手，そして両者の関係性に関する心的表象の歪みを修正すること。(2) 内在化，外在化行動を減らすために子どもと母親両者の情動制御を改善すること。(3) トラウマの引き金を同定し，トラウマ反応を正常化し，新しい脅威に現実的に反応することを学習することで，子どもと母親の両者のPTSD症状と取り組むこと。以下に述べられている治療はこうした原則の臨床的適用の例であり，アタッチメントとトラウマの二重の枠組みを用いることを強調している。

クルズ家：アタッチメントとトラウマの相互的な影響に関する事例研究

クルズ夫人とその子どもたちは，彼女がDVの被害に遭い，子どもたちがその虐待を目撃していたことを知った友人からわれわれのプログラムを紹介され

第6章 アタッチメントとトラウマ

て来た。クルズ夫妻はいずれもアメリカに移住してきたメキシコ系アメリカ人の二世だった。両親とも家では英語を話し、自分たちをアメリカの文化によく順応したヒスパニックであると考えていた。この事例の治療者はヨーロッパ系アメリカ人であった。文化的問題は、暗黙裏に表現されるにしても、明確に表現されるにしても、全ての臨床的出会いの一部である。しかし、われわれはこの事例における文化的価値観に向けられた特別な介入には言及しない。なぜなら異なる文化的背景があるにも関わらず、治療者と母親は治療目標を共有し、そこには文化的差異が治療の進展を妨害するように見えるいかなる事実も存在しなかったからである。

　アセスメント期間中にクルズ夫人は、6か月の間、薬とアルコールで気分が高まった時に夫が幾度か彼女を怒鳴りつけ、突き飛ばし、平手打ちしたことを報告した。暴力が始まった時、アンソニーは生後18か月で、マリアは3歳だった。マリアは夫の暴力が起きた時はたいてい保育所にいたため、アンソニーよりはおそらく父親の暴力に気付いていないだろうとクルズ夫人は思っていた。それに比べて、アンソニーは家庭で起きたほとんど全てのDVを目撃していた。最後の、そして最も深刻なエピソードは、アンソニーがリビング・ルームに向かって歩いてきた時に、父親が母親の喉に手をやってのしかかっているのを見たことだった。クルズ氏はアンソニーが戸口から見ているのを知った時、外に走り出た。クルズ夫人が警察を呼んだ後、クルズ氏は逮捕され、しばらくの間刑務所で過ごした。彼はまた薬物乱用の治療も受けた。1年間家族と離れ、その間彼は電話のみで子どもと接触できたのだが、クルズ氏は家に戻してくれるよう妻に乞い、もう薬もアルコールもしていないこと、彼女に二度と手を上げないことを話した。クルズ夫人は家族が1つに戻ることを切望しており、夫が家に戻ることを受け入れた。約束通り、クルズ氏は再会以来、薬もアルコールもやらず、彼女に攻撃的になることはなかった。クルズ夫人は、夫が非常に申し訳なさそうで、妻や子どもとの関係の修復に取り組んでいることを報告した。クルズ夫人は、彼女も夫も、子どもに対してはこれまで不適切な養育やネグレクトをしたことはないと否定し、実際、この家族が子ども虐待について児童相

談所に通告されたことはなかった。

アンソニーのトラウマ性ストレス症状

母親に対する父親の暴力を目撃して以来、アンソニー（3歳）は悪夢を見続けており、ベッドでお漏らしをするまで退行し、入眠が困難であり、気が散りやすく、姉に対して攻撃的になっていた。また、欲求不満に耐えることが難しくなっていた。床に頭を打ちつけたり、おもちゃを集めたり、また、遊びを終わらせるよう言われると泣くことが繰り返された。クルズ夫人はまた、アンソニーの話し言葉が理解しづらく、友達に比べて遅れているようだとも報告した。家庭において、アンソニーはたびたび父親に対する恐怖を示した。例えば、母親と父親が家事について言い合っているのを見た時、アンソニーは泣き叫んで「ママをぶたないで！」と言った。それ以外ではアンソニーは家の中で父親を避けていた。こうした反応の頻度と強度から、臨床家はPTSDの診断を下した。

アンソニーのアタッチメント関係

上で述べたように、アンソニーは家の中で母親の安全に対してよく恐れを感じているようだった。クルズ夫人は、彼が母親に対して極度に保護的になり心配していることを報告した。彼女が気が動転していた時に、まるでアンソニーとの役割が逆転して彼が彼女を世話するように、アンソニーが彼女の頬を優しくなでようと手を伸ばしたことを彼女は思い出した。

アセスメントの観察において、クルズ夫人が報告した通りのことが見られた。あるセッションで、アンソニーはおもちゃの調理器具を使って食事を用意し、母親に優しく食べさせ、全ての食べ物を食べるようにと勧めた。しかし、片づけの時間になった時、アンソニーは急に床に倒れ込み、泣きじゃくってなだめようもなかった。母親はアンソニーを慰めようとしたが、彼は数分間泣き続けた。クルズ夫人はどうやって彼をなだめたらよいか分からないようだった。その後、母親からの短い分離の時間、アンソニーはプレイルームの隅に引きこもり、床に座って悲しい表情を浮かべた。彼はそっと「ママ」とつぶやいたが、

第6章　アタッチメントとトラウマ

他には何も母親を探すそぶりを示さなかった。クルズ夫人が部屋に戻ると，彼は母親に背中を向け，床のおもちゃの山に向かって駆けていった。

　片づけのエピソード中に見られたアンソニーの強い苦悩は，明らかに情動制御の問題を示してはいるものの，母親から慰めを得られないことと，母親が彼を落ち着かせることができない状況はまた，何らかのアタッチメント－養育システムの制御不全をも示唆していた。アンソニーの遊びと分離－再会時の行動は，統制－養護的(訳注3)でもあり，アンビヴァレントや回避的なアタッチメントパターンの要素も含んでいた。父親との関係は直接，査定されなかったが，クルズ夫人の報告によるとアンソニーは父親を恐れており，避けたりしていて，目撃した暴力とそれに続く長期間の分離の結果として，父親に対するアタッチメントが無秩序型になっている可能性が窺われた。ボウルビー（Bowlby, 1970）は，主要な養育者からの長引く分離に続いて幼児が示す，非常に回避的な行動を"脱アタッチメント（detachment）"と記述した。アンソニーは，恐れと父親からの脱アタッチメントを経験したために，父親から距離を取っていたのかもしれない。

マリアのトラウマ性ストレス症状

　クルズ夫人は，この1年半の間，マリア（5歳）に夜間の入眠困難があり，悪夢でよく起こされて，日中は疲弊していることを報告した。マリアは非常に驚愕しやすく，よく"キレ"そうだった。彼女はまた，母親と父親の両方に対して無礼で，攻撃的だった。マリアは覚醒亢進を体験し，おそらく何らかの暴力の再体験があるように見えたが，麻痺や発達的前進が妨げられている兆候は示さなかったので，PTSDの診断は受けなかった。

（訳注3）母親の行動をコントロールしようとする一方，母親の世話をする行動も示すこと。

マリアのアタッチメント関係

　母親との遊びのセッションの間，マリアはボードゲームで遊ぶことを選択し，そのゲームに自分だけのルールを作り，母親に従うよう要求した。母親が彼女の指示を誤解したある時点で彼女は怒ってしまった。クルズ夫人は娘の遊びに参加はしていたが，いくらか受け身的で，セッションの間中，疲れているようだった。

　分離と再会のエピソードの間，マリアは母親が部屋から去ったことに対して苦痛を示さず，おもちゃで遊び続け，母親が戻るとそっけなく見上げ，「座って私と遊んで！」と要求した。マリアは母親に対していくらか懲罰的で統制的な行動を示し，それは強情であると共に，扱うことが難しいというクルズ夫人の話と一致していた。クルズ夫人の報告によると，マリアは家庭においてしょっちゅう父親を回避していた。

クルズ夫人のトラウマの歴史と心的外傷後ストレス症状

　クルズ夫人は，彼女自身の父親が母親を身体的に虐待していたのを，幼少期の間ずっと目撃していたと報告した。彼女は父親が母親を棚の中に押し込み，母親が大事にしていた皿をその中で粉々にしたことを思い出した。その虐待的な家から逃げるために，若い時に夫と結婚したとクルズ夫人は言った。結婚生活は初めの数年間はうまくいっていたが，仕事を失った後から夫は大量に酒を飲むようになり，その直後からDVが始まった。査定の結果，臨床家はクルズ夫人がPTSDの基準を満たすと判断した。彼女は暴力の記憶への反応としてパニック発作を経験し，夜間の睡眠困難があり，テレビや新聞でDVに触れるものは何であれ回避していた。

クルズ夫人のアタッチメントの歴史

　クルズ夫人が子どもだった頃，ずっと父親は家におらず距離があったと言った。父親がいた時は，彼女に対して大抵は批判的だった。彼女は父親がこれまで身体的な虐待をしたことはないと否認したが，時折「彼のルールを破った」

第6章 アタッチメントとトラウマ

場合には彼女を平手打ちにしたことを語った。クルズ夫人の母親は家族を支えるためにちょくちょく長時間働いていた。家にいる時，母親は臆病で，「頼りにできない」とクルズ夫人は言った。それとは対照的に，クルズ夫人と祖母との関係は親密で愛情深いもののようだった。クルズ夫人は，祖母とキッチンで料理をしたことや病気の時には看病してもらったことなど，明瞭で愛情豊かな記憶を持っていた。

クルズ夫人のアタッチメントに関する心的状態は公式にアダルト・アタッチメント・インタビューを用いて査定されてはいなかったが，彼女の表象は"獲得された安定感（earned secure）"（Roisman, Padro'n, Sroufe, & Egeland, 2002）のそれと一致しているようだった。彼女は自らの困難な幼少期の経験を一貫性を持って，またバランスを保って語り，親への理解や今なお存命の祖母への感謝を表現した。クルズ夫人にとって祖母は，親の虐待と無関心さという"幽霊"が現れた時に，それを追い払おうとし，また実際にそれができる"天使"であった（Fraiberg, Adelson, & Shapiro, 1975 ; Lieberman, Padron, Van Horn, & Harris, 2005）。トラウマを負った家族との治療において欠かすことのできない目標は，親が親自身の過去において有益な影響のあった人物が誰かを確かめるよう援助することであり，それによって子どもとの関係を良くするために，こうした善意ある人物に頼れるよう支援することである。

クルズ夫人の子どもとの養育関係

クルズ夫人は母親であることを楽しみ，子どもの世話をするために子どもと家にいることを大事にしていたと報告した。暴力が始まる前は，毎日数時間子どもと遊び，公園に連れて行き，読み聞かせをして過ごしたという。こうしたことを一緒に続けながらも，彼女は子ども達がもはや彼女の言うことを聞かず，コントロールが難しくなったことを感じていた。子どもたちとの間に不調和があると打ちのめされるように感じるために，クルズ夫人は子どもたちとの葛藤からしょっちゅう「立ち去った」ことを報告した。

アセスメントの終わりに，多くのDV被害者のようにクルズ夫人は，彼女の

人生における困難な経験をこれまで他者と話し合ったことが一度もなく，人生の物語の一部を臨床家に語ることができて心が楽になったと話した。臨床家はクルズ夫人に，彼女の症状が，これまでの怯えさせる経験を考えれば予想できるものであることを保証し，PTSDに関する情報提供を行い，虐待的な経験や夫が再び暴力的になるかもしれない恐れに対して不安になることは当然であるという考え方を示した。クルズ夫人は個人心理療法を薦めようとした臨床家の提案を，空いている時間がほとんどなく子どもの世話を一貫してできないという理由で丁重に断った。それにもかかわらず，アセスメント段階における臨床家との5回の個人的な面接の後に，クルズ夫人の症状が和らいだことが本人から報告され，そのことは支持的な関係の文脈で親の機能をアセスメントすることそれ自体が，肯定的な介入の効果を持ちうることを示唆している。

アタッチメントとトラウマの情報による問題に対する治療計画

臨床家はクルズ家の苦闘を概念化するに当たり，アタッチメントとトラウマの両理論を利用することとした。アセスメントからは，DVが始まる前までは子どもと母親との関係は良性のものであり，子ども達の母親へのアタッチメントは安定型であったらしいことが示唆された。臨床家は，家族関係の困難はDVに続く父親に対する子ども達の恐れと，母親に対する自分達を守れるのだろうかという子ども達の不信感と関連している，との仮説を立てた。子ども達の不信感は母親がトラウマ性ストレス症状に苦しみながら，子ども達を世話しようとする，母親の苦闘によってひどくなっていた。クルズ夫人のもつ無力感と恐れに対して，子ども達は統制的な行動で反応しているようだった。臨床家はこれらの母子関係のパターンをアタッチメント－養育システムにおける無秩序さ（Lyons-Ruth et al., 1999；Solomon & George, 1999）を示すものだと見なした。暴力に続く苦痛を姉よりもアンソニーは経験していたようだが，それは単により多くの虐待を目撃してしまったということだけではなく，彼がより幼く，世界における安全感のために両親に対してより依存していたため（Lieberman & Van Horn, 2005）でもあったのだろう。これらの仮説は治療における臨床家の

第6章　アタッチメントとトラウマ

介入の手引きとなった。

治療セッション

　子ども－親心理療法は通常，毎週約1時間，家庭か，または医療機関で行われる。臨床家とクルズ夫人は，家庭ではなく，医療機関で行うことにした。クルズ氏が，子ども達が治療を受けることには納得してはいたものの，彼自身は治療に加わらないことを選択したためである。臨床家とクルズ夫人は，子ども達が2人とも症状を表しており，2人が比較的近い年齢と発達段階で，またクルズ夫人が治療のために利用できる時間が限られていたため，2人の子どもに対して同時に治療を行うことに同意した。

　クルズ夫人とアンソニー，マリアは1年に及ぶ子ども－親心理療法の40セッションに参加した。治療にはさまざまな切り口があり，臨床家は精神分析理論，社会的学習理論，認知行動療法，および子ども－親心理療法の統合モデルを用いる他のアプローチ（Lieberman & Van Horn, 2005）に頼りながら進めていった。しかし，ここでの議論の目的のために，われわれはアタッチメントとトラウマの間の相互作用を際立たせる治療の側面に焦点を当てる。臨床場面の一部を報告する中でわれわれは，二重のレンズの使用がどのように臨床的問題を明らかにし，治療における特別な介入を手引きするかを説明していく。

知ってはならないことについて知ること…

　治療開始に先立って，臨床家はクルズ夫人に，自分たちが治療に来ている理由を子ども達がどのように理解しているかを尋ねた。クルズ夫人は，これまで一度も子ども達と治療について話したこともなければ，父親の暴力について話し合ったこともない，と答えた。「子ども達は父親が私を叩いたために1か月間拘留されることになったことを知りません。私はアンソニーとマリアに父親は友達のところに行って，しばらくいないと言いました」と彼女は語った。しかし，臨床家がさらに尋ねると，クルズ氏が家に戻った後で彼女とクルズ氏が投獄について話しているのを，子ども達が盗み聞きしていたことを認めた。

　臨床家はクルズ夫人に，子ども達に暴力について知らせ，家で見た怯えさせ

る出来事について話すのを助ける人に会うためにここに来ている，と子ども達に話すことの重要性について説明した。クルズ夫人はそれを行うのを手伝ってくれるように臨床家に求めた。マリアとアンソニー，そして母親との最初のセッションにおいて，臨床家は「私は，自分達に起きた怖いことについて，どのように感じていいか分からなくなったお子さんや親御さんのお手伝いをしているの。そういうことをお母さんが知って，あなた達をここにつれて来たのよ」と言った。すぐにマリアは，「パパが怒って私が怖くなったみたいに？」と言った。「ええ，あなた達のパパが怒ってあなた達が怖がったみたいによ」と臨床家は答えた。アンソニーは，それとは違う反応を示し，「パパは今家にいるよ。パパは戻ってきたんだ」と言った。母親は臨床家に，「この子は何度もそう言うんです。いまだに昼寝から起きると大声で父親を呼ぶんです」と言った。「アンソニーにとって父親が本当に家にいると信じるのは未だに難しいようですね」と臨床家は答えた。アンソニーに向かって，「パパは長いこといなくなっていたのね。でも今は家にいて，もうどこかへ行ったりしないわ」と話しかけた。

　父親の怒りとマリア自身の恐れを彼女が素早く認めたことは，彼女がいつも父親の暴力に気付いていたことを明確にした。マリアは恐怖を感じる状況から守られていたと母親は信じていたので，そのことは特に注目に値した。たとえ暴力が止まっても，子ども達の情緒的な後遺症は持続している。少女の言葉は，たとえ非常に幼い子ども達であっても，彼らを治療に連れてくることになった，怯えさせる出来事を認めることで心が解放されうることを示している。

　アンソニーの反応は，この少年にとって父親からの分離は，まだ家族の中で認められていなかった更なるストレッサーであることを示していた。おそらくこのために父親が家に帰ったことについての彼の確信は依然として稀薄だったのだろう。アンソニーの言葉はまた，父親との関係における切望と恐れが共存していることを明らかにした。子どもが暴力的な養育者に対して感じているかもしれないアンビヴァレンスを認めることは，多くの場合，彼らの混乱した内的反応を正常化する助けになる。

第6章　アタッチメントとトラウマ

　クルズ夫人は暴力に関してずっと黙ったままでいたが，それは暴力を振るわれた母親の間では一般的なことである。親は多くの場合，虐待について恥ずかしいと感じ，忘れたいという願望もあり，あるいは子ども達が影響を受けないままでいて欲しいという願いなどのために，暴力の存在を否認する。クルズ夫人やアンソニー，マリアにとって，DVとクルズ氏のそれ以降の不在は，ことわざ通り（"elephants in the room"）の，気味悪く迫る，誰の目にも明らかであるにもかかわらず，しかし決して知られることのない問題だったのである。

（訳注4）

　ボウルビー（Bowlby, 1979）が影響力のある論文"知ってはならないことについて知り，感じてはならないことについて感じること"で論述したように，子どもの現実を否認することは長引く有害な影響を与えうる。とても幼い子ども達が，両親間の暴力や愛する人物の死，あるいは地域の暴力といった怯えさせる出来事を目撃すると，その経験の意味を理解し，その感情に対処するのを助けてくれるアタッチメント対象に子どもは頼ろうとする。とはいえ，あまりにも頻繁に親自らが同じ出来事によってトラウマを受けていたり，あるいは過去の脅かされた経験の記憶に反応していれば，そのアタッチメント対象はこの過程において子どもの助けとなることが出来ない。最近起きたトラウマに対して治療を求める親の多くは，死や離婚といった他の困難な出来事について，子どもたちと一度も話をしたことがない。その結果，トラウマの経験は静かに，知られることなく，お互いの上に積み重なることとなる。このことは，子どもと養育者との関係を損ない，トラウマからの回復を遅らせる。

　トラウマを経験した家族への子ども－親心理療法の主要な目標の1つは，彼らが"話せないことについて話す"ことが出来るようにすることである。非常に幼い子ども達には，遊びを通じてなされるだろう。より発達した言語を有している年長の子どもの場合には，トラウマ的出来事について話し合う方がふさわしいだろう。

（訳注4）英語の慣用句で，誰の目にも明らかであるにも関わらず，それについて語ることを避けている問題。

アタッチメント関係内部での危険と安全

　危険と安全という2つのテーマはトラウマを経験した家族との子ども-親心理療法において優位を占めるものである。治療に先立って必要になるのは，現実の生活と治療の場の両方における安全性の確立である。暴力を目撃した子ども達は"安全基地"（Bowlby, 1969/1982）の崩壊に苦しみ，養育者が彼らを安全な状態に保つ能力を持っているとは信じない。子ども達の消えない恐れに気付かない親は多い。治療者の役割はこれらの恐れを命名して，正常化する一方，家庭における安全性を増加させるために効果的な振る舞いを親が取れるように手助けすることである。

　この介入では，関係性におけるクルズ夫人の安心感が定期的に査定されており，そこには，もし夫によって再び脅かされると感じるならばその時には従うと同意した，彼女と子どもに対する安全計画の作成が含まれていた。しかし，以前まで暴力的であった父親が家に戻るのを彼らの母親が許すことにしたため，アンソニーとマリアにとってこの安全の問題はより複雑なものとなった。父親はもはや攻撃的ではなく，妻や子ども達との関係を修復しようとしていたものの，彼の過去の暴力は子ども達の感情や行動に影響を与え続けていた。治療者の役割は，それが現実的で正確である範囲で，現在の安全性についての視点で子ども達を手助けしながら，子ども達の恐れについて話し合うよう促すことだった。

　2回目の治療セッションで，臨床家は子どもたちが恐れていることについて，「ママは，あなた達が見た恐ろしいこととか，パパがママを叩いたのを見た時のこととかを話せるように，あなた達をここにつれて来たのよ」と話しかけた。「あなたたちは怖い記憶を持っているのね，でもママは今ではパパが安全だと感じていて，だからパパはまた一緒に暮らしているけど，あなた達にとってはそれはちょっと用心したいような気持ちになるのね」と臨床家は続けた。クルズ夫人は「お母さんはパパが安全でないと感じたら，パパを家の中に入れないわ」と言った。するとマリアが「パパは時々怖いこと言う」と言った。臨床家がこの「怖いこと」についてマリアに尋ねると，マリアは「時々パパは怒って

第6章 アタッチメントとトラウマ

話してるの。ママが泣いてるのを聞いたら私も怖くなる……ママにケガをして欲しくない」と答えた。母親は非常に悲しそうに見えた。臨床家は続いてクルズ夫人にこのことを子どもから聞いてどんな気持ちかを尋ね，彼女は「聞くのが本当に辛いです，私の役割はこの子たちを守ることなのに」と答えた。クルズ夫人と臨床家はそれから，クルズ夫人が夫をこの話し合いにどうやったら連れて来ることが出来るのか，そして，たとえ親が時々口論をしていたとしても，家庭は今では安全なのだと子どもたちに確約する方法を夫婦としてどうやって見つけられるのか，について話し合った。

　このセッションにおいて，傷害や恐れから保護されるために，子ども達が彼女を頼ることについて，クルズ夫人は素晴らしい洞察性（insightfulness）を示した。この洞察の上に立って，過去のトラウマを認め，また，子ども達の将来に対する安全感を提供するよう努力することで，親とのアタッチメント関係において子ども達の安全性を増進できるよう，臨床家はクルズ夫人を援助した。

子どもの無力感：アタッチメント関係内で過去のトラウマと結びつけること

　アセスメント期間においてそうであったように，アンソニーは家庭や学校，治療の場において，場面移行の難しさを抱え続けていた。例えば，治療セッションの終わりの時間が来ると，彼は突然泣き始め，床に身を投げて大声でだだをこねた。これらのエピソードの間，クルズ夫人は困惑し，いら立っているようだった。腹立ち紛れに，彼女は家に戻った時にお気に入りのおもちゃを取り上げると脅した。このやり方ではアンソニーを泣き止ませることができなかった。5回目のセッションで，臨床家はアンソニーに言ってみた。「さよならを言うのはあなたにとってとても難しいのね。あなたをとても混乱させるのね。」アンソニーは臨床家を見上げたが，何も言わなかった。「彼にとってある場所から離れることは，家やここ，保育所でさえ難しいことであるようです」と臨床家はクルズ夫人に観察所見を伝えた。クルズ夫人は彼が簡単に欲求不満に陥りやすいと言った。「あの子はいろいろなことを思った通りにしたいんです。ニンジンをお肉につけないみたいな。」臨床家は「彼は物事を少し自分のためにコントロールしたいように見えますね。小さな子にとっては特に自然な

185

ことでしょうけれども。それは家では時々物事をコントロールできないと感じていたからじゃないでしょうか」と言った。クルズ夫人はこれまでそんな風に考えたことはなかったと話した。臨床家はいつごろ時間が終わりになるかを示すことで，アンソニーがさよならを予期する助けになるかもしれないことを示唆した。彼女はまた，アンソニーがどれくらいの時間が残っているかを見ることが出来るように，毎回のセッションに大きなタイマーを持ち込んでみた。家庭や学校において，クルズ夫人は場面移行が生じる前にそのことをアンソニーと話すよう努力を行ったところ，彼のかんしゃくは目に見えて減少した。

　この例において，臨床家は，アンソニーがセッションの終わりや彼の生活の中で生じる，場面移行を取り扱えるように，2方向の治療的介入を行った。まず，彼女は，彼がコントロールできないと感じている状況の困難，例えば，治療セッションの終わりのような時のことなのだが，それを両親間の葛藤や暴力を目撃する時に感じた無力感に対する反応として解釈した。このアプローチはクルズ夫人の息子に対する否定的な帰属に狙いを定めており，彼の過去のアタッチメント対象との間で怯えさせられた出来事に対する理解可能な反応として，子どもの行動を枠付けし直すものであった。クルズ夫人はその後もっと辛抱強く，子どもを理解するようになり，こうした態度の変化はアンソニーが苦痛を感じた際にそれをなだめる彼女の能力をだんだんと改善していった。アンソニーの心的外傷後の無秩序な症状は，親子関係の質の改善と並んで減少した。臨床家はまた，アンソニーが先にある場面移行を予期することをクルズ夫人が手助けできるために具体的にどうしたらいいかを提案し，クルズ夫人は子どものその時の発達段階において魅力的に感じられる新しい時計を持ち込むという効果的な行為を手本とした。

子どもの過度の警戒心を理解すること：アタッチメント対象を守ること

　セッション10で，クルズ夫人は子ども達が朝，時間通りに学校へ行く準備をするのに問題があることに触れた。臨床家はどちらの子ども達も，毎日起きる時に依然として疲れていることを知った。子ども達の睡眠のリズムを尋ねると，いつも子ども部屋のテレビを一晩中つけっぱなしにしており，子ども達は夜遅

くまでテレビを見ていることをクルズ夫人は報告した。臨床家は，テレビを消して，子ども達が早く眠れるようにすることが，なぜクルズ夫人にとって難しいのかを尋ねた。クルズ夫人は当たり障りのない，あいまいな回答をした。最終的に，臨床家は尋ねた。「この話題を無理強いしているのでしょうか？　テレビについてどうしたいのかはっきりしていないように感じるのですが。」クルズ夫人は**自分**はそれについてどうすべきなのか分かっていないと言った。彼女は，「私がテレビを消しても子どもがまたつけるでしょうから」という理由で，自分がどうしようとそれは問題ではないと付け加えた。「どうも，寝る時にどうするかを子ども達の方がたくさんコントロールしているようですね。どうしてそうなっているのでしょう？」と臨床家はコメントした。クルズ夫人は突然静止し，何かに撃たれたように見えた。「多分ですけど」と彼女は控えめに言った。「私たちが一番喧嘩をしていた時間だったので，夜遅くにテレビを見ていたのだと思います。」

　子ども達に向かい，臨床家は「ママがケガするのをあなた達が心配しているのは分かっているわ。ママと私は，あなた達がママを心配しているので夜遅くまで起きているのではないかと思っているの」と言ってみた。マリアはうなずいた。「目をつぶると」と彼女は言った。「怪獣が見えるの。」アンソニーはそこで声を上げた。「パパの怪獣！」母親は動揺し，治療者に尋ねた。「この子達はパパを怪獣といってるのでしょうか？」臨床家が「子ども達は何が起きたかを覚えていて，今でもそれを怖がっているということを話しているんだと思います」と返すと，クルズ夫人は「そんなことは全く知りませんでした。マリアが怖いから眠りたくないんだとは思いませんでした」と応えた。「子ども達はあなたとお父さんが家の中を自分達のために，安心できるものにしようとしていることは，知っているのだと思います。でも，今でもまだ父親が再び暴力的になるかもしれないことを心配してもいるのだと思います。落ち着いてそんなに心配しなくてもいいというサインを，子ども達はあなたに求めているのだと思います。おそらく，テレビを消して，早い時間にベッドに寝かしつけることによって，今はもう安心できるようになっているのだと彼らが分かるようにす

ることが大切なのでしょう」と臨床家は話した。これに対し，クルズ夫人は驚いて，その提案に興味を示した。

このセッションにおいて，臨床家は子ども達の就寝時の習慣に関わっていくクルズ夫人のアンビヴァレンスと無力感を見抜いた。トラウマを負った母親が自らの養育について話す際には，自分達を無力で受け身的なものとして描写することが多い。子ども達については，それと対照的に，コントロールできず，何ともしようのないものであるかのように語られたり，あるいは極度に早熟で母親の世話をしているように描写される。こうした母親達は子どもの養育を放棄してしまったようで，このちゃんとした養育のない状況への反応として，子ども達は親子関係を逆転させてきた (Lyons-Ruth et al., 1999；Solomon & George, 1999)。クルズ家におけるこの制御不全のアタッチメント―養育パターンの事実と向き合い，臨床家はクルズ夫人のために，過去の暴力に根ざした子ども達が持つ父親に対する未解決の恐れを明確にしようとした。同時に，臨床家はクルズ夫人に，彼女自身と子ども達の無力感を減らすためにどうしたらよいかの計画を示し，それによってきっとうまくいくことを伝えることで，この方法を持ちかけてみた。この介入に従って，クルズ夫人は夜間にテレビを消すことが出来，子ども達が抗議することなくベッドで寝入ったことに驚いた。子ども達がこの新しい習慣に簡単に慣れたことは，彼らが健康で安心していられるように，就寝時間をついに母親が決めてくれたので，不安や心配が取り除かれて，心から安らいだことを示唆していた。

アタッチメント関係内における攻撃性：母親にとってのトラウマの引金

セッション17において，クルズ夫人はまゆをひそめて治療室に入った。彼女は疲労し，青ざめているように見えた。対照的に，子どもたちは幸せそうに部屋の中に走って入り，お気に入りのおもちゃを探し始めた。ほとんどすぐに，クルズ夫人は娘が今週"悪い"状態だったと不平を述べ始めた。マリアは挑戦的で，統制的で，また操作的でもあったと彼女は言った。臨床家はこれについて少し探ってみようとし，子ども達をその話し合いに入れてみた。「ママは家であったことで気持ちが混乱しているようよ。ママは，マリア，あなたがあま

り良くやっていなくて,今どうしたらいいか分からないと言っているの」と臨床家は話しかけた。マリアは臨床家をチラッと見て,床の上でおもちゃのトラックで遊び続けた。母親は「マリア,あなたに言ってるのよ。聞きなさい！」と言った。マリアは突然母親を見上げ,母親を叩こうとするかのように手を上げた。クルズ夫人は座っているところで凍りつき,何も言わなかった。その瞬間アンソニーがマリアの側に歩み寄り,マリアの靴を踏んだ。マリアはワッと泣き出し,慰めを求める乳幼児であるかのように母親のひざに這っていった。クルズ夫人はマリアを抱きしめ,優しくゆすった。母親と娘はどちらも安堵したようだった。臨床家は,母親と子どもが葛藤から素早く抜け出したことを感じ,何が2人を悩ませてきたのかという話題に戻れるかどうかを尋ねた。「話し合うべき大事なことが少し前に起きたように思います。私はマリアが,足を踏まれたからではなく,その前にあなた方2人の間で起きたことで泣いているのではないかと思っています。それはあなたが今週マリアのことでどのように動揺していたか話していた,そのことのように思えます。マリアが私の質問に答えなかった時にあなたは怒りましたが,マリアはそこでとても怒り,動揺し,あなたを叩かなければいけないように感じたのです」と話した。少女は臨床家を見つめ,うなずき,母親のひざに深く這い上がった。臨床家は母親と2人の子ども達に向かい,「でも人を叩くことは間違ったことなのよ。前にパパはママを叩いたわね。それはとても怖いものだったでしょう。今,マリアがママを叩こうとするのを見るのはママには怖いことなの,だってパパとの怖かった時をママは覚えているのだから」と言った。

このマリアとクルズ夫人の相互作用は,トラウマとアタッチメント理論の二重のレンズを通じて理解することが出来る。トラウマの観点からそれを検討すれば,マリアの母親に対する行使寸前の暴力は彼女の父親という攻撃者への同一化として理解される。クルズ夫人の凍りついた反応は,マリアが手を上げることが,夫による暴力の記憶を思い起こす引金になったかもしれないことを示唆していた。アタッチメント理論からは,マリアは母親の無力さに直面し,それを統制する方法として暴力を使おうとし,それは乳幼児期の無秩序さから就

学期の統制的な行動へと至る確認された軌跡（Solomon & George, 1999）と一致するパターンであったことが示唆される。臨床家は，母親と子どもに観察された不健全な循環を破るための介入でこれらの仮説を用いた。クルズ夫人の反応をトラウマ性のストレス反応として解釈し，母親と子どもに説明するために父親の暴力と結びつけた。娘の怒りと母親の恐れを認め，母娘の内的経験を言葉にした。同時に臨床家は母親に，娘の攻撃性を無視せず，それを前にして無力であり続けないことで適切な行動のモデルを示し，アタッチメント関係内における安全性は暴力を制限することで生まれることを示した。

アタッチメント関係内においてトラウマを思い出させるものを特定すること

セッション20において，クルズ夫人はアンソニーが前日の夜お漏らしをしたことを報告し，治療開始時以来お漏らしがなかったため，このことで彼女は驚いていた。臨床家はクルズ夫人に，アンソニーにとってこの退行の引金となったような，最近の生活上の変化がなかったかについて尋ねた。クルズ夫人はしばらく考え，「その，仕事のシフトが遅かったので，夫が夜遅く，だいたい夜中の3時くらいでしたが，仕事から帰ってきました」と言った。臨床家からの質問に，クルズ夫人は，夫が子ども達の部屋の前を通った時，アンソニーがまるで凍りついたようにベッドに立ち上がっているのを見たことを説明した。彼は父親を見つめ，ベッドの上に立ったまま排尿した。臨床家はクルズ夫人に，夫がそれまでに夜中に帰宅したことがあったかどうかを尋ねた。クルズ夫人は思案し，「ええ，彼は喧嘩の後よく家を出て，夜遅い時間まで帰ってきませんでした」と言った。そこで臨床家は，アンソニーにとって夜中に父親が家に帰ってくるのを見ることは，暴力のエピソード後に父親が遅く帰宅した別の時のことを思い出させたのかもしれないことをそれとなく伝えた。父親の遅い帰宅はアンソニーにとって「トラウマを思い出させるもの」であったのだろう，と臨床家は説明した。「ちょっと思うのですが，どうしたらアンソニーが今と過去の違いを理解する手助けが出来るのでしょうか」と臨床家は尋ねてみた。クルズ夫人はアンソニーの方を向いたが，彼は床の上でパズルで遊んでいた。彼女は「パパとママは今はお互いに怒ってないことを知って欲しいの。パパは

第6章 アタッチメントとトラウマ

新しい仕事に就いて，たまに夜働く必要があるから，昨日の夜は遅く帰ってきたの。でもパパとママは喧嘩しているわけじゃないのよ」と言った。アンソニーはうなずいたが，何も言わなかった。クルズ夫人は臨床家に「この子がどれくらい覚えているのか考えるのは本当に難しいわ」と言った。臨床家はうなずき，「それを実感するのは難しいに違いありません。ご主人とあなたの葛藤の多くが過去のものであるとしても，それは子ども達にとっては，今でもまさしく目の前にあるかのように感じられているということを，私達は学んでいるところなのだと思います」と話した。

父親が夜遅く家に戻ってきたのを見た時のアンソニーの凍りついた姿勢とお漏らしは，無秩序型の行動であるように見え，おそらく慰めを求めて父親に接近し，恐れのために父親を回避しようとするアンソニーの矛盾した衝動から起きてしまったのだろう。この事例において，アタッチメント対象は子どもにとってトラウマを思い出させるものとなっていた。クルズ氏の遅い帰宅は，アンソニーの無秩序な行動を引き起こしたが，このことはPTSD反応とアタッチメント関係内における無秩序さの潜在的な重複を際立たせているのである。

トラウマにさらされた子ども達は，環境にある何らかの手がかりによって，その脅かされた経験を思い出し続ける可能性がある。これらのトラウマを思い出させるものが養育者によって同定されないままであると，子どもは多くの場合に予測できないほどの，軽減されることのない恐れを感じ続けるために，その子の安全感はむしばまれる。トラウマを思い出させるものの意味を認識し，理解しそこなう養育者は，また，子ども達を拒絶し罰することで，子どもの症状をはからずも悪化させるのだろう（Lieberman & Amaya-Jackson, 2005）。ひとたび子どもにとってのトラウマを思い出させるものが特定されれば，最も効果的な介入はその引金を子どもの環境から取り除くことである。これが不可能な場合には，養育者は徐々に子どもを安全で調整された方法で，その思い出させるものにさらしてもよい。適切な言語スキルを有する年長の子ども達には，トラウマを思い出させるものの発生を予期する手助けをし，否定的な情緒の解決に対処することを援助できる。父親の遅い帰宅の非暴力的な意味について話

すことで，クルズ夫人はアンソニーがだんだんとこの経験をそれまでの怯えさせる意味から切り離すのを助けたのである。

アタッチメント関係内においてトラウマの語りを作ること

　子ども－親心理療法の主要な治療戦略の1つは，多くの場合断片化したトラウマの記憶を，何が起こり，どのように理解し，感じているかという部分から生成された1つの素材へと編んでいきながら，子どもと親が共同のトラウマの語りを構築するよう助けることである。物語は言語的に，あるいは遊びを通じて語られるかもしれず，それは子どもの発達水準と，表出性言語を容易に扱えるかどうかに依拠している。子ども達が自らの最も内部の経験を描写するのによく遊びを用いるために（Erikson, 1950; Slade, 1994），遊びは共同の物語を作り始める入り口となることがある。

　クルズ家においては，5歳のマリアが自らの父親の暴力についての経験を言葉にし始めていた。数回の治療セッションの後，彼女は「ママがパパをぶっている時」の恐れや，夜間に両親の部屋で彼らが争っているのを聞いた時の記憶について話すことが出来た。しかし，アンソニーは，マリアが物語を話しているところに治療の比較的後期まで参加できなかった。たった3歳であり，また暴力に続く表出性言語の退行を経験したため，自らの経験を描くためにアンソニーは，言葉よりもおもちゃに惹きつけられた。治療開始時の彼の遊びはきわめて窮屈なもので，ブロックで小さな塔を作り，床の上で小さな車で遊ぶことに集中していた。治療の初期の段階を通じて，彼の遊びにはほとんど象徴的な意味は見られなかった。

　治療が始まって25セッション目に，クルズ夫人は彼女と夫が最近家で言い争いをしたこと，それによって子ども達が2人とも動揺していたようであったことを報告した。クルズ夫人が話す間，子ども達は床の上で遊び，精巧な塔を立てていた。数分後，アンソニーはプレイルーム中央の木製のドール・ハウスに近づいた。彼は男の子と女の子の人形を持ち上げ，それらを2つのベッドの上に置いた。臨床家は，人形たちが眠ろうとしているように見えるとコメントした。アンソニーは真剣にうなずいた。彼はそれから男性の人形と女性の大人の

第6章　アタッチメントとトラウマ

人形を持ち上げ，それらを階下，つまり子どもたちの部屋の下に置いた。彼は2つの人形を一緒に荒々しく，何度も何度も，何も言わずに叩きはじめた。臨床家は「その人形は本当にケガをしているように見えるわね。あなたが前に見たり聞いたりしたことを私たちに見せようとしてるんじゃないかと思うんだけど？」と言ってみた。アンソニーは遊びを続け，女性の人形に「やめてよ，憎たらしい，大嫌い！」と叫ばせた。臨床家がクルズ夫人を見ると，彼女は息子の遊びを見ることに苦痛を感じているようだった。マリアもまた弟を見ていた。彼女はそれから遊びに入った。彼女は父親の人形をつかむと，それを車の中に入れて車を走り去らせた。「アンソニーとマリアは，私達にあなたと父親がけんかしている時のことについて，それから父親が家を出た時のことについて伝えているのでしょうか？　子ども達は上の階の自分たちの部屋にいて，全てを聞いていたのでしょうか？　子ども達にとって，それはとても怖かったに違いありません」と臨床家は言った。「パパがママを突き飛ばして，ママに大声出して，怖かった」とアンソニーは言った。臨床家はうなずいて「パパがママをぶつのを見るのはとても怖かったわね」と話しかけた。クルズ夫人は息子を慰めようと動いた。彼女は息子に腕を回し，それから娘を見て，「ママとパパはケンカをしたし，それは怖かったでしょうね。パパは牢屋に行ってしまって。でももうパパとママはこれ以上争わないようにしているの。パパとママはもうこれ以上あなた達を怖がらせたくないの」と言った。

　治療の比較的後期まで，怯えさせられた経験についてアンソニーが物語を語ることに加わることはなかった。子ども達は彼ら自身の発達と成熟のための時間を必要としており，臨床家にとって，彼らを早く"治す"ようにという外部の圧力がありながらも，彼らのリズムを尊重することは重要なことである。アンソニーの語りを支え，また彼の怯えさせられた記憶に彼自身のペースで近づくことを可能とするようなおもちゃを提供することで，臨床家はアンソニーと，彼が現在いる発達段階において出会い，同時にその成長を育もうとしていた。クルズ夫人は初め息子が暴力の場面を最後まで演じようとするのを見るのに苦しんでいるようだったが，ついには語りに加わり，息子を慰めることが出来た。

治療開始時には，これは彼女には出来なかったことかもしれない。その時彼女は暴力を思い出させるものに対し，今よりも回避的であるように見えたのである。

治療の残りの期間を通じ，アンソニーは彼が乳児の時に目撃した葛藤と暴力の場面を精緻化し続けた。治療者と母親，そして時にマリアが彼の遊びの局面に言葉を加え，アンソニーは彼のトラウマ的経験の語りを構築した。治療期間の終わりには，アンソニーは父親と残りの家族の再会と和解の場面をも加え，トラウマだけではなく，回復の物語をも作っていることを示唆した。

十全なさよなら：親密な関係の終結を計画すること

心理療法に関与した全てのクライエントには，とりわけトラウマを経験した子ども達とその親達には十分配慮された治療の終結が必要不可欠である。養育者からの分離や喪失を経験した，あるいは説明なしに生活において重要な対象が不在であった子ども達や親達にとって，関係を終わらせることはこの上ない苦痛でありうる。子ども－親心理療法の経過の間に，子どもや親への安全の港を提供するよう一貫して焦点化していることで，臨床家は代理のアタッチメント対象の役割を得ているのかもしれない。治療終結はクライエントと臨床家にとって困難であるかもしれないが，それはまた"十全なさよなら"を経験する機会を提供するものでもある。分離や喪失は知らされ，予期しうるものであり，そうした経験は必ずしも愛の喪失ではない（Lieberman & Van Horn, 2005）ことを臨床家は伝えられるだろう。

セッション30において，臨床家は数週間後に治療が終わることを告げた。「ここに1年近く通って来たけど，そろそろ終わりになるのよ，ここに来たのはその前に起きた怖いことについて助けて欲しかったからだったことを思い出してね」とクルズ夫人は子ども達に向かって話した。マリアは絵を描き，アンソニーはプレイドー(訳注5)で遊んでいた。子ども達は重々しくうなずいた。臨床家は，「私達はパパがどんな風にママをぶったかとか，それが起こっているのをどん

（訳注5）合成粘土の商品名。

な風にあなた達が見たかを話してきたわね」と付け加えた。マリアは,「パパはママにほんとに意地悪なことを言ってた。でももう意地悪なことを言ってない。今はすごくいい人」と答えた。「そうね,ママはパパがすごくたくさん良い方向に変わったって,今は安全な人になったって私に言ったわ」と臨床家は応えた。2人の子ども達はうなずいた。臨床家はクルズ夫人を見て,「ママはパパに家に戻ってあなた達と一緒に住んで欲しいけど,それはパパが安全で,そういう意地悪なことを言ったりしなかったら,って言ったの。そんな風になったように聞こえるんだけど,ママ,そうかしら？」と言った。クルズ夫人はその通りだと答えた。「色んなことはあなたの望んだようになってきたと感じられるかしら？」と臨床家は尋ねた。「ええ,それは正しい選択でした。子ども達に父親なしで育って欲しくなかったんです」とクルズ夫人は答えて言った。

この相互作用のすぐ後で,臨床家はクルズ夫人に治療を終えることについてどう感じたかを尋ねた。「ここに来ることは本当にためになったし,子ども達にもそうです」と彼女は言った。臨床家はどんなことが良くなったかを彼女に尋ね,クルズ夫人は「あの子達と怖いことについて,どんなことが起こったかを話せるようになりました。今では良いことだけではなくて,起こった悪いこと,良い感情と悪い感情についても話せます。それから,先週子ども達がリビングルームを散らかしていて,のりを床にこぼしたんですけど,1年前の私の反応とは違っていました。あの時はすごく怒っていました。でも今は,そういう些細なことでは動揺しなくて,あの子達をもっと冷静に見ています」と説明した。

クルズ夫人の言葉からは,この治療が彼女や子ども達にとってうまくいったものであることが窺えた。彼女はもはや夫の暴力について子ども達と話し合うのを避けることはなく,今では,父母に対する良い感情も悪い感情も認められるように子ども達を手助けすることができた。子ども達の誤った行動に対して,すぐに怒りで反応しやすかった過去の自分の傾向についての洞察を得たようで,子ども達に対する彼女自身の反応をよりコントロールできると感じていた。ク

第Ⅱ部　アタッチメント理論と心理療法

　ルズ夫人はもはや治療開始時にそう見えたような無力な親ではなかった。彼女は今や子どもの気持ちに共感し心配りができ，子ども達の世話をきちんと自発的にできる人であった。治療後の査定によって，クルズ夫人はもはやPTSDとは診断されず，日常生活において最小限の不安を経験しているだけであることが明らかになった。彼女はまた，以前より養育に大きな喜びを感じ，夫に対する信頼感が増し，そして，一緒に生活の諸々を協働することが増えたことを報告した。

　子ども達の健康や安心感もまた，明らかな改善を果たした。アンソニーは，もはや夜のお漏らしをしなくなり，家でも学校でもかんしゃくを起こさず，姉に対して不適切に攻撃的になることも，また父親への怒りを示すこともなくなった。表出性言語もかなり改善した。トラウマ性ストレス症状もPTSDの基準に達しないところまで改善した。治療後のアセスメントの期間における最後の母親との遊びや分離－再会において，アンソニーは母親からの助けを借りて複雑なパズルを完成させることが出来，ブロックで塔を立てるという彼の目標を達成する前に遊びを終えなければならない欲求不満に耐えることが出来た。母親が分離－再会課題で部屋を離れた時，彼は母親が立ち去ることに注目したが，戻ってくるまで意欲的におもちゃに携わり，母親が遊びに戻るのを歓迎した。

　マリアもまた母親と弟との治療から恩恵を得たように思えた。弟のように，毎晩早い時間にベッドに入り，もはや目を閉じた際に「怪獣」を見ることはなかった。ゆっくり休んで，一日を始める準備をして目覚めた。母親に対して以前に比べ攻撃的でも統制的でもなく，より協調的であった。治療の終わりにおける分離－再会のエピソードでは，部屋を離れる母親にじゃあねと言い，母親が戻ると赤ちゃんの人形を使った穏やかな遊びに母親を招き入れた。

子ども－親心理療法の結果：研究が明らかにすること

　子ども－親心理療法はマリアとアンソニー，クルズ夫人のトラウマ症状を軽

減させ，アタッチメントと養育関係を改善するのに役立ったようだった。しかし，その結果は他の家族にも一般化できるだろうか？　現在のところ，この治療によるアプローチがDVを目撃した就学前の子どもと母親にとって，大いに効果があることが研究によって示されてきている。地域における通常のケースマネージメントや処遇を受けた群に比べて，子ども－親心理療法を1年間受けてきた群は，問題行動と心的外傷後のストレス症状が有意に少なかった。子どもの母親もまた暴力に関連したトラウマ性記憶の想起に対する回避が有意に低かったことが分かった（Lieberman, Van Horn, & Ghosh Ippen, 2005）。これらの結果は治療終了後6か月経っても維持されていた（Lieberman, Ghosh Ippen, & Van Horn, 2006）。

　われわれはまだ，DVにさらされた就学前児のこのサンプルにおける親子関係の質に治療の効果がどのようにあるのかについてデータを分析しているところだが，先行研究は子ども－親心理療法がアタッチメント関係にとって有益であることを示している。例えば，低収入のラテン系の母子対のサンプルで，子ども－親心理療法を受けた乳幼児は，治療を受けていない統制群に比べて，不安定なアタッチメントを形成する傾向が低く，そして，母親との協調的な関係が築かれやすいことが示された。母親もまた，より高い水準で，共感性と子どもとの相互作用性を示した（Lieberman, Weston, & Pawl, 1991）。子ども－親心理療法はまた，不適切な養育を受けた就学前児が有する，自分自身と母親とのアタッチメントに関連した表象の改善に効果的であること，同様に母子関係についての期待に効果的であることが示された（Toth, Maughan, Manly, Spagnola, & Cicchetti, 2002）。最後に，子ども－親心理療法を受けたうつの母親を持った乳児は，治療を受けていない統制群の乳児に比べて，母親との間で有意なアタッチメントの安定性の増加と無秩序型の行動の減少を示した（Cicchetti, Toth, & Rogosch, 1999）。これらをまとめて考えれば，こうした発見からは，子どもとその親を怯えさせる出来事から回復するのを助けるために，子ども－親心理療法がアタッチメントとトラウマの枠組みを効果的に統合していることが示唆されるのである。

結　論

　この章でわれわれは，トラウマを負った子どものアセスメントと治療は，アタッチメントとトラウマの二重の枠組みを用いて行われるべきであることを提起した。トラウマ的な経験は子どもの養育者とのアタッチメント関係の質に衝撃を与え，同時に，子どものアタッチメント関係はトラウマが発達に与える衝撃を和らげうる。子ども－親心理療法はこうした原則に基づいており，また子どものトラウマからの回復は，彼らの養育者との重要な関係性の文脈の中で行われるべきであるとの結論に基づいている。

　DVを目撃した子どもの事例は，アタッチメントとトラウマの相互作用を際立たせる。養育者は危ないことからきちんと守ってくれる者である，という子どもの信頼感をDVは直接的に崩してしまう。DVはまた子どもと養育者を怯えさせ，潜在的にトラウマを負わせる効果を持つだけでなく，慰めと安全を求める子どもからの信号に対して，親が否定的な帰属を行ったり，怒ったり，あるいは，応答に失敗したりすることにつながる。こうした経路のいずれもが無秩序型のアタッチメント関係へと通じうるのである。

　DVはしかし，それまでの子どもと親の安定的な関係を脱線させるトラウマ的な出来事の1つの例である。子どもはあらゆる種類の怯えさせる出来事への情緒的反応を意味付け，それを調整するために，自らの養育者を当てにする。したがって，幼い子どもの生活における全てのトラウマ的経験—それが非人為的な外的力の結果であれ，親による行為のためであれ—は，家族成員一人一人と彼らの関係性のパターンに不健全な影響を与えることで，アタッチメントシステムを制御不全にする潜在的な力を有している（Lynch & Cicchetti, 2002）。トラウマとなる出来事が家族システムに不健全な衝撃を与えることは，高リスクな母集団において無秩序型アタッチメントの比率が上昇すること（van IJzendoorn et al., 1999）からも明らかである。そこでは，幼い子どもとその親達は家庭内暴力や地域暴力，他のトラウマ性ストレッサーに，より多くさらされや

第6章 アタッチメントとトラウマ

すいのである。アタッチメントパターン形成における現実生活の出来事の衝撃に焦点を当てているボウルビー（Bowlby, 1969/1982）と一致しながらも，これらの発見はボウルビーのアタッチメント理論が親子関係だけではなく，家族生活に外部のストレッサーが与える衝撃にまで拡張されることを示唆している。われわれはトラウマや子どもの傷つきやすさ，およびアタッチメント関係を査定することによって，臨床家と研究者がトラウマとアタッチメント理論との間に非常に必要とされている橋をかけることが出来ることを提案する。子どもの精神衛生の問題の病因論とその永続化における環境要因の役割に対する，持続的な臨床的配慮を組み込むことで，そのかけ橋は可能となるのではないだろうか（Lieberman, 2004 ; Lynch & Cicchetti, 2002 ; Pynoos et al., 1999）。

　クルズ家の場合，乳児期における無秩序型アタッチメントから始まり，幼児期の統制型の行動や，アセスメント結果を伝えた時の親の無力感の表出，ケース・フォーミュレーションや，治療中の介入内容といった領域に関する研究上の発見を臨床家は利用した。ストレンジ・シチュエーション法やアダルト・アタッチメント・インタビューのようなアタッチメントに基づいた研究の測定法は豊かな臨床的示唆に実証的結果という資産を与えるが，現在までのところ，こうした測定法やその発見をどのように臨床実践に適用して良いかについての議論は比較的少ない。臨床的作業と研究の間には生来の緊張がある。臨床家は1人1人の子どもをその子どもの環境の文脈の中で可能な限り深く，徹底的に理解しようとし，子どもを援助するために通常の発達と発達精神病理学の情報を利用する。対照的に，研究者は子ども達という集団における一般化を狙っているので，測定と符号化をとても正確に行いながら標準化された査定方法を用いる。集団に対して行える一般化はある1人の個人に適用されるかもしれないし，されないかもしれないが，その結果，臨床家は一般化された原則を特定の子どもに適用する際，確証となる臨床的証拠をずっと探していなければならない。より具体的な水準で言えば，ストレンジ・シチュエーション法やアダルト・アタッチメント・インタビューはいずれもその手続きを学び，符号化の信頼性を確保するために，集中的な訓練を要するので，臨床家はこの訓練を受け

る機会も,その気も持てないかもしれないのである。加えて,ストレンジ・シチュエーション法は非常に構造化された中で,一連の時間制限を課した分離と再会の場面があって成り立つものである。この手続が構造化されない治療的文脈にそぐわないと臨床家は感じるかもしれない。

われわれの子どもと親の臨床研究において,家族関係の質やトラウマが関係性に与える衝撃の質について,われわれ自身の理解を拡大するためにこうした測定法を用いてきた。しかし,アタッチメントパターンに沿って子どもや大人を分類することは,子ども達が親に対して回避的であったり,アンビヴァレント的であったり,また,無秩序な行動を取ったりするに至った心理的,対人関係的な過程を同定することに比べれば,それほど重要ではないとわれわれは信じている。あらゆる子ども達は,ある地点で養育者への回避を見せるかもしれない。問題なのは,正常から障害された相互作用の連続線上の,どこにその回避があるかである (Fraiberg, 1981/1987)。こうした観察の文脈を知ることは,その意味を理解する上で決定的に重要なことである。臨床家は,実験室での簡単な分離と再会のエピソードによって引き起こされた行動を越えた,子どもの個別の性格や生活環境についての詳細な知識を有している。そのため,ストレンジ・シチュエーション法やアダルト・アタッチメント・インタビューから提供された情報を解釈し,概念化するのに価値ある役割を演じうる。もしも臨床家が構造化されたアタッチメントの測定法を用いないことを選択しても,それでも子ども集団に基づいた豊かなアタッチメントの文献を掘り起こし,特定の子どもへのアプローチを形作ることが出来るのである。

クルズ家の事例研究は,アタッチメントとトラウマのテーマが,DVや他のトラウマ的な出来事を目撃した子ども達のための子ども-親心理療法全体に行き渡っていることを例証している。危険と安全,無力さ,保護,攻撃性,分離,そして喪失はトラウマのテーマであると同時にアタッチメントのテーマでもあり,怯えさせられる経験を有した子ども達の遊びと語りの中に共に織り込まれるものである。アタッチメントとトラウマの二重のレンズを用いることで,臨床家は子どもの怯えさせられる経験の性質と,それらの出来事が養育者との関

係性に与えた衝撃の両方に語りかける介入を行うことが出来る。そうする中で，治療は，子ども達のトラウマ化された問題だけでなく，彼らの回復をも扱っているのである。

文　献

Ainsworth, M., Blehar, M., Waters, E., & Wall, S. (1978). *Patterns of attachment: A psychological study of the Strange Situation.* Hillsdale, NJ: Erlbaum.

American Psychiatric Association. (1994). *Diagnostic and statistical manual of mental disorders* (4th ed). Washington, DC: Author.

Belsky, J., & Fearon, R. M. P. (2002). Infant–mother attachment security, contextual risk, and early development: A moderational analysis. *Development and Psychopathology, 14,* 293–310.

Bowlby, J. (1973). *Attachment and loss: Vol. 2. Separation: Anxiety and anger.* New York: Basic Books.

Bowlby, J. (1979). On knowing what you are not supposed to know and feeling what you are not supposed to feel. *Canadian Journal of Psychiatry, 24*(5), 403–408.

Bowlby, J. (1982). *Attachment and loss: Vol. 1. Attachment.* New York: Basic Books. (Original work published 1969)

Busch, A., & Lieberman, A. F. (2006). *Maternal attachment representations predict children's IQ following exposure to domestic violence.* Manuscript in preparation.

Chemtob, C. M., & Carlson, J. G. (2004). Psychological effects of domestic violence on children and their mothers. *International Journal of Stress Management, 11*(3), 209–226.

Cicchetti, D., Toth, S. L., & Rogosch, F. A. (1999). The efficacy of toddler–parent psychotherapy to increase attachment security in offspring of depressed mothers. *Attachment and Human Development, 1*(1), 34–66.

Cohen, J. A., Mannarino, A. P., Berliner, L., & Deblinger, E. (2000). Trauma-focused cognitive behavioral therapy for children and adolescents: An empirical update. *Journal of Interpersonal Violence, 15*(11), 1202–1223.

Cook, A., Spinazzola, J., Ford, J., Lanktree, C., Blaustein, M., Cloitre, M., et al. (2005). Complex trauma in children and adolescents. *Psychiatric Annals, 35*(5), 390–398.

Crowell, J. A., Feldman, S. S., & Ginsberg, N. (1988). Assessment of mother–child interaction in preschoolers with behavior problems. *Journal of the American Academy of Child and Adolescent Psychiatry, 27*(3), 303–311.

Erikson, E. (1950). *Childhood and society.* New York: Norton.

Fraiberg, S. (1981/1987). Pathological defenses in infancy. In *Selected writings of*

Selma Fraiberg (pp. 183–202). Columbus: Ohio State University Press.

Fraiberg, S., Adelson, E., & Shapiro, V. (1975). Ghosts in the nursery. *Journal of the American Academy of Child Psychiatry, 14,* 387–421.

Freud, S. (1955). Beyond the pleasure principle. In J. Strachey (Ed.), *The standard edition of the complete psychological works of Sigmund Freud* (Vol. 18). London: Hogarth Press. (Original work published 1920)

George, C., Kaplan, N., & Main, M. (1984, 1985, 1996). *Adult Attachment Interview Protocol.* Unpublished manuscript. University of California at Berkeley.

Hesse, E. (1999). The Adult Attachment Interview: Historical and current perspectives. In J. Cassidy & P. R. Shaver (Eds.), *Handbook of attachment: Theory, research, and clinical applications* (pp. 395–433). New York: Guilford Press.

Hesse, E., & Main, M. (2000). Disorganized infant, child, and adult attachment: Collapse in behavioral and attentional strategies. *Journal of the American Psychoanalytic Association, 48*(4), 1097–1127.

Koenen, K., Moffitt, T., Caspi, A., Taylor, A., & Purcell, S. (2003). Domestic violence is associated with environmental suppression of IQ in young children. *Development and Psychopathology, 15,* 297–311.

Lieberman, A. F. (2004). Traumatic stress and quality of attachment: Reality and internalization in disorders of infant mental health. *Journal of Infant Mental Health, 25*(4), 336–351.

Lieberman, A. F., & Amaya-Jackson, L. (2005). Reciprocal influences of attachment and trauma: Using a dual lens in the assessment and treatment of infants, toddlers, and preschoolers. In L. J. Berlin, Y. Ziv, L. Amaya-Jackson, & M. T. Greenberg (Eds.), *Enhancing early attachments: Theory, research, intervention, and policy* (pp. 100–124). New York: Guilford Press.

Lieberman, A. F., Ghosh Ippen, C., & Van Horn, P. (2006). Child–parent psychotherapy: 6-month follow-up of a randomized controlled trial. *Journal of the Academy of Child and Adolescent Psychiatry, 45*(8), 913–918.

Lieberman, A. F., Padrón, E., Van Horn, P., & Harris, W. (2005). Angels in the nursery: The intergenerational transmission of benevolent parental influences. *Infant Mental Health Journal, 26*(6), 504–520.

Lieberman, A. F., & Van Horn, P. (2005). *Don't hit my mommy!: A manual for child–parent psychotherapy with young witnesses of family violence.* Washington, DC: Zero to Three.

Lieberman, A. F., Van Horn, P., & Ghosh Ippen, C. (2005). Toward evidence-based treatment: Child–parent psychotherapy with preschoolers exposed to marital violence. *Journal of the American Academy of Child and Adolescent Psychiatry, 44*(12), 1241–1248.

Lieberman, A. F., Van Horn, P., & Ozer, E. J. (2005). Preschooler witnesses of marital violence: Predictors and mediators of child behavior problems.

第6章　アタッチメントとトラウマ

Development and Psychopathology, 17(2), 385–396.
Lieberman, A. F., Weston, D. R., & Pawl, J. H. (1991). Preventive intervention and outcome with anxiously attached dyads. *Child Development, 62,* 199–209.
Lynch, M., & Cicchetti, D. (2002). Links between community violence and the family system: Evidence from children's feelings of relatedness and perceptions of parent behavior. *Family Process, 41*(3), 519–532.
Lyons-Ruth, K., Bronfman, E., & Atwood, G. (1999). A relational diathesis model of hostile–helpless states of mind: Expressions in mother–infant interaction. In J. Solomon & C. C. George (Eds.), *Attachment disorganization* (pp. 189–212). New York: Guilford Press.
Lyons-Ruth, K., & Jacobvitz, D. (1999). Attachment disorganization: Unresolved loss, relational violence, and lapses in behavioral and attentional strategies. In J. Cassidy & P. R. Shaver (Eds.), *Handbook of attachment: Theory, research, and clinical applications* (pp. 520–554). New York: Guilford Press.
Main, M., & Cassidy, J. (1988). Categories of response to reunion with the parent at age 6: Predictable from infant attachment classifications and stable over a 1–month period. *Developmental Psychology, 24*(3), 415–426.
Moss, E., St-Laurent, D., & Parent, S. (1999). Disorganized attachment and developmental risk at school age. In J. Solomon & C. C. George (Eds.), *Attachment disorganization* (pp. 160–186). New York: Guilford Press.
Osofsky, J. (2003). Prevalence of children's exposure to marital violence and child maltreatment: Implications for prevention and intervention. *Clinical Child and Family Psychology Review, 6*(3), 161–170.
Pynoos, R. S., Steinberg, A. M., & Piacentini, J. C. (1999). A developmental psychopathology model of childhood traumatic stress and intersection with anxiety disorders. *Biological Psychiatry, 46,* 1542–1554.
Roisman, G. I., Padrón, E., Sroufe, L. A., & Egeland, B. (2002). Earned-secure attachment status in retrospect and prospect. *Child Development, 73*(4), 1204–1219.
Scheeringa, M. S., & Zeanah, C. H. (1995). Symptom expression and trauma variables in children under 48 months of age. *Infant Mental Health Journal, 16*(4), 259–270.
Schuder, M., & Lyons-Ruth, K. (2004). "Hidden trauma" in infancy: Attachment, fearful arousal, and early dysfunction of the stress response system. In J. D. Osofsky (Ed.), *Young children and trauma: Intervention and treatment* (pp. 69–104). New York: Guilford Press.
Schuengel, C., Bakermans-Kranenburg, M. J., & Van IJzendoorn, M. H. (1999). Frightening maternal behavior linking unresolved loss and disorganized infant attachment. *Journal of Consulting and Clinical Psychology, 67*(1), 54–63.
Slade, A. (1994). Making meaning and making believe: Their role in the clinical

process. In A. Slade and D. P. Wolf (Eds.), *Children at play: Clinical and developmental approaches to meaning and representation* (pp. 81–107). New York: Oxford University Press.

Solomon, J., & George, C. C. (1999). The place of disorganization in attachment theory: Linking classic observations with contemporary findings. In J. Solomon & C. George (Eds.), *Attachment disorganization* (pp. 3–32). New York: Guilford Press.

Stamper, J., & Lieberman, A. F. (2006). *Traumatic stress symptoms and cognitive performance in preschoolers exposed to domestic violence*. Manuscript in preparation.

Toth, S. L., & Cicchetti, D. (1996). Patterns of relatedness, depressive symptomatology, and perceived competence in maltreated children. *Journal of Consulting and Clinical Psychology, 64*, 32–41.

Toth, S. L., Maughan, A., Manly, J. T., Spagnola, M., & Cicchetti, D. (2002). The relative efficacy of two interventions in altering maltreated preschool children's representational models: Implications for attachment theory. *Development and Psychopathology, 14*(4), 877–908.

van IJzendoorn, M. H., Schuengel, C., & Bakermans-Kranenburg, M. J. (1999). Disorganized attachment in early childhood: Meta-analysis of precursors, concomitants, and sequelae. *Development and Psychopathology, 11*(2), 225–249.

Zeanah, C. H., Danis, B., Hirshberg, L., Benoit, D., Miller, D., & Heller, S. S. (1999). Disorganized attachment associated with partner violence: A research note. *Infant Mental Health Journal, 20*(1), 77–86.

Zero to Three/National Center for Clinical Infant Programs. (2005). *Diagnostic classification of mental health and developmental disorders of infancy and early childhood* (rev. ed.). Washington, DC: Author.

第7章　サークル・オブ・セキュリティという取り組み
―― 事例研究："自分がもらえなかったものを与えることはつらいよね"

バート・パウエル，グレン・クーパー，ケント・ホフマン，
ロバート・マービン

　サークル・オブ・セキュリティ（the Circle of Security，以下COS）という取り組みは，リスクを抱えた養育者と幼い子どもの発達経路を変えるために計画された早期介入プログラムである（Hoffman, Marvin, Cooper, & Powell, 2006 ; Marvin, Cooper, Hoffman, & Powell, 2002）。介入の焦点は，安全基地や確実な避難所として子どもが養育者を求めてくる時に，子どもや自分についての内的表象が正確であるかを養育者が見直せるよう支援することである。養育者の心的状態によって養育行動が体制化されたり導かれたりし，それによって子どものアタッチメント安定性が影響されることが，データの蓄積によって裏付けられているため，養育者の表象が介入の焦点となる（Fonagy, Steele, & Steele, 1991）。介入を受ける以前に，参加者の多くは，ヘッド・スタート[訳注1]の担当者に具体的な行動上のアドバイスを求めたことがあったが，ほとんど改善しなかったという経緯を持っている。とりわけ本プログラムの対象となる子ども達が皆5歳未満であることを考えると，子どもよりも大人のほうが関係性を変える能力を持っていると確信するため，われわれは養育者に焦点を当てて介入してい

（訳注1）米連邦政府の育児支援施策の1つ。低所得家族の5歳までの幼児と発達障害児等を対象に，予防接種，健康診断，栄養，教育，社会的サービス等の多面的な支援を行っている。

く。子どもはアセスメントのためのビデオ撮影時にプログラムに参加する。ビデオ撮影は，介入前と介入過程の2/3ほどの時期，そして介入後に行う。ヘッド・スタートの教師や家族サービス・コーディネーターは，養育者が子どもと日々関わる際に，家族を支援したり，COSを踏まえたフィードバックを養育者に返したりするといった形で，介入手順（プロトコル）に参加する。

本章では，COSの介入手順と，ある参加者の治療的経験について説明する。その参加者とは19歳の母親であり，シェリーと呼ぶことにする。シェリーの息子が教室で攻撃的な行動を示すために，息子のヘッド・スタート教師が，シェリーをCOSに紹介してきた。息子はジェイコブという名前で，その時3歳半であった。シェリーもまた家庭でジェイコブの行動をどう扱ってよいのか難しいと語った。ジェイコブの父親は町の外に住んでおり，家族と関わりを持っていなかった。

サークル・オブ・セキュリティによる治療的介入

この介入は次のような考えを中核としている。つまり，アタッチメントが不健全な状態にある子どもは，自分がアタッチメント要求を直接向けると，養育者に苦痛な感情を引き起こすということを育ちの中で学習してきており，そのため自分の根源的なアタッチメント要求を養育者にまっすぐに伝えない"「本当ではない信号（miscue）」を出す"ようになっているという考えである。養育者が苦痛を感じていると，困った時などに助けてもらえるという利用可能性が低くなる。子どもは，基本的なアタッチメント欲求を隠したり，あるいは強調したりするような行動方略を育むことと，また，そうすることで，養育者の苦痛を減らし可能な限りの心理的近接を獲得することによって，養育者とのつながりを最適化するよう学習している。

COSの図（図7.1）は，養育者がアタッチメント理論を理解しやすくなるための案内図として用いられる。子どもは，必要な時には身体的・心理的接近を求めても良いという信号を養育者に求め，"感情のコップが満たされる"と，

第7章 サークル・オブ・セキュリティという取り組み

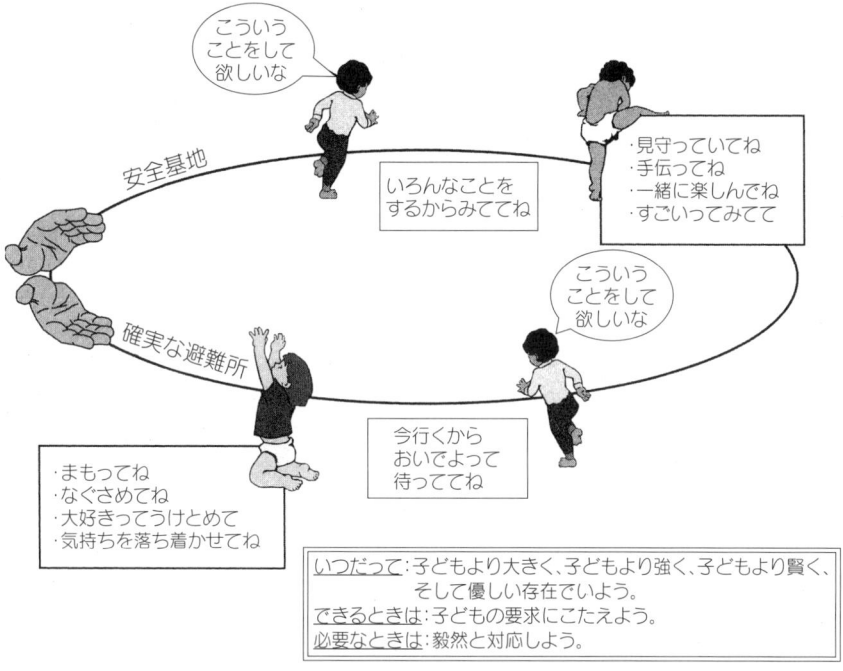

図中テキスト：

- こういうことをして欲しいな
- 安全基地
- いろんなことをするからみててね
- ・見守っていてね
- ・手伝ってね
- ・一緒に楽しんでね
- ・すごいってみてて
- こういうことをして欲しいな
- 確実な避難所
- 今行くからおいでよって待っててね
- ・まもってね
- ・なぐさめてね
- ・大好きってうけとめて
- ・気持ちを落ち着かせてね
- いつだって：子どもより大きく、子どもより強く、子どもより賢く、そして優しい存在でいよう。
- できるときは：子どもの要求にこたえよう。
- 必要なときは：毅然と対応しよう。

図7.1　安全感の輪の図：子どもの要求に応える養育者
Copyright 2000 by Glen Gooper, Kent Hoffman, Robert Marvin, and Berf Powell.

アタッチメントから探索への移行が生じる。そうすると子どもは探索しても良いという信号を養育者に求め、養育者の支援を利用しながら環境を探索する。このような終わりのないリズムについて、この図があるおかげで養育者は理解しやすくなる。探索のための安全基地として養育者を利用する際の子どもの要求を、安全感の輪の"上半分"という表現で表しており、確実な避難所として養育者を利用する際の子どもの要求を、輪の"下半分"という表現で表している。

養育者は、"子どもより大きく、より強く、より賢く、そして優しく (bigger, stronger, wiser, and kind)" あるように支援される。こうした態度は、輪の中に"両手"を提供することとみなされる。問題を抱えた親子の場合、養育者が"子どもより大きく、より強く" あろうとすることで、"優しさ"を犠牲にして

意地悪くなる場合があるだろうし、あるいは、養育者が"優しく"いようとするあまり、"子どもより大きく、より強く"あることを犠牲にして、過剰に便宜をはかり、関係性での"毅然とした振舞い"を子どもにゆだねる場合もある。子どもは養育者を"輪の全体"として必要としているのだから、より大きくより強くあることと、優しくあることを、いかに両立するかを知っていることが養育者に必要な賢さである。

安全基地や確実な避難所、"両手"という3つの基本的な養育機能のうち、少なくとも1つが欠けているような事態への防衛的な解決が、子どもの不健全なアタッチメント方略となっている。参加者は親子相互作用場面のビデオを見て、次の中核的質問に答えるように問われる。「この行動は、輪の中の、"上半分"ですか、"下半分"ですか、それとも"両手"ですか? どの要求を表しているのでしょうか?」子どもの要求を輪に照らして特定することに養育者が熟達すると、関係性における安定したアタッチメント・パターンと不健全なアタッチメント・パターンの両方を養育者が理解する観察技術の基盤が育まれる。

介入前にビデオ撮影されたストレンジ・シチュエーション法から、問題のある親子相互作用を最も表わしている場面を抽出し、変化への要となる中心点としてその場面を振り返ることになる。子どものアタッチメント行動によって喚起された、養育者自身の不安定な感情状態や自他についての内的表象を見直すように、養育者は援助される。治療を通して、養育行動の最も問題の大きい部分が変わり始めると、多くの養育者がうまくいっていることへの肯定的な感情と、養育者自身が幼い頃に受けられなかった経験を、子どもに与え始めるがゆえのつらい感情の両方を報告するようになる。つらい記憶や喪失感を処理しながら、同時に、新たな次元の情緒的安全感を子どもに与えることに集中するには、養育者が勇気を持って積極的に取り組む態度が必要である。親子のアセスメントから抽出されたビデオ場面を見るという、極めて構造化されたビデオテープを使った振り返りセッションで、それぞれの養育者は3回ずつビデオ場面を振り返る対象となる。ビデオによる振り返りの各回はそれぞれ独自の焦点付けがなされている。第1期の振り返りでは養育者のまだ十分発揮されていな

第7章　サークル・オブ・セキュリティという取り組み

い強みに，第2期の振り返りでは要となる不安定な相互作用に，第3期の振り返りでは現れ始めた能力の強化に，それぞれ焦点付けがなされている。次いでCOSの治療的介入についての詳細を述べる。

　6名の養育者から成るグループが，子どもとの関係性のアタッチメント－養育に関する側面を改善することを目的として，週に1度，1時間15分，20回集まる。各養育者とその子どもが，グループ介入前と介入終了後10日以内とで，ストレンジ・シチュエーション法に参加する。診断的目的のため，標準的なストレンジ・シチュエーション法の最後に短時間の絵本読みと片づけのエピソードを加えた。ストレンジ・シチュエーション法の分類は，エインズワースの乳児分類システム（Ainsworth, Blehar, Waters, & Wall, 1978）か就学前アタッチメント分類システム（Cassidy & Marvin, 1992）を用いて行った。

　ストレンジ・シチュエーション法の後，養育者はサークル・オブ・セキュリティ面接（COS面接；Cooper, Hoffman, Marvin, & Powell, 1997）に参加した。この面接は，養育者がストレンジ・シチュエーション法で経験したことについての質問や，子どもとの関係性の語りに焦点を当てる養育者発達面接（Parent Development Interview；Aber, Slade, Cohen, & Meyer, 1989）から抽出された質問と，また，自身のアタッチメント来歴が現在の養育に影響している様相についての認識に焦点を当てるアダルト・アタッチメント・インタビュー（George, Kaplan, & Main, 1985）から抽出された質問とから構成されている。COS面接はビデオ録画され，所要時間はおよそ1時間である。

　20週間に渡って，養育者は毎週集まり，介入前のストレンジ・シチュエーション法やプログラムの後半に実施された修正版ストレンジ・シチュエーション法から編集された，自分と子どもとのアタッチメントと養育を表わす相互作用のビデオについて話し合う。先述したCOSの図（図7.1）は，子どもが持つ安全基地や確実な避難所への要求を養育者が理解する案内図として用いられる。養育者が振り返るビデオクリップは，子どもとの関係性における安全感を高めるような相互作用パターンを養育者が育みやすいように注意深く選ばれる。

　アタッチメントに関する心的状態の安定した状態や不健全な状態（George,

Kaplan, & Main, 1985) を理解するための枠組みは，"シャーク（鮫）・ミュージック（shark music)"（次の段落を参照）という概念を用いて，プログラム9週目に紹介される。アタッチメント理論によると，養育者は，自身が育ってきた経験から自分自身のアタッチメント要求に関する心的状態を学習するだけでなく，同じレンズを通して自身の子どもの要求を捉える傾向にある。リヨンズールス (Lyons-Ruth) は，こうした学習を"関係性についての潜在的知識 (implicit relating knowing)"と呼び，こうした養育とアタッチメントにまつわる行動は，経験によって学習され，言語的もしくは非言語的に体制化された規則だった手続きであると述べた。アタッチメントもまた，言語発達以前に学習された手続きであり，必要な時に養育者と共にいるための具体的方法に関する"関係性についての潜在的知識"(Lyons-Ruth et al., 1998) と"手続き記憶"に基づくものである。

　COSでは，養育者が心的状態の概念について学ぶ際に，1つのビデオクリップに2種類の音楽が挿入されたものを対比させて視聴する。これが"シャーク・ミュージック"と呼ばれている。ビデオクリップの映像は，海岸と熱帯雨林の景色のものである。最初に見る際は，柔らかく穏やかな音楽が挿入されている。グループは，これを視聴して感じた素敵な感情について話し合う。2番目にビデオクリップを見る際は，同じ映像に，映画の**ジョーズ**からのサウンド・トラック修正版が挿入されている。2番目の視聴で，いかに動揺や不安を感じたかを話し合うことを通して，養育者は，自身の主観的経験が知覚に大きく影響することを理解するようになる。音楽は，感情を喚起するし，言語に基づかないために，養育者が心的状態について学ぶために適した例となる。ひとたび養育者がこの概念を理解すると，自分の子どもがCOS図上にあるそれぞれの要求を持った時に，自分にはどんな音楽が鳴り始めるのかを養育者は尋ねられる。聴こえるのは穏やかな音楽なのか，あるいは"シャーク・ミュージック"なのか？　子どもにとってより安全な存在になるために，養育者が変化させなければならない不健全な関係性についての潜在的知識を説明するために，その象徴として"シャーク・ミュージック"という表現を介入で頻繁に用いる。

COSという取り組みの開始当初からの中心的目標は，養育者の内省機能，特に"シャーク・ミュージック"に関する内省機能を高めることである（Fonagy, Steele, Steele, & Target, 1997）。フォナギーたちは，心理化（メンタライゼーション：mentalization）^(訳注2)，心の理論，メタ認知，志向的構え（intentional stance）^(訳注3)，観察的自我といった用語で文献に記述されている多くの心的機能を要約して，内省機能という概念を用いている。内省機能について，われわれの研究では，"他者についてと自分自身についての心的状態や考え，そして，感情や意図を理解する心理的能力"と定義している。妊娠中の女性の内省機能から，誕生した子どもの1歳でのアタッチメント分類が予測可能であったことを，フォナギーたち（1991）は示した。加えて，内省機能の高い大人は，養育者との関係に恵まれなかった過去を乗り越えて，自身の子どもに安定したアタッチメントを育むことが可能であったことを，フォナギーたち（Fonagy, Steele, Steele, Higgit, & Target, 1994）が明らかにした。

中核的過敏さ

　ジョン・ボウルビーは，人生早期のアタッチメント関係を構成要素として"内的作業モデル"が形成され，それは現在ならびに未来の関係性を予測する地図として利用されると仮定した。残念ながら，この概念の豊かさを，彼は著書で発展したり，より明確にしたりしなかった。対象関係論の領域では，複雑な精神内界に関するモデルが豊かにあり，これらは，内的作業モデル概念を精緻化するために活用できる。内的作業モデルが相互作用を解釈するレンズであるのなら，モデルが違えば相互作用の解釈がどう変わるかを臨床的に記述する方法があると効果的な介入に役立つ。とりわけ，介入の焦点が，自己と子ども

（訳注2）第1章の訳注2（p.32）参照。
（訳注3）他者の行為を願望を伴った意図あるものとして捉える心的な構え。哲学においてはD.C.デネットによって提唱されているが，P.フォナギーはM.トマッセロによる発達心理学研究を参照している。

についての不正確な内的表象を見直すことにあるのだから，なおさらである。3つの主流な作業モデル（Masterson & Klein, 1995）における中心的な情緒的困難に焦点づけるため，また，"経験に近い"（Kohut, 1971）呼び名をつけることを目的として，"中核的過敏さ（core sensitivity）"という用語を作り出した。3つの中核的過敏さとは，分離への過敏さ（separation sensitive），自尊心への過敏さ（esteem sensitive），安全への過敏さ（safety sensitive）である。

中核的過敏さは，個人の人格構造に必ず組み込まれている部分であり，関係する相手が違っても変わらない傾向にある。見捨てられる経験を避けるためには従わねばならないと個人が信じているような，知覚されているが言語化されていない規則や要件とも言える。つながりへの強い要求と，つながりを失う恐れとが，人格構造を形成する中心的な体制化の過程となっている（Masterson, 1976）。これらの中核的過敏さが養育者の内的な防衛過程の基盤にあり，それによって問題のある親子間の相互作用が引き起こされることが多い。この過程を明らかにすることによって，臨床的介入のために必要な情報が分かり，介入方針を定めることができる。

これらの規則は変わりうるものではあるが，生涯を通して他の関係性にも押し付けられる傾向にある。アタッチメントと養育に関する相互作用において，養育者が決まって取りがちな態度を体制化する，中核的過敏さをより明確にするために，クーパー，ホフマン，パウエル（1998）は，マスターソンとクライン（例えば，1995）や，ハインツ・コフート（例えば，1971），そしてオットー・カーンバーグ（例えば，1975）の対象関係論の考えを幼い子どもへの介入に当てはめた。COSでは，標準化されたCOS面接を見ながら養育者の中核的過敏さを評価する（Cooper et al., 1997）。

パーソナリティ障害ではなく防衛的方略について言及していることを明確にするため，また，われわれの用語で臨床家が混乱したり批難的意味合いを読み取ったりしないように，DSM-Ⅳのパーソナリティ障害に使う用語を，同じような意味でも別のものに代えて用いている。われわれは3つの基本的パターンである過敏さの特徴を次のように命名した。分離への過敏さ（硬直して蔓延的

な状態であれば，境界性パーソナリティ障害となる），自尊心への過敏さ（硬直して蔓延的な状態であれば，自己愛性パーソナリティ障害となる），安全への過敏さ（硬直して蔓延的な状態であれば，シゾイドパーソナリティ障害となる）である（Hoffman, Cooper, Marvin, & Powell, 1997 ; Masterson & Klein, 1995）。過敏さの範囲は，柔軟で適応的な防衛方略という程度から，硬直して蔓延的な人格様式という程度までの連続体を形成している。個人がどのような中核的過敏さを持つか見分けることは，硬直して蔓延的な極側に位置する者においてよりも，柔軟で適応的な極側に位置する者において判別する方が，困難である。幸いにも臨床的目的からすると，柔軟で適応的な人であるほど，中核的過敏さを特定することの重要性が低くなる。以下に，これらの過敏さの性質を明らかにするのに役立つような特徴を簡潔に描写する。

・分離への過敏さを持つ養育者は，見捨てられることを避けるために，他者が何を必要とし，要求しているのか，そして，どのように感じているのかに焦点化し，その一方で自分自身の要求や感情は否認しなくてはならないと信じるに至っている。根底にある信念は，自分自身のために行動すると，一番必要とする人から見捨てられるとの思いである。

・自尊心への過敏さを持つ養育者は，あるがままの自分では尊重されるに値しないと信じるに至っている。それゆえ，見捨てられることから自分を守るために，活動することや達成すること，そして，他者からの承認を獲得することによって，自分が特別であることを証明しないと気がすまない。

・安全への過敏さを持つ養育者は，関係性のつながりを持つために，自分自身を保つことを諦めて，他者によってコントロールされるという代償を払わねばならないと学習するに至っている。それゆえ，完全な自己感を保つための唯一の方法は孤立することである。他者に接近することと孤立することとは，結局両立しないので，安全に敏感な個人は，これら2つの折り合いを常に探している。しかしながら，このせめぎ合いにより，実際に関係性の中にも外にも自分はいないという中途半端な状態に居続けることになる。安全に敏感な個人は，満たされることのない関係性の奈落をさまようというジレンマに生き続ける。

事例の呈示

　本章の後半では，COSに参加したシェリーの経験に焦点を当てながら，関連する理論を適宜挿入し説明していくことにする。最初のスクリーニング面接の際，シェリーは内気であやふやな様子であった。シェリーはジェイコブが攻撃性をうまく扱えるよう手助けしたいと述べ，自分自身の養育者としての役割に受動的で無力な様相であった。スクリーニング面接の目的は，ジェイコブとの関係性について学ぶことに関心があるかどうか，わずかでも内省機能（Fonagy et al., 1997）を持っているかどうか，そして，20週の間，毎週75分のCOSグループに規則正しく参加する気持ちがあるかどうかを確かめるためである。シェリーはこれら3つの基準を満たし，参加者としてこの取り組みに登録された。

　シェリーに対するCOSによる取り組みの第1段階は，介入前のアセスメントに参加してもらうことであった。ジェイコブが3歳半であったため，親子関係は，キャシディ／マービンの就学前対象のストレンジ・シチュエーション法と，その最後に絵本読みと片付けのエピソードを加えて測定した。ストレンジ・シチュエーション法は，子どもの介入前後のアタッチメント分類を測定するという研究目的と，"安全基地"や"確実な避難所"，"両手"というCOSの3領域（図7.1；Marvin et al., 2002）における問題と強みを明らかにしながら，介入を体制化するという治療目的との両方のために用いられる。COS面接は，子どもとの関係性に関する養育者の心的状態と，養育者の中核的過敏さとを評価するために用いられる。ストレンジ・シチュエーション法による養育者と子どもとの関係についての情報と，COS面接による養育者の子どもに関する心的状態と中核的過敏さについての情報とを体系づけて，関係性に基づく治療計画と介入方略とを組み立てる。

　21分に渡るストレンジ・シチュエーション法の間，ジェイコブが探索行動やそれに対応する要求（つまり輪の"上半分"）を示すと，母親との関係で苦痛が

生じる場面が多々あった。部屋に入るとまず,シェリーは椅子に座り,ジェイコブはおもちゃを探索し始めた。シェリーはすぐさま「一緒に遊ぼうか？」と尋ねたが,ジェイコブは「いやだ」と即答した。シェリーはジェイコブが断ったことを何とも思っていないように振舞っていたが,過剰に陽気な声のトーンで話しつつ拒絶的な表情をかもし出していたことから,何とも思っていないわけではないようであった。苦痛な表情をしながら過剰に楽しそうに振舞うことは,**過剰な快活さ**（overbright）という防衛であり,そのためジェイコブには混合したメッセージが伝えられていた。その後シェリーは「分かったわ,お母さんにはここに座って見ていて欲しいのね？」と尋ね,ジェイコブは「そうだ」と答えた。それにも母親は「分かったわ」と同じく過剰に快活な様子で答えた。シェリーは6秒待ち,そして,「本を読んで欲しい？」と尋ねた。ジェイコブは「いらない」と答えた。再び,痛みを隠そうとする過剰に快活な調子で,「分かったわ,好きに遊んでいいわ」と宣言した。そうするとジェイコブは自分がしていることについて,母親に話しかけるのではなく,独り言を言い始めた。シェリーはジェイコブが話し始めたことで,これはもっと息子に関われる機会だと思ったようだった。20秒の間,シェリーはジェイコブと同じ床に座り,ジェイコブの遊びに加わろうとし続けていた。シェリーが近づこうとするほど,ジェイコブは母親に背中を向けた。母親は関わりを見出そうとし,ジェイコブは1人で遊ぼうとする相互作用が続いた。息子は,母親の問いに答える時もあれば,無視する時もあった。母親と一緒にしばし肯定的に遊ぶ場面もあったが,彼の1人で遊びたい要求によって,それは必ず終わってしまった。シェリーは,息子が母親を入れずに遊びに興味を持っていることを受容しているように振舞っていたが,傷ついていることは明らかであった。ジェイコブは絶えず独立を求めて闘い,シェリーは関わりを求めて闘う,という苦痛に満ちたパターンが展開している関係性であるように思えた。シェリーは,息子の遊びを見て,喜びや楽しさ,つながっているという思いを感じることができないようだった。

　ジェイコブは部屋に1人になっても遊び続けており,母親がいなくなったこ

とに対する苦痛は少ししか示さなかった。ジェイコブがおもちゃで生気なく遊ぶ様子やその無表情さが，シェリーと同室であった時の生き生きとした遊び方と対照的であった。母親が部屋にいない間に，短時間だが重要な瞬間があった。ジェイコブは，背後に母親が立っているマジックミラー（one-way glass）をまっすぐに見たのだが，それは，母親を探し待ち望むようなまなざしであった。母親不在の間，ジェイコブは平気でおもちゃで遊んでいるような振りをし続けるよう努めていた。つらい経験を直接表出することは，できるだけしないようにジェイコブが学習したことが明白になってきた。

　再会して最初の数分の間に，養育者と子どもが言語的かつ非言語的に"相互作用のダンス"を折り合わせるが，そこには親子の中核的な養育とアタッチメントにまつわる方略が表れている（Ainsworth et al., 1978 ; Cassidy & Marvin, 1992）。シェリーが部屋に戻って最初にかけた言葉は「何をしているの？」であった。ジェイコブは母親に背中を向けて遊びながら無視し，シェリーが返答を求めて再び尋ねてようやく返事をした。応答を求める母親に対して，ジェイコブは背中を向けたまま肩をすぼめて「何も」と答えた。シェリーは息子に近づき，床に座って息子と並び，遊びに加わろうとした。シェリーがおもちゃに触ると，ジェイコブは抵抗し，シェリーは過剰に快活な声で「分かったわ。見ているだけね」と言った。2秒してシェリーはおもちゃを触りながら，「これをやっていいかしら？」と尋ねると，ジェイコブは「だめ」と答えた。シェリーは立ち上がり，「1人にしておいてあげるわ」と言って，落胆した様子で椅子に向かった。ジェイコブはすぐさま母親を呼び戻し，「こっちをしたらいいよ」と指示した。シェリーは2，3分一緒に遊び，それから椅子に座った。シェリーが離れると，ジェイコブは母親に近づき，同時に背を向けた。

　アタッチメント理論の用語を当てはめると，ジェイコブは再会時に回避と役割逆転の両方を示していた。役割逆転とは，養育者が重要な養育機能から退いてしまうために，子どもが養育や体系付けの役割を担うことを表わしている。役割逆転は無秩序型アタッチメントや発達がうまくいかないことと関連する（Liotti, 1992 ; Main & Hesse, 1990 ; Sroufe, Egeland, Carlson, & Collins, 2005 ; van

IJzendoorn, Schuengel, & Bakermans-Kranenburg, 1999)。子どもはストレンジ・シチュエーション法で主要な養育者と分離すると，アタッチメント・システムが活性化する。ジェイコブは無表情になり養育者を探すようにマジックミラーを見ていたことから，彼もこのような状態になっていたことが明らかである。しかしながら，母親が部屋に戻って接近可能になったのに，ジェイコブはまるで母親を必要としないかのように振舞い，拒否的であると同時に統制的になった。再会時に彼のつらさをなだめようとする母親に対して，ジェイコブが母親に指図をした。一見，ジェイコブは母親を必要としないかのように振舞っていたが，母親が撤退しようとするやいなや，戻ってくるようにと母親に言った。ジェイコブは，母親をまるで必要としないかのようにいつも振舞いながら同時に，相互作用を自分で統制しようとし，そして，母親が利用可能であるように求めていた。ストレンジ・シチュエーション法施行中のほとんどの場面において，シェリーは自分の苦痛を隠そうとしていた。子どもの指示や統制に同意し，まるで子どものように，また相互作用で無力であるように見えていた。

　COSの視点で捉えると，シェリーの抱える困難さは，安全感の輪の"上半分"にも"下半分"にも"両手"にも存在していた。上半分の困難さは，シェリーがジェイコブの探索に干渉し，自律的に探索するための安全基地を適切に提供できていないことであった。下半分に抱える困難さは，ジェイコブが動揺し，確実な避難所としての母親を必要としている時に，ジェイコブの気持ちを慰め体系付けることが効果的にできていないことであった。シェリーは"両手"という誘導を与えていなかった。つまり，ジェイコブが必要としている時に，"子どもより大きく，より強く，より賢く，そして優しい"態度（図7.1）で毅然と振舞うことができていなかった。

　ジェイコブのアタッチメント行動は複合的な方略から成っていた。母親を引き戻したり遠くに追いやったりしていたのは，抵抗－両価性の表れであった。明らかに母親を必要としているのに，母親に背を向けてあたかも必要としないかのように振舞っていたのは，回避と無視の表れであった。母親にすべきことを指示したり，再会時の母親の行動を指図したりしていたのは，統制方略の表

れであった。どれか1つの方略が優勢ということではなかった。それゆえ，ジェイコブのストレンジ・シチュエーション法からの分類は不安定－その他型に属するという結果であった。キャシディとマービンの未就学児分類システムにおいて，この分類は，矛盾を抱えた非標準的なアタッチメント・パターンの混合型であり，研究のために類型化する場合，このタイプは無秩序型アタッチメントと同じ発達経路をたどる，阻害されたパターンとみなされる。不安定－その他型の子どもを持つ養育者の支援は，無秩序型の子どもを持つ養育者の支援よりも困難であることが多い。というのも，複合的な不安定型が作用しているため，介入の要として単一の不健全なパターンを抽出することができないからである。それゆえ複数のパターンに取り組む必要があり，その結果，治療は複雑になりやすい。

　ジェイコブにおもちゃを片付けるようにとシェリーが促す時間になると，彼女は息子に嘆願し，ジェイコブはそんな臆病な指図には抵抗したため，シェリーは"毅然と振舞う"という養育役割から退いてしまった。しかし，他の全ての流れとは対比的な重要な瞬間が一度あった。シェリーがジェイコブに断固とした大人の声で，汚いおもちゃを口から出すように伝えると，彼はすぐさま従った。こうした瞬間は，いわゆる"まだ十分に活用されていない能力（underused capacity）"の表れである。一度でもそれができるのであれば，もう一度行う技術も可能性も持っていることが明らかである。それゆえ，それは養育者の行動レパートリーに含まれている潜在的な強みであり，防衛的な理由のために頻繁には活用されていないものである。ジェイコブが母親に毅然と振舞ったりリーダーシップをとったりして欲しいと切望している時に，シェリーはそうすることを避けていた。養育者がこの能力の活用を避けるのは，養育者自身が二度と経験したくない感情状態（"シャーク・ミュージック"）がその振舞いによって高まるためだとCOSの枠組みでは仮定する。こうしたことを仮定すると，次のことが介入の焦点となる。まず，ジェイコブが母親を必要としている際の自分の心的状態をシェリーが見直せるようになることであり，また，"毅然と振舞う"養育役割から退くことによって，苦痛な感情から自分を守っている状

態を知ることである。この介入は，多くの養育プログラムが，新しい技術を学ぶことに焦点付けた目標を伝統的に掲げていることと大きく異なっている。

　ストレンジ・シチュエーション法に引き続き実施されたCOS面接において，シェリーは質問に混乱しているようであった。シェリーは，ストレンジ・シチュエーション法の時に子どもは自分を必要としていなかったと考えていたのに，分離場面で子どもを置いて退室するよう教示された際に，子どもがかんしゃくを起こすのではないかと思ったために怖かった，という感情を報告した。シェリー自身に焦点を当てて，自分の考えや気持ちを述べるように尋ねられると，シェリーは不安になり，「分からない（I don't know）」という言葉で返事を繰り返した。面接のある時点でシェリーは次のようなことを打ち明けた。最近ジェイコブがシェリーに大好きだと言ってくれたのだが，誰かが"本当に"自分を愛してくれていると知ることは，彼女にとってはまさに天にも昇る気持ちであったそうだ。この言及は，自分が大切にされていると感じることに対するシェリーの不安の高さと，情緒的結びつきの壊れやすさを経験してきたことを痛々しいくらいに明らかにしている。

　ジェイコブとの関わりで最も苦痛を感じることについて質問されてシェリーが答えた内容から，要となる問題が明らかになった。シェリーは"しつけ"であると答え，具体例としてジェイコブが朝食にアイスクリームを欲しがるのを拒絶しないといけないことを述べた。「私は自分に腹が立つの。息子が欲しがる物を私が与えなかったせいで，息子は私を好きではなく，嫌いにさせてしまったから」とシェリーは述べた。問題は自分が愛されているかそれとも愛されていないかであったので，息子からの非難はシェリーにとって大きな苦痛であった。シェリーの感情世界において，息子が自分を愛していないことは，彼が自分を見捨てることである。このため，必要な時にジェイコブがそばにいてくれると思えることがシェリーの情緒的安定性のための本質的要素となり，3歳のジェイコブが，自分の安全感だけでなく母親の安全感をも脅かす力を，母親以上に持つに至っていた。息子がそばにいてくれると思えることがシェリーには必要であるために役割逆転が生じ，ジェイコブは，自分の要求を満たして

くれるような，より大きくより強くより賢く優しい母親無しに，心理的に生き残ることを強いられる結果となっている。COSの用語を当てはめると，安全感の輪において安全基地や確実な避難所を経験するためにジェイコブが必要としている"両手"を，シェリーは適切に提供できていないといえる。

シェリーはアイスクリームの具体例について話し続けた。「でもそうすると，もしあの子が欲しがる物を何でも与えていたら，欲しい物が与えられなかった時にあの子はかんしゃくを起こすだろうし，一体何をしでかすか知れたものじゃない。」シェリーは息子が欲しがる物を否応なく与えていたら，息子にとって害になることを認識していた。自分の行動が息子に及ぼす顛末について現実的な視点をシェリーが持てていることは，隠された強みと理解できる。その瞬間，シェリーは，少なくとも適度な程度の内省機能を活用できていることを示していた。シェリーはいつでも内省機能を活用しながら自分の行動を決めているわけではないが，これまでこういった経験が全くない状況で新しい能力を構築していくことより，すでに存在する内省機能を活用するように養育者を手助けする方が，ずっと容易いのである。

シェリーは自分のすべきことは分かっていたが，3歳の息子とはほとんど関係がない理由によって，そうすることを恐れていた。シェリーにとっての"赤ちゃん部屋のおばけ（ghosts in the nursery）"（訳注4）(Fraiberg, Adelson, & Shapiro, 1975) という不気味な感情が，ジェイコブを養育する彼女の能力を明らかに問題あるものとしていた。"関係性についての潜在的知識"という文脈で捉えると，クリストファー・ボラス（1987）が"考えられていない知っていること"と呼んだような，意識できないレベルで体制化された，息子に対する不健全な養育手続きをシェリーは取っていた。シェリーは，毅然と振舞おうとすると不

（訳注4）アメリカの児童精神分析家，乳幼児精神保健のパイオニアであるS. フライバーグが提唱した概念。乳幼児－親関係性障害の背景には，母親が自身の養育体験を乳児に投影し，乳児を迫害者のように感じている瞬間があることに気付き，乳児と2人きりの環境で母親を不意に襲う不気味な感情を"赤ちゃん部屋のおばけ（育児室の幽霊）"と呼んだ。

安な感情になることを知っていたし，息子の要求を受け入れることでそうした不安を回避できることも気づいていた。ただ，感情の背後にある意味を表現する言語も象徴過程もシェリーにはなかったという意味で，"考えられていない"ものであった。シェリーは，なぜそうした恐れが，毎日の制限設定や子どもの怒りの調整に付随するのかを，認知的に理解していなかった。単に恐れのみを知覚しており，恐れを追いやるために葛藤を回避するという，非言語的に学習した防衛的な対処法を知っているのみだった。

養育者の中核的過敏さに関する仮説を形成するためには，COS面接全体を検討する必要があるが，ここまでで読者に提供してきた情報だけでも，最初の印象を形成するのに十分であろう。シェリーはジェイコブが自分を気にかけ，遊びに自分を入れてくれることを強く求めていたため，安全への過敏さを多く持つ可能性は低いだろう。安全への過敏さを持つ養育者は，子どもの注意を関係性から逸らした状態にし，子どもの自己充足を促進しようとする傾向がある。安全への過敏さがある養育者は，子どもが安全感の輪の"下半分"にいる時よりも，"上半分"にいる時の方が落ち着いていられる。これは明らかにシェリーには当てはまらない。

養育者の中核的過敏さを判定する過程は，COS面接のビデオテープを見ながら，鑑別質問を自問することが手助けとなる。これらの質問は，COS面接で得られる情報の意味を解析し，3つのカテゴリーのいずれかへと分類するよう考案されている。鑑別質問には例えば次のようなものがある。

1. ジェイコブがまるでシェリーを必要としないかのように振舞うことが，なぜシェリーにこれほど情緒的な力を持つのか？
    - ジェイコブの振舞いは，シェリーを孤独で，無力で，見捨てられたように感じさせるのだろうか（分離への過敏さ）？
    - ジェイコブの振舞いは，シェリーを拒絶され母親失格であるように感じさせるのだろうか（自尊心への過敏さ）？
2. シェリーが息子の探索に侵入的になる背後にはどのような意味があるのだろうか？

- ジェイコブがより立派に振舞えば，シェリーが養育者としてうまくやれているように見えたり感じたりできるから介入しているのだろうか（自尊心への過敏さ）？
- ジェイコブがもはや自分を必要としなくなると，シェリーは痛ましいほど孤独で必要とされていないと感じるがために，息子の自律性に脅かされるのだろうか（分離への過敏さ）？

これらの質問は過程を単純化しすぎている面もあるが，これらを自問することで，治療者は，養育者の行動や語りの背後にある意味を体制化し始めることができ，それによって，養育者の中核的過敏さに関する仮説を形成することができる。

シェリーの中核的過敏さは分離に関するものであった。彼女にとって，ジェイコブが自律性を始動することが，見捨てられることへとつながる最初の一歩であり，シェリーは，結局自分は孤独で，愛されておらず，愛されることなどないと感じるようになる。このことは，シェリーが子ども時代に抑うつ的で，情緒的に見捨てられているように感じ，孤独だったという来歴と合致する。シェリーはジェイコブが，絶えず自分を愛し，決して自分を置き去りにしないことで，こうした気持ちから自分を守ってくれることを望んでいた。例えば，COS面接でジェイコブがシェリーのところに誕生したのには何か理由があるだろうかと尋ねられると，シェリーは，ジェイコブを妊娠する前の自分はとても抑うつ的で生きていたいとは思わなかったが，ジェイコブが人生を前に進める理由を自分に与えてくれたと答えた。さらにシェリーは，自分自身の発達過程で"愛されている"と感じたことはなかったから，自分の母親から自分が学んだことで，ジェイコブとの間で繰り返したいと思うことは何もないと述べた。

養育者と子どもの相互作用で鍵となる問題が特定されると，問題を最も明白に示すビデオクリップを選定する。次いで，要となる具体的問題について知っていく際の傷つきを，養育者がどうにか取り扱えるようになるためのビデオクリップを他に選定する。養育者が子どもの特定の欲求を肯定的な観点で捉えたり，要となる問題に対してもある程度の能力を既に自分が持っていると気づけ

　　　　　　　　　　　　　　　第7章　サークル・オブ・セキュリティという取り組み

たりすることを助けるビデオクリップであることが多い．

　COS介入手順の中核にある変化理論は，子どものアタッチメント欲求についてと，それに応答する際に養育者が自分自身をどうみなすかについての心的状態（"シャーク・ミュージック"）に変化を定着させることに焦点を当てている．シェリーが"シャーク・ミュージック"を防衛的に取り扱うと，息子が彼女に毅然と振舞って欲しいと要求した際に彼女は"あきらめる"行動を取ってしまう．ジェイコブが拒絶や怒りを示すと，愛されておらず愛されるはずのない子どもであるような直感的感覚がシェリーには引き起こされ，特に分離や自律といった行動を伴う場面でこれが顕著になる．苦痛な感情を回避するため，シェリーは養育者としての権限を放棄する．シェリーが毅然と振舞うためには，自分自身が持つ手腕に頼って，即応的な外的支援無しに，自律的に機能しなくてはならない．こうするために，たとえその瞬間は息子が自分を拒絶しても，それでも息子は自分を愛し必要としていることに自信を持つことがシェリーには必要なのである．残念ながら，シェリーが持っている関係性についての潜在的知識は，自律的な自己感を支持するものではなく，彼女が自分で選択するということを妨害するものであった．

　グループセッションの間，母親から独立して振舞うと母親に拒絶されることが多かったことを示唆する来歴をシェリーは語った．必要な時に養育者がそばにいてくれるためには，自律性を控えて探索を抑え（輪の上半分），自分自身のではなく母親の考えや気持ちを頼りにしなくてはならないことを彼女は学習してきた．シェリーは自己主張することを，自分が悪いから拒絶され，見捨てられ，1人ぼっちで置き去りにされるのだという苦痛な感情と関連づけた．シェリーの"シャーク・ミュージック"には，自律的機能を主張しようとすると経験される危険や苦痛，否定的な自己表象が含まれていた．それゆえ，シェリーは，息子を誘導するという養育者役割を遂行しようとすると，これと同じ恐怖を経験していた．

　シェリーの内的作業モデル（Bowlby, 1988）は2つの分離した統合されていない像に分かれていた．つまり，愛する誰かに依存し受け入れられている時は，

223

自分は"良い"人であり，一方で，他者に承認されていないままで自分の思い通りにしたり，自分の確信に拠って立ったりすると，自分は"悪い"人であった。それゆえ，シェリーにとっては，分離した自己が作動している状況で自律性を発揮することは，あらゆる犠牲を払ってでも避けたいことであった。シェリーは気付いていなかったが，息子にとっては彼のアタッチメント安定性が犠牲になり，シェリーは自律した人生を失うという犠牲を払った。

　シェリーの内的世界についてと，それがジェイコブとの関係に表れているあり方について，上記の仮説が得られると，シェリーの第1期のビデオ振り返りセッションには，以下の目標が設定された。

　・安全感の輪の上半分と下半分の両方を含むあらゆる時点で，息子が母親を必要としていることをシェリーが分かるよう支援すること。ジェイコブは探索している時もシェリーを必要としていたし，動揺してつらい思いをしていた時もシェリーを必要としていた。これに気付くことは，ジェイコブが自分を必要とすることは一時的であり，自分が"良い"人（息子の承認に依存的）か"悪い"人（自分の確信に拠って立つ）か次第であるというシェリーの確信と矛盾する。シェリーにとって自分がかけがえのない存在であると気付くことは，内的作業モデルを揺さぶられる挑戦であり，そのために情緒的な不均衡状態が引き起こされるのだろう。一方で，これに気付けて良かったと思える可能性もある。息子の自分とのつながりは条件付であるという感覚から，彼女は解放されるかもしれないからである。

　・ジェイコブが探索をシェリーと一緒にはしなかった時に，シェリーが感じた痛みを認識できるよう支援すること。今回つらさについて話し合うことが，次の第2期のビデオ振り返りセッションで，つらさを処理するために自分がとっている方法についてや，それによって自分と息子の関係性が不健全なものになっていることについて直面するという，一層困難な過程に取り組む準備となることを期待した。

　・シェリーにはすでに，明確で断固とした声を発し，"より大きく，より強く，より賢く，優しく"振舞えている瞬間があるということを，彼女が認識で

第7章　サークル・オブ・セキュリティという取り組み

きるよう支援すること。シェリーがジェイコブの母親として正当な立場を主張すると，ジェイコブはシェリーに従っていた。ビデオテープでこの場面を一緒に見ることで，自分は不完全な大人だという彼女の目下の歪んだ表象に，直接対峙することになるだろう。これはまた，彼女が"まだ十分に活用されていない能力"を発揮している具体例にもなるだろう。シェリーがジェイコブに「それを口から出しなさい」と伝えた鍵となる瞬間は，シェリーがいつもジェイコブに嘆願している態度とは際立った対比をなしていた。

　シェリーは最初のビデオ振り返りセッションを始めるにあたり，緊張している様子であった。幸いにも，シェリーは他の養育者達がこのビデオ振り返りセッションを無事にやり遂げているのを見てきていた。グループは，それぞれの養育者の振り返りの際に支持的で，このことがシェリーにある程度の自信を与えた。彼女のビデオクリップを見る準備をしていると，ジェイコブがお母さんを恋しかったと言った時に，ほとんど泣きそうになったという最近の出来事をシェリーは皆に話した。グループの他の養育者は，息子にとってどれほど彼女が重要であるかを強調した。

　最初のビデオクリップは，ジェイコブが環境を探索するためにうまく母親を利用していた稀な瞬間であった。このクリップでは，ジェイコブが輪の"上半分"におり，"手伝ってね""一緒に楽しんでね"という役割をシェリーに求める信号を発信していた。シェリーが適切にジェイコブの要求に応答した短時間の肯定的な相互作用の場面が選定された。各ビデオクリップを見た後に，シェリーとグループ参加者はジェイコブの要求を特定し，筆者はジェイコブが安全基地の資源として母親をいかに利用しているかを指摘した[1]。この部分の振り返りは，シェリーが自分の価値を感じることができ，うまく進行した。シェリーの内的モデルを考えてみると，このように肯定的な観点で扱われることは，いささか混乱を招くことでもあったのだろう。筆者はシェリーに，ジェイコブが

（1）このケースの治療に関わったセラピストはバート・パウエルであり，治療部分を記載する際，セッションの過程を表現するために一人称を使用する。

225

環境を探索する際に，安全の源としてシェリーを大いに参照していたことについて話した。シェリーは「そんなふうに考えたことはなかった」と答えた。ジェイコブにとって自分がどれほど大切であるのかということにシェリーが気付くことは，彼女に良い感情を引き起こすだけでなく，同時に落ち着かない気持ちももたらした。なぜなら，特に自分が能力を発揮すると，自分は大切な人から「愛されず，大切にされない」と思ったり，そして，自分には価値がないと感じたりしてきた，これまでの生涯にわたる信念が揺るがされるためであった。

養育者が子どもの要求を新たな観点で考えられるように支援することは，COS介入手順の重要な部分である。ハイリスク集団の養育者のかなり多くは，子どもにとって自分がどれほど大切か気付いていない。このことは，養育者自身が発達過程で，尊重されているように感じてこなかったことに由来する場合が多い。自分には価値がないという確信から出発して，子どもが要求を表現すると，養育者は否定的な理由付けを投影することが多い（「あの子は私を好きじゃない」とか「あの子は私を全く必要としていない」）。吟味されることなく，こうした否定的な理由付けがなされること (Fraiberg et al., 1975) によって，安全感の輪全体にわたる子どもの要求を養育者がどう受けとめるかが体制化される。

次のビデオクリップは，シェリーのより傷つきやすい過程を探索するために抽出された。ジェイコブがシェリー無しに遊びたがった時，シェリーは傷ついたように見えた。シェリーはこれを次のように述べた。「あの子は探索したがっていた。私はあの子と一緒に探索したいけど，あの子が私にそうして欲しがらない。だから私は，あの子が私と遊びたがらないことで少し腹を立てているんです。」他の養育者の1人が，ジェイコブがシェリーと遊びたがらなかった時にシェリーがビデオで示した表情について話して欲しいと尋ねると，シェリーはやや防衛的になり，「私はあの子と遊びたかったの…それでいい？」と答えた。筆者は彼女の苦痛に満ちた表情に，「心をよぎるのは，あなたが傷ついているように見えたことなのだけど？」と応答してみた。シェリーは少し穏やかになって，「そうね」と答えた。筆者は，ジェイコブがシェリーを必要と

している様子をくまなく特定しながら，シェリーの拒絶されたという感情を掘り下げ，ジェイコブにとってシェリーがどれほど大切かということにシェリーは気付いていただろうかと問いかけた。シェリーはさらに落ち着いて，ジェイコブが1人で遊びたがると，自分が息子にとって重要でないと感じ傷ついてしまうことがあると認めることができた。シェリーは息子が探索すると拒絶されたように感じてしまう傷つきやすさについて話す意思があり，それは変化への重要な能力の表れでもあった。

　COSでは，変化を促す重要な3つの材料を特徴付けるためにR−A−Rという頭文字を利用している。

　・最初の"R"は"関係性（relationship）"の頭文字であり，治療者と養育者がいかに安全な"抱える環境"（Winnicott, 1965）の関係性を作り上げていくのかを表わしている。治療者とグループ成員とが，安全基地となり，そこから養育者は探索可能になる。

　・"A"は"感情調整（affect regulation）"（Cassidy, 1994）の頭文字である。養育者と一緒に感情を調整することを通して，子どもは情緒的自己統制の方法と，親密な関係性でどのように感情を扱うのかについての方法の両方を学習する。養育者は，それぞれに独自の生育歴に由来する感情処理の方法をグループに持ち込む。グループセッションの間，養育者が慢性的なつらい感情を扱ってきたこれまでの方法のある部分は，必然的に揺さぶられることになる。養育者が治療者とつらい経験（自身の"シャーク・ミュージック"にまつわる感情や記憶）を分かち合うことができるようになり始めると，新しい可能性が出現する。子どもに応答する能力を絶えず阻害していた感情が，治療者やグループ，養育者によって"抱えられる"（Winnicott, 1965）ことになる。理解を共有できた経験や，困難な感情を共に調整できた経験は，養育者がこれまでよりもっと安全な養育を提供するための基盤となる。

　・最後の"R"は"内省（reflection）"の頭文字である。養育者が自身の"シャーク・ミュージック"にまつわる感情を味わいながらも，同時に，治療者と内省的な会話をすると，治療的変化が一層進展する。

要約すると，特定の，苦痛に満ちた，これまで検討したことも調整されたこともないアタッチメント感情という"シャーク（鮫）いっぱいの水"の中に，養育者が思い切って入っていくと，変化が生じるのである。その同じ水の中に誰かが一緒に入ることを許容し，経験を内省すると，治療的変化が可能になる。

振り返った最後のビデオクリップは，おもちゃを片付ける場面であり，シェリーがジェイコブにおもちゃを口から出すように伝えると，ジェイコブがすぐさま従った瞬間に焦点を当てた。最初，シェリーは自分の長所を捉えることが困難であった。グループの他の母親がシェリーの能力を捉え，それを肯定的な態度で語った。このビデオクリップをもう一度見た後，シェリーはようやく自分の態度の違いが分かった。筆者は，シェリーが毅然と振舞った際の断固として威厳のある調子を"その声（The Voice）"と呼んだ。シェリーにとって，"その声"を使うという表現は，自分自身に自信を持ち，養育者としての自分の重要性に気付くことのたとえとなった。シェリーが毅然と振舞っている瞬間を呈示したことは，問題は彼女にその能力があるかどうかではなく，すでに知っている方法をもっと活用する意思があるかどうかだということを明らかにした。たとえいくらシェリーが養育の技術を学習したとしても，もしシェリーの心的状態が傷つきや拒絶，自分は重要ではないという恐れを抱えたままであれば，彼女の息子が彼女に対して大きな力を持つことになり，息子にとってはまともに取り合う必要がないような，傷ついた子どものような低減した機能しか彼女は持たなくなるだろう。

今回の第1期のビデオ振り返りセッションの最後に，シェリーは，息子が発するまっすぐな信号（cue）や本当ではない信号（miscue）がどれだけ自分に影響しているかについてこれまで考えたことがなかったし，これを学ぶことは面白かったと述べた。これは養育者側の取り組みにおける重要な瞬間である。シェリーは初めて手続き的情報を捉えたのだ。ビデオテープを用いなければ，シェリーは提供された解釈を理解したり信じたりすることは決してなかったであろう。手続き的情報は簡単に接近できるものではなく，養育者が日常生活では捉えられないものを理解するためにビデオは有力な方法である。

第7章　サークル・オブ・セキュリティという取り組み

　その後6週間に渡り，シェリーは規則正しくグループに出席し，積極的に話し合いに参加した。毎回グループの開始時に，その週の間に子どもが自分を安全基地や確実な避難所として利用していることに気付いた出来事に焦点を当てる，"安全感の輪をめぐる話"を皆に報告するよう養育者は尋ねられる。シェリーの話は，"その声"の活用に焦点付けられていた。シェリーは，自分の声がうまくいく時もあればそうでない時もあったため，混乱していた。グループの他の参加者が，息子へ向けて"その声"の力を発揮するよう彼女を励ました。シェリーはジェイコブとの関係を模索しながら，大丈夫だという感情と無力だという感情との間を揺れ動いていた。

　11週目，シェリーは彼女の第2期のビデオ振り返りセッションに参加した。息子が腹を立てながら，シェリーに毅然と振舞って感情を整える手助けをして欲しいと望むと，いかにシェリーがくじけてしまうかをシェリーが分かるよう支援することを企図した。彼女がくじけてしまう結果，息子は1人で苦痛を扱わねばならず，シェリーは自分をちっぽけで無力であると感じていた。シェリーはビデオの振り返りの開始時にとりわけ不安そうであった。彼女はこれまで他の数名の養育者たちが，自身の"シャーク・ミュージック"を探求するのを見てきており，自分が"悪い"養育者としてさらされることを恐れていた。

　シェリーはグループの冒頭に，息子が腹を立てた時にどうやって息子を扱っていいかわからなかった最近の例を述べた。筆者は彼女にこう言った。「どういうわけか，あなたの息子さんは動揺すると，落ち着くためにあなたをどう利用していいか分からないみたいですね…ジェイコブが動揺していて，あなたは彼を助けたいと思うのに，彼はあなたを追い払おうとする時，いったい何が起きているのでしょうか？」シェリーは傷ついた様子で，同意しながら首を縦に振り，「あの子がしていることは私が自分の母親にしていることと同じ」と答えた。シェリーの目下の問題にコメントすることにより，彼女と息子の関係と，彼女と母親の関係との類似点にシェリーが気付く手助けとなった。COSに参加する養育者の多くが，自分の育てられ方と，自分が今子どもを育てているあり方との世代間のつながりに気付き始める。シェリーがこう答えたことで，シェ

リーは内省機能を拡大し，これまで選択の余地がなかったところに"選択点"を確立する過程を進み始めていた。潜在的なものが顕在的になり，手続き記憶に言語が与えられるまで，不健全な相互作用の慢性的パターンは選択できる領域の外に隠されたままで残る。

「嫌な気持ちになるのは，あの子が私を追いやろうとする時で，私は傷ついてしまうの。私はあの子をなだめようとするのに，あの子は私に向こうに行け，ここにいて欲しくない，と言うんです」とシェリーは続けた。シェリーの葛藤に心を動かされた他の養育者たちは，自分達も子どもに手を差し伸べてなだめることが難しかったという経験を分かち合った。筆者は"タイムイン養育(Time–In Parenting)"(Weininger, 1998)の大切さについての話し合いに焦点をおいた。子どもが混乱した時に関係性を提供することに重点をおく養育である。シェリーはジェイコブが落ち着くのを手助けしたいという立場を取ったのに，ジェイコブがそれを許さなかった。このように彼女の関係性について話し合うことを通して，ジェイコブに見捨てられる恐れを回避するために，ジェイコブに関係性の采配を取らせるという，シェリーにとって要となる問題が浮き彫りになってきた。シェリーの不安を察知した筆者は，介入手順を変更し，実際にビデオテープを見る前に，テープの振り返りセッションでの中心的メッセージをシェリーに伝えることにした。今回の振り返りのために選定されたビデオクリップを見ることで，養育者はたいてい自身の"シャーク・ミュージック"を理解しやすくなる。今回のセッションの狙いを養育者が理解すれば，自分が悪い養育者としてさらされる恐れを落ち着かせ，学習過程に向き合いやすくなることを筆者は期待した。筆者は穏やかに，しかしきっぱりとこう言った。「私が思うに，ジェイコブはあなたが必要になると統制的になる。だが，あなたがジェイコブの言いなりになると，ジェイコブは怖くなるようですね。」シェリーは泣き始め，目を閉じ，感情をコントロールしようとしていた。シェリーは感情を抑え込むまで話し始めず，そうしてから目を開けて筆者を見た。張りつめると，シェリーは内に向かい，関係を遮断した。このようにして，感情に圧倒されそうな時には他者に働きかけないという，シェリーの手続き記憶が顕

わになった。著名な家族療法家であるサルバドール・ミニューヘンがかつて述べたように,「歴史はいつでも現在に存在している」。シェリーは1人で苦痛に対処することを学習してきた彼女の生育歴を提示していた。

　シェリー：あの子がとても統制的で,日に日にひどくなっていることを,私は分かっているのです。

　治療者：そのことで私はあなたの力になりたいのです。

　シェリー：私こそが主導権を持つべきだと分かっているけど,できていないんです。あの子が私を統制している…。

　治療者：ジェイコブが小さな統制者になっている時,ジェイコブは恐いのでしょうね。ジェイコブは恐がっていて,あなたに自分より大きく強く,優しくなって欲しがっていることをあなたが理解できれば,それが2人にとって役に立つと思います。

　シェリーの涙はおさまり,子どもが怒って統制的に振舞う背後には,恐いという気持ちや強い養育者を求める気持ちがあるのだ,という考えをグループの参加者で検討した。シェリーの苦しみは全ての養育者の心に触れ,皆が自分の子どもとの間で抱える困難について話をした。いよいよシェリーのビデオテープを見ようという時,心の準備はできていると彼女は言った。

　セッションの最初の目標は,息子にとって自分がいかに重要であるかをシェリーが振り返ることであった。ジェイコブが喜んで母親と遊び,母親がいなくなると母親を求め恋しがった場面が提示された。ジェイコブは母親を求めていたことを直接的には表出しなかったため,ジェイコブが苦痛を感じていることを捉えるためにはより精緻な目を育む必要があった。ジェイコブは,母親が必要になっても,慰めたり手当してもらうために,母親を求めたり恋しがったりしていないかのように振舞うという本当ではない信号を発することを学習していた。ジェイコブの遊びの調子やテンポが微妙に変わったことに,彼の苦痛が表われていた。母親が部屋にいた時,ジェイコブの遊びは活発で生き生きしていたが,母親が部屋からいなくなると,遊びは単調で焦点が定まらないものになっていた。ジェイコブが自分を必要としていることをシェリーが認識してか

らでないと，自分と再会した時の彼のアタッチメント欲求を２人でどう切り抜けているかについて検討することはできない。ジェイコブの要求を強調するために，もう１つのビデオクリップを用いた。ジェイコブが１人ぼっちで，おもむろにマジックミラーを振り返り，悲しそうな表情を浮かべて鏡をながめていたという短い場面であった。とても短い場面であったため，やや巧妙な編集作業を施すことで効果を高めた。ジェイコブの恋しそうな表情だけの映像フレームがテレビのスクリーンに映し出され，筆者はシェリーに「これはあなたに何を訴えていますか？」と尋ねた。シェリーはおだやかに，「お母さんはどこ？」と答えた。シェリーはジェイコブの要求を見て取ったのである。

　ジェイコブの要求を新しい観点で捉え始めたことで，シェリーはいまや情緒的ジレンマに陥った。もしもシェリーが自分の重要性を受け入れたなら，自分は必要とされ愛されていると感じられるが，一方で，こうした肯定的な感情は自分のこれまでの人生で滅多になかったことで，それがまさに不足していたというつらい理解にもさらされる。シェリーはジェイコブの要求を捉えることができたが，そうした理解は非常にもろく，数分後にはシェリーは，ジェイコブの要求は"単に"自分を追いやっていないだけだと捉え直してしまった。シェリーはジェイコブの要求を分かったのだが，自分の過去の苦痛から身を守るために，自分が知覚した内容を，あれは単にその時は拒絶しなかっただけであると編成し直したのである。

　ジェームス・マスターソン（1993）は，自分を肯定的に捉えると苦痛な記憶が引き起こされるために，そうした捉え方を抑制する防衛過程を，"３つ組（Triad）"と呼んだ。本人にとって新奇である，より安全で支持的な知覚や行動を思い切ってしてみることを，マスターソンは自己活性化（self-activation）と名づけたが，これにより見捨てられ抑うつ（abandonment-depression）が引き起こされ，その結果防衛が生じる。マスターソンが言う見捨てられ抑うつとは，単なる抑うつ以上のものを含んでおり，原初的アタッチメント関係における深いつまずきと結びついた一連の感情である。息子が自分を大事にしていない時にも，自分と息子との関係性に肯定的な像をもつことは，シェリーにとっ

第7章 サークル・オブ・セキュリティという取り組み

て自律的に自己活性化を起こし，防衛的な内的作業モデルの外に踏み出さなくてはならないことであった。防衛的内的作業モデルが自分を守ってくれないとなると，見捨てられ，愛されないという昔ながらの感情によって傷つくことになる。自己活性化するような自分は悪いから拒絶されるんだ，という昔ながらのシナリオをもう一度再演するために，シェリーは，拒絶する他者という否定的な観点で息子を捉えることに立ち返り，それによってこうした感情への防衛としていた。言い換えると，1人ぼっちであると感じる昔ながらの苦痛から自分を守るために，シェリーは，肯定的な視点で自分や息子を捉えることをあきらめ，自分は小さな存在で，他者とつながりを感じるという慣れ親しんだ経験に甘んじたのである。養育者が思い切って変わろうとする時には，苦痛を感じながら獲得した気付きを固めていけるよう，"3つ組"を見守ることが重要である。彼女の制限された息子の捉え方を筆者は穏やかに揺さぶり，グループの参加者も加わって，彼女には価値があるという考えや息子が彼女を必要としているという考えを持てるように援助した。ジェイコブにとって自分は価値があるということに，もろい認識ではあるが気付いたことで，シェリーは，今回のセッションで自分の"シャーク・ミュージック"に直面する準備ができていた。

　シェリーにとって要となるビデオクリップはストレンジ・シチュエーション法での2番目の再会場面であった。シェリーが部屋に入ってくる前，ジェイコブのアタッチメント行動は活性化していた。シェリーが部屋に戻ると，ジェイコブはシェリーに背中を向け続け，シェリーの質問に最低限答えるのみであった。シェリーは床に座り，ジェイコブの遊びに加わろうとしたが，ジェイコブのおもちゃに触れると，ジェイコブは「だめ」と言った。ジェイコブと一緒に遊ぼうとしては失敗することが何度か続くと，シェリーは自分の手続き的信念システムを再演し，再び拒絶感を味わい，あきらめ，自分の椅子に戻った。ジェイコブは，自分では気付いていない母親を求める気持ちが生じて，すぐさま母親を呼び戻し，母親をおもちゃに向かわせた。ジェイコブは統制的であると同時に拒絶的に振舞うことで，自分のアタッチメント欲求を統制的に扱うパターンを示していた。

233

第Ⅱ部　アタッチメント理論と心理療法

　２回目のビデオ振り返りセッションにおいて，シェリーが最初に部屋に戻ってもジェイコブがシェリーに背中を向け続けていた場面のビデオテープを見た際，シェリーは，ジェイコブが傷ついていたからこんなふうに振舞っていると言うことができた。ジェイコブについてのこの新しい描写は肯定的なサインである。というのも，ジェイコブを大きくて拒絶的であると捉える防衛的なイメージではなく，彼は小さくて傷ついているといったイメージをシェリーが持っていることを暗示しているからである。筆者は，「ジェイコブはあなたが必要になると，拒絶的で統制的になることでその気持ちに対処している」と伝えた。シェリーは答えた。「私はあの子と遊びたいから，そうされるとちょっと傷つきます。私はあの子と遊びたいのに，あの子は私にそうして欲しくない。だから私はあきらめるしかないの。」この言葉で，シェリーは自分にとって要となる問題を開示した。シェリーは自分が拒絶され，必要とされていないと感じるとあきらめてしまう。そうなると，ジェイコブは母親に世話をしてもらったり安心させてもらったりすることなく，１人ぼっちでとり残されてしまう。シェリーがくじけると，ジェイコブは脅かされる。ジェイコブは自分の恐れの感情に対処するために，一層腹を立ててしまい統制的になってしまう。ジェイコブの怒りはシェリーを脅かし，シェリーは一層くじける。筆者はこう伝えた。「あなたはとても傷ついている。そして拒絶されるというあなた自身の傷つきをなんとかしなくてはならなくなる。そのせいで，より大きくより強くより賢く優しい存在であることが難しくなるんですね。…ジェイコブはあなたを必要としていて，この世からいなくなればいいと思う最後の人物があなたでしょう。でも，あれが彼の振舞いです。…ジェイコブは，あなたがいなくて寂しかったけど，あなたを求める気持ちをどう表わしていいか分からないと言っているみたいですね。だから統制的な態度をあなたに見せているようです。」「こんなふうに考えてみるのはどうでしょうか？」と，一呼吸おいて筆者は尋ねた。「あの子が実際に必要としているのは私だと分かると安心します。私はあの子の欲求に応えていない。でもある意味，これまでは分からなかった。今は分かるわ」とシェリーは答えた。

シェリーが話している時，表情には，肯定的な感情と苦痛の両方が表れていた。セッションの締めくくりには，第1期のビデオ振り返りセッションで見た"その声"のビデオクリップをもう一度見て，シェリーに自分の能力を思い出してもらった。シェリーはビデオクリップが示している挑戦に恐れをなしており，あんなふうに"その声"に挑んでみたがうまくいかなかったと述べた。「あなたはジェイコブに拒絶されて傷つくと，結局はジェイコブの承認を求めてしまう。そうなるとすべてがひっくり返り，ジェイコブがあなた以上の力を持つようになる。彼は拒絶するという力を持っているけど，その力をあなたはジェイコブに与えてはいけない。なぜなら，そのことでジェイコブは恐くなるし，あなたは傷ついてしまう。…あなたは彼にとってかけがえのない存在であり，そのことをとにかくあなたは知っておかないと」と筆者は伝えた。シェリーは，「それって難しい」と言い，泣き始めた。

　シェリーが泣いている間，筆者はシェリーに必要なものはないかと尋ねた。シェリーは顔を覆い，情緒的に引きこもってしまった。数分して，筆者は，シェリーが自分の感情を扱えるようになるための方法についてコメントすることを決心して，「あなたは1人で気持ちを落ち着かせることに慣れているのだろうと思います。そして今日は大切な一歩です。というのもあなたは私達と一緒に気持ちを落ち着かせるのですから」と伝えた。グループの参加者が誰からともなく，シェリーを支え，シェリーが自分の気持ちについて話したい時には，グループの外でもシェリーの側にいることを申し出てくれた。

　セッションの最後にシェリーは次のように開示した。「たぶん，私が何か間違ったことをしていたのね。…だってあの子をあれほど怒らせるような何か悪いことをしたのは私の責任だと思う。」再び，今まさに洞察したことを活用して自己活性化することから自分を守るために，自分は悪いと考える慣れ親しんだ情緒過程に陥ることでシェリーは防衛した。シェリーの防衛が成功すれば，彼女が新しく学んだことは止まってしまう。グループ最後の数分で，筆者は格闘しながら，自分は何も悪いことはしていない，自分を責めるべきではない，実際に自分を支え，自分と子どもとの関係を見直すという適切なことに取り組

んでいるのだとシェリーが思えるように手助けをした。「すべての養育者のゴールは，自分の生い立ちから良い部分を引き継ぎ，うまくいかなかったことをやめ，子どものために少しでもいいことをしてみることです。それをあなたたちは今まさにしているのです」と筆者はグループを締めくくった。シェリーは，自立と自責の間を動揺しながらグループを終えた。

　第3期のビデオ振り返りセッション用の治療的素材を新たに収集するために，養育者と子どもは，第2期の（"シャーク・ミュージック"）ビデオ振り返りセッションを終えた1，2週間後にビデオ撮影に参加した。撮影は修正版ストレンジ・シチュエーション法を用いており，シャボン玉遊びから始まって，一度の分離と一度の再会や，絵本読み，片付けから構成されている。このビデオ撮影の主要な目的は，養育者が自分の"シャーク・ミュージック"をなんとか取り扱ったり，要となる問題にうまく対応し始めたりしている瞬間を見出すことである。大多数の養育者は，問題の改善と継続の両方を示す。最後のビデオ振り返りセッションは，養育者が格闘している目下の問題を認識しながらも，養育者の成長を祝福するという感覚を全体的にともなう。

　ビデオテープのいくつかのエピソードで，ジェイコブに対してシェリーが毅然と振舞えるようになった進歩が表れていた。シャボン玉遊びをしている時，ジェイコブは狂喜してシャボンを吹き，シャボン玉を吹く棒をとても乱暴に振り回し始めたので，シェリーは制限を課す必要があった。シェリーは毅然と振舞い，ジェイコブが遊びの楽しさを維持しながらも落ち着くよう手助けすることができた。シェリーが采配をふるってジェイコブにおもちゃを片付けるよう仕向けなければならない場面では，シェリーの態度は，「お母さんを手伝ってくれる？」といった懇願的なものから，「さぁ，おもちゃを片付けましょう」という控えめな指示に進み，ついには「そのおもちゃを片付けなさい」と毅然と振舞う態度になった。シェリーは彼女の新しい能力と問題の両方を提示していた。ビデオ撮影の間を通して，ジェイコブはシェリーにずっと協力的であった。

　分離場面でシェリーがジェイコブのもとを去ると，ジェイコブは苦痛を示し

第7章　サークル・オブ・セキュリティという取り組み

た。シェリーが部屋に戻ると，ジェイコブはおもちゃ遊びを手伝って欲しかっただけ，といった振舞いをしてシェリーに本当ではない信号を発した。シェリーは新しい洞察を獲得したことで，ジェイコブが欲求不満に陥っている時に，"あきらめてしまう"のではなく，子どもへ情緒的に落ち着いた応答性を保つことができた。これはあらゆる養育者にとって決定的な局面である。養育者が最初に養育行動を変えてみる時に，その試みへの強化となるような反応を子どもはすぐさま養育者に返すわけではない。養育者が，新たな養育行動を取り続けながら，その新しい行動は信頼できると子どもが学べるよう手助けをする必要のある移行期間を，2人の関係性が変わる際に経ることになる。自分の母親が親としての正当な立場を主張し，自分との関係で母親が養育者として大抵は自立しているとジェイコブが実感する時に，ジェイコブの変化が確固たるものになる。この最後のビデオ振り返りセッションの重要な目標は，発動し始めた変化を維持していけるよう養育者を支援することである。

　第3期のビデオ振り返りセッションで，シェリーは以前より不安を低く感じ，より対応可能であった。シェリーは，自分が部屋に戻るとジェイコブが本当ではない信号を送ったビデオ場面を見て，自分が戻った時にジェイコブが自分を必要としているとは思わなかったと述べた。再び，シェリーの"シャーク・ミュージック"によって，シェリーは息子にとっての自分の価値を認めにくくなっていた。「これはあなたに育ちつつある出発点だと私は思います。……ジェイコブがどれほどあなたを必要としているかを認識することです。あなたは全てにおいてこんなふうに自分の重要性を低く評価し，そのせいでジェイコブの欲求を捉えていないと思います」と筆者は彼女に伝えた。シェリーは同意し，自分の重要性について考えると良い気持ちになると述べた。シェリーは，ジェイコブがお母さん大好き，と言うと落ち着かない気持ちになるが，これは，自分がこれまで誰からも言われたことがないという事実に由来することを打ち明けた。シェリーは叔父が亡くなった時の記憶を思い出した。葬式の時，シェリーは母親に抱きつこうとしたが，母親は彼女を突き離した。ジェイコブの愛情を受け入れられるようになることが，自分の"シャーク・ミュージック"を

乗り越える上で重要な部分であるとシェリーは理解した。われわれ臨床家がCOSに参加した多くの養育者から学習した主要テーマの1つを，シェリーの問題が強調している。つまり，**自分がもらえなかったものを，与えることで傷つくだけでなく，受け取ることでも傷つく**，ということである。筆者は，「これはあなたにとって課題として大きくなってきている領域ですね。ジェイコブはあなたに愛情を示すという点で少し打ち解けてきています。……あなたはそのことを心配していたし，今ジェイコブがそれをし始めると，あなたは"シャーク・ミュージック"を耳にしてしまいますね」と彼女に伝えた。

シェリーは，おもちゃの片付け場面を最初に見た時，以前よりジェイコブに断固とした態度を取れるようになったことがわからないでいた。ビデオを2回見て，グループの支援もあって，シェリーはかろうじて自分が毅然と振舞っていることを理解した。シェリーは以前とは違った行動を取り始めたにもかかわらず，自分自身を新たな肯定的観点から捉えることに苦戦していた。自分を小さくて悪い人とみなす昔からの表象が，彼女の知覚を色づけていた。

プログラムが終了した1週間後に，介入後のストレンジ・シチュエーション法を行った。ストレンジ・シチュエーション法をしている間，シェリーはためらいがちな行動が減り，ジェイコブの探索により支援的で，ジェイコブが抵抗したり統制的に振舞ったりしてもあきらめなかった。ジェイコブは再会時に母親との接触を求めたが，母親の世話にいくぶんの抵抗を示すという本当ではない信号を発した。ジェイコブのアタッチメントは安定型（B-4）に分類された。就学前児用評定マニュアルでは，B-4カテゴリーについて次のように記載されている。"このグループの子どもの行動は全般的に安定しているが，未成熟，依存的，両価的，抵抗的な行動部分もまた存在する。"ジェイコブは母親を安全基地や確実な避難所として用い始め，また，ストレンジ・シチュエーション法での振舞いのように軽度の防衛的信号（抵抗）を示した。介入後のストレンジ・シチュエーション法において，シェリーはジェイコブの探索に従い，ジェイコブが関心を向けていることには侵入しなかった。シェリーの侵入性が減ったことで，ジェイコブの攻撃性も低くなっていた。再会時，シェリーはより自

第7章 サークル・オブ・セキュリティという取り組み

信があるように見え，ジェイコブはずっと統制的な様子が減っていた。ジェイコブが統制的になると，シェリーは"より大きく，より強く，より賢く，優しい"養育者としての立場を維持し，ジェイコブも単に遊び半分で統制的になっているようであった。2回目の再会の最初の数秒間，ジェイコブがシェリーを歓迎し話しかけている間，彼は母親へのアイ・コンタクトをじっと保っていた。介入前の再会時には，ジェイコブはほとんど母親を見なかった。彼は今や，自分の気持ちを整える手助けや，自分の探索の支援を求めて母親に頼ることが徐々にできている。ジェイコブが母親に安定したアタッチメントを新たに見出したことで，統制的で回避的な兆候を伴う不安定－その他型のアタッチメントであり続けた場合よりも，彼の今後の発達が，かなり肯定的な経路をたどるのではないだろうかと予測される。

　介入終了後のCOS面接において，シェリーは，自分が部屋にいない間，ジェイコブが自分を必要としていたことへの理解を示した。シェリーは，「ジェイコブは1人ぼっちになると私を探して辺りを見渡し」，そして「私が部屋に戻ると興奮した」と述べた。「ジェイコブが私を必要とし，私を恋しく思っていたことが分かった」とシェリーは続けた。シェリーは息子が自分を必要としていることを捉えており，このことは，シェリーの息子に関する表象が変化したことを表していた。シェリーにとっては自分の自己表象との格闘の方がより大きな問題であり，自分自身を"良い"人と考えたり"悪い"人と考えたりして揺れ動いていた。シェリーにとっては自分自身との関係の方が固定化しており，これまでの生涯にわたる経験を表していた。ジェイコブが自分を必要としていると捉えることにより，シェリーの内的作業モデルに危機が生じた。シェリーは愛されるに値すると感じると，拒絶されたり見捨てられたりする恐れを予期した。子どもが自分を必要としていることで，恐れと肯定的感情の両方が引き起こされるという内的葛藤を解決することが，シェリーの持続的変化のために重要である。

　メインは成人アタッチメントの研究において，"獲得された安定自律型"という言葉を作った。この言葉は，明らかな逆境で育っていながら，安定した心

的状態の成人へと発達する弾力性を有している者を指して用いる。安定した心的状態を獲得するための鍵は自己内省性を有していることであり，自己内省性がある成人は，自身の生育史に関して一貫した観点を体制化できたり，過去の経験が現在の関係に及ぼしている影響を認識したりできる。シェリーが，自分の問題を信頼できる成人と共有したり，つらい生育史についてバランスのとれた見方を見出したりできるようになるほど，"獲得された安定自律型"への道のりを確かに歩み続けることになる。もちろんそのために，継続的な治療的支援が彼女にとってきっと役立つだろう。

ジェイコブとの関係で最も難しいと思うことは何かをシェリーに尋ねると，シェリーは最初のCOS面接の際とまさに同じ問題について言及した。それはしつけであり，ジェイコブが朝食にアイスクリームを欲しがるという同じ話をもう一度述べた。今回，シェリーは次のように言った。「朝食にアイスクリームを食べちゃいけないってことを，あの子はいつか学ばないといけないのよ……だから，私達は代わりに卵を食べました。」この出来事の際，ジェイコブはシェリーのことをどんなふうに思ったであろうかを尋ねられると，シェリーは「欲しいものを食べさせなかったから，私のことを好きだとは思わなかった」と答えた。この出来事の際，シェリーが自分のことをどう思ったかを尋ねられると，シェリーは「良かった，と思いました。私は譲歩せずに，アイスクリームを食べさせなかったから」と答えた。最初のCOS面接でこうした葛藤を述べる際，シェリーは自分が毅然と振舞ったら息子が自分を憎むと恐れていた。とりわけ息子から拒絶されても，自分が適切に毅然と振舞った時に，自分自身の肯定的なイメージを保てることは，とても大切な進歩である。

面接の終わりに，COSという取り組みに参加したことが，自分と息子との関係にどんな影響を及ぼしたかについて聞いてみた。シェリーは肯定的な感情を伴いながらこう答えた。「あの子は，私が部屋に入ると，抱っこなどを求めて，まっすぐ信号を送ってきます。……保育園のお迎えで私があの子を抱っこすると，あの子は私に会えて興奮します。こういうことはこれまで決してなかったことです。……あの子は私を見ると本当に嬉しそうです！」息子が，これまで

第7章 サークル・オブ・セキュリティという取り組み

はそうでなかったのに，これほど率直に自分の欲求を母親に見せるということは，シェリーが息子の愛情を受け入れて歓迎していることを表している。

結　論

　シェリーとジェイコブの話は，早期介入を必要とする養育者のうちのある重要なカテゴリーを代表している。シェリーが歩んだ過程を理解することは，恐れを感じるがために，自分の子どもとの役割逆転の関係を継続してしまう，分離への過敏さを持つ養育者について理解することである。こうした養育者は，自分の安定を保つために子どもからの情緒的支援を必要とする一方，自律的に機能することが必要な時は感情を落ち着かせることができなくなり，それゆえに毅然と振舞うことを避ける。そうした役割逆転の関係において，子どもが関係性を体制化せざるを得ず，それは怒りの表出や統制的なやり方でなされることが多い。そうした子どもは安全を感じる必要があるのに，大人から懲罰的なしつけを受けることが多く，単に問題を強化することになる。

　COS面接ならびに介入手順において，シェリーは実母との関係を不安に満ちて拒絶的であったと述べた。それに対処するため，シェリーは自分のではなく母親の要求に注意を向けるように学習してきた。もしもシェリーが自律的な人間として自分自身の興味を育んだなら，母親は腹を立て，必要な時に母親に側にいてもらうことが一層難しくなったであろう。シェリーは見捨てられる感情を引き起こしかねない経験に過剰に警戒的になり，自己主張を避ける極めて具体的な方法で自分の人生を体制化した。シェリーにとって，自己主張することは，必ずや拒絶されるという意味を含んでいる。関係性の手続きを学習している幼い子どもの心の中で，シェリーのいささか未熟な論理は次のように展開したのであろう。「私が何か自分でしようとするたびにお母さんは私を拒絶する。これって，私が自分のために行動する時私は悪い人になったという意味に違いない。」そうして，拒絶という分離を恐れることをめぐって体制化された内的作業モデルをシェリーは育んだ。シェリーは，自分を愛してくれる人から分離

している時に，自分が1人ぼっちで無力で問題を解決する手腕もないと感じていた。シェリーは青年期に，とても抑うつ的になり，自分の苦痛を終わらせるために死にたいという思いにふけっていたのだが，それは驚くべきことでない。10代の頃，離れたところから自分に好意があるかのように振舞う男の子なら誰でも彼女は惹かれてしまい，そして，彼女は，見捨てるよという脅しで容易く操作されてしまうのだった。幸いにも，シェリーは16歳で息子を出産し，これを，自分自身と息子にとっての人生を築くための目覚まし時計のように体験した。残念ながら，シェリーはどうしていいか分からず，息子に自分の世話をするよう頼り，そのせいで息子の安全感は阻害された。

　シェリーの治療もまた，役割逆転している分離への過敏さを持つ養育者の典型である。彼女にとって最初の課題は，子どもの行動を，子どもの要求表現と捉えることであった。シェリーにとっての"共感できる状態への移行"(Cooper, Hoffman, Powell, & Marvin, 2005) は，ジェイコブが怒って統制的に振舞う行動を，自分を必要としているサインであると捉えた時であった。次なる課題は，自分自身が孤独で悪い人だと感じることから防衛するために，自分がジェイコブに対してあきらめてしまう有り様を理解することであった。治療的なメッセージは，シェリーには毅然と振舞ったり，手続き記憶として身につけた自律的な自分を発揮することに伴う恐れを扱ったりする能力がすでにあるということであった。シェリーは自分で思っているよりもずっと強く，自分が"その声"を持っていることを発見した。これにより，息子との間にあったドアが開いただけでなく，友達と肯定的な関係を築けるようにもなり，ついには実母ともこれまでとは違った関係を作り上げていけるようにもなった。

　介入からおよそ1年後に，COSの取材をしていた新聞記者がシェリーのグループにインタビューを行った。インタビューの中で，シェリーは1年前よりもずっと生き生きして，自信を持っていて，はっきり主張していた。インタビューの間，母親たちは互いに対して愛情深く接しており，シェリーが息子と実母との関係性を改善できたと他の母親たちがほめていて，シェリーはそれを受け入れていた。

第7章　サークル・オブ・セキュリティという取り組み

　シェリー：最初，私は静かな人だったの。私は何よりも恐かったの。でも次第に…活発になったの。
　記者：何を恐がっていたの？
　シェリー：知らない人たちに自分の人生を打ち明けること。
　記者：プログラムのどんなことで，それをしてみる気になったの？
　シェリー：支援や人々，皆からのフィードバックがあったから。
　記者：プログラムから学んだ何か具体的なことで，分かち合いたいことは？
　シェリー：私に一番助けになったのは，私の声です。母親の声について知ること。こんなことしてはいけないと厳格に言って，それを通すこと。…息子はおもちゃを口に入れていて，私が出しなさいと言うと，ほとんど自動的におもちゃを落として離した。そんなことはこれまで全く知らなかったんです。

　自分が活発になったと言った際，いくぶん恥ずかしそうだが肯定的な態度でそう述べた。彼女にとって，記者が目の前にいるような集団の場で，自分の特徴をこんなふうに肯定的に話すということは，自分自身についての考え方に変化があったことを表している。息子にとっての自分の価値を認識して受容し，自分自身の強さを育みながら，シェリーは自分自身には生まれながらの価値があるという感覚を発見し始めた。このインタビューの間，シェリーは自分が変化したまさにその（要となる）瞬間を思い出していた。息子に対して毅然と振舞う強さを自分が持っていること，それにより息子が必要としている安全感を提供できることを発見した瞬間である。シェリーは，自分の声を見出し，自分には言うべきことがあり，また他者は自分の意見に関心を持っていることを学習する過程を歩んでいる若い女性という印象を与えた。

　COSプログラムは，変化の過程の最初の部分であった。シェリーはプログラム終了後1年間ヘッド・スタートを継続し，共にプログラムを締めくくった有能な教師と家族サービス・コーディネーターとが日常的にシェリーの変化を支援した。COSに参加した養育者のほとんどがプログラムの翌年ヘッド・スター

トに留まり，互いにとっての支援ネットワークとなった。グループで始動した最初の変化が，COSの訓練を受けたスタッフと養育者によって，翌年に渡って，再強化され形作られていった。変化が持続的なものになるためには，関係性やアタッチメントを重視する養育姿勢を知っており，その大切さを尊重するようなアタッチメントネットワークに養育者が関わっていることが必要であるとわれわれは考えている。

ミネソタで行われた縦断研究（Sroufe et al., 2005）からの知見によると，成人のパートナーと情緒的に支持しあえる関係性をもっていることが，次の世代に虐待やネグレクトを伝達しないための重要な保護要因であった。もしシェリーが支持的なパートナーを選べば，プログラムでシェリーが育んだ変化は，長期的なパターンへと固まっていくであろう。もしシェリーが支持的でなく敵意的なパートナーと関係すれば，シェリーの変化は持続的なものにはまずならないであろう。不安定型／無秩序型の成育史をもつ若いシングル・マザーには，支持的なパートナーを選ぶという，人生で最も重大な決断の1つをするのに手助けや支援が必要である。彼女たちの不安定な来歴から予測できるのは，継続した支援無しには，支持的でない相手を選びがちであるということだ。シェリーが経験した段階のCOSプログラムは，この問題に対してまだ最小限しか取り組んでいない。COSの取り組みにおけるより新しいアプローチとして，このパートナー選択という極めて重要な問題に本気で取り組むことを目的とする学習の各要素を開発することを今探求しているところである。シェリーが自分の内省能力を保ち，自分の価値を心に留め，現有の支持的ネットワークを維持できれば，自分が得られなかったものをジェイコブに与えるという道筋にこのまま沿って行けるだろう。シェリーが熱心に取り組んでくれたことや，自分の弱さを見せてくれたこと，恐れに向き合う勇気を示してくれたことに感謝したい。

文　献

Aber, J. L., Slade, A., Cohen, L., & Meyer, J. (1989, April). *Parental representations of their toddlers: Their relationship to parental history and sensitivity and toddler security.* Paper presented at the biennial meeting of the Society for Research in Child Development, Kansas City, MO.

Ainsworth, M. D. S., Blehar, M. C., Waters, E., & Wall, S. (1978). *Patterns of attachment: Psychological study of the Strange Situation.* Hillsdale, NJ: Erlbaum.

Bollas, C. (1987). *The shadow of the object.* New York: Columbia University Press.

Bowlby, J. (1988). *A secure base: Clinical applications of attachment theory.* London: Routledge.

Cassidy, J. (1994). Emotion regulation: Influences of attachment relationships. In N. Fox (Ed.), The development of emotion regulation. *Monographs of the Society for Research in Child Development, 59*(2–3, Serial No. 240), 228–249.

Cassidy, J., & Marvin, R. S. (1992). *A system for classifying individual differences in the attachment behavior of 2½- to 4½-year-old children.* Unpublished coding manual, University of Virginia, Charlottesville.

Cooper, G., Hoffman, K., Marvin, R., & Powell, B. (1997). *The Circle of Security Interview.* Unpublished materials, Marycliff Institute, Spokane, WA.

Cooper, G., Hoffman, K., & Powell, B. (1998). *Caregiver core sensitivities* [Handout]. Marycliff Institute, Spokane, WA.

Cooper, G., Hoffman, K., Powell, B., & Marvin, R. (2005). The Circle of Security intervention: Differential diagnosis and differential treatment. In L. J. Berlin, Y. Ziv, L. M. Amaya-Jackson, & M. T. Greenberg (Eds.), *Enhancing early attachments: Theory, research, intervention, and policy* (pp. 127–151). New York: Guilford Press.

Fonagy, P., Steele, H., & Steele, M. (1991). Maternal representations of attachment during pregnancy predict the organization of infant–mother attachment at one year of age. *Child Development, 62,* 891–905.

Fonagy, P., Steele, M., Steele, H., Higgitt, A., & Target, M. (1994). The theory and practice of resilience. *Journal of Child Psychology and Psychiatry and Allied Disciplines, 35,* 231–257.

Fonagy, P., Steele, M., Steele, H., & Target, M. (1997). *Reflective-functioning manual, Version 4.1, for application to Adult Attachment Interviews.* Unpublished coding manual, University of London.

Fraiberg, S. H., Adelson, E., & Shapiro, V. (1975). Ghosts in the nursery: A psychoanalytic approach to the problem of impaired mother–infant relationships. *Journal of the American Academy of Child Psychiatry, 14,* 387–422.

George, C., Kaplan, N., & Main, M. (1985). *The Adult Attachment Interview.* Unpublished manuscript, University of California, Berkeley.

Hoffman, K., Cooper, G., Marvin, R., & Powell, B. (1997). *Seeing with Joey.* Unpublished manuscript, Marycliff Institute, Spokane, WA.

Hoffman, K., Marvin, R., Cooper, G., & Powell, B. (2006) Changing toddlers'

and preschoolers' attachment classifications: The Circle of Security intervention. *Journal of Consulting and Clinical Psychology, 74*(6), 1017–1026.
Kernberg, O. F. (1975). *Borderline conditions and pathological narcissism.* New York: Jason Aronson.
Kohut, H. (1971). *The analysis of the self.* New York: International Universities Press.
Liotti, G. (1992). Disorganized/disoriented attachment in etiology of dissociative disorders. *Dissociation, 5,* 196–204.
Lyons-Ruth, K. (1998). Implicit relational knowing: Its role in development and psychoanalytic treatment. *Infant Mental Health Journal, 19,* 282–289.
Main, M., & Hesse, E. (1990). Parents' unresolved traumatic experiences are related to infant disorganized attachment status: Is frightened and/or frightening parental behavior the linking mechanism? In M. T. Greenberg, D. Cicchetti, & E. M. Cummings (Eds.), *Attachment in the preschool years: Theory, research, and intervention* (pp. 161–182). Chicago: University of Chicago Press.
Marvin, R., Cooper, G., Hoffman, K., & Powell, B. (2002). The Circle of Security project: Attachment-based intervention with caregiver–preschool child dyads. *Attachment and Human Development, 1*(4), 107–124.
Masterson, J. (1976). *The psychotherapy of the borderline adult.* New York: Brunner/Mazel.
Masterson, J. (1993). *The emerging self.* New York: Brunner/Mazel.
Masterson, J., & Klein, R. (Eds.). (1995). *The disorders of the self: New therapeutic horizons, the Masterson approach.* New York: Brunner/Mazel.
Sroufe, L. A., Egeland, B., Carlson, E. A., & Collins, W. A. (2005). *The development of the person: The Minnesota Study of Risk and Adaptation from Birth to Adulthood.* New York: Guilford Press.
van IJzendoorn, M. H., Schuengel, C., & Bakermans-Kranenburg, M. J. (1999). Disorganized attachment in early childhood: Meta-analysis of precursors, concomitants, and sequelae. *Development and Psychopathology, 11,* 225–249.
Weininger, O. (1998). *Time-in parenting strategies.* New York: ESF.
Winnicott, D. W. (1965). *The maturational processes and the facilitating environment.* London: Hogarth Press.

第8章　子どもの不健全な内的作業モデルに変化を起こす
——治療的幼稚園においてアタッチメントを基礎とする治療方略を用いて

ドグラス・F・ゴールドスミス

　第1養育者に対して不健全なアタッチメントを形成している子どもは，不信感や怒り，不安を現すことで大人や仲間との関係を形成する傾向にある。時間が経過するにつれて，これらの不良な表象は全ての関係性に影響を与えるため，子どもは最小限の挑発に対して反応的に攻撃してしまったり，反対に，自分の情動を調整するために防衛的にひきこもったりする。この章では，子どもの不健全な内的作業モデルを変えるために，アタッチメントを基本とする治療方略を取り入れている治療的な幼稚園のプログラムを紹介すると共に，親子の心理療法がどのように行われているのかを説明していく。親子心理療法のセッションでは，親側の子どもに対する表象を中心的に扱い，情緒的な敏感性やコミュニケーションスキル，安定した関係性を促進する家庭環境の構想などを親が持てるように援助していく。同時に，大人は懲罰的で必要な時に利用できないという，子どもの大人に対する見方を崩すために，慈愛ある相互作用を大人と行う治療的幼稚園に子どもは通う。これらの相互作用を通して，問題を解決するためや激しい感情の高まりを沈めるため，そして，仲間との肯定的なやりとりを促進するために，子どもは大人を活用できることを学ぶのである。

　子どもは，第1養育者を越えた自分の周りの環境を探索し始めることで，養育者や自分の周囲にいる他の重要な他者がどのように振舞うかを予期する助けとなる内的作業モデルを，1歳から2歳の間に構築するとボウルビー（J. Bowlby）は理論化していた。養育者との間での経験をもとに形成された内的作

業モデルは，対人間の状況を評価したり，新しい環境や人間関係においてどのように反応するのかについての計画を立てたりすることによって，子ども達を導いていく。本質的には，人生最初の数年における関係性の経験が，新たな関係性や環境への対応を導いていくために活用され，将来に対する道筋を創造していく。敏感性高く応答的な養育者を持った子どもは自信を持って環境を探索でき，必要な時には援助を求めることができる。そして，自分の養育者は自分をなだめてくれ，感情的に混乱した時はそれを修正してくれるということを学んでいる。対照的に，困った時に助けにならず，信頼できない養育を受けた子どもは，周りの環境は頼りにならないものだと知覚し，結果として，探索を恐れるか，反対に，他者に対して攻撃的であったり反抗的であったりする (Bretherton, 2005)。

幼稚園などの新しい場所における新たな人間関係や環境においても，問題ある相互作用を子どもがしてしまうことは，すでに持つ内的作業モデルを押し付けてしまうために起きるということをわれわれが理解することで，そのような状態は絵解きされるとボウルビー (1998) は信じていた。例えば，幼稚園の教室でおもちゃで静かに遊んでいる4歳のリッキーを考えてみよう。他の子が近寄ってきたら，リッキーは防衛的に見上げ，眉毛にはしわがより，あごを緊張させていた。これらは，遊びに対して友好的なアプローチよりも攻撃的なやりとりを予期することを彼に教えた彼の内的作業モデルの外部への表出である。リッキーは，近寄ってきた子どもに対して，自分を1人にしておいてくれと叫び，同時に殴る準備のためにジャンプして立ち上がった。数秒の間に，2人の男児は暴力的なけんかを始めてしまう。彼のセラピストが止めようとして急いで近寄ると，リッキーは彼女の方に振り返りつばをかけた。セラピストが彼の手を取って鎮めようとした時，リッキーは床にひっくり返って手を振り回し，凶暴に足を蹴った。リッキーは明白な反抗挑戦性障害の症状を表出していると一部の人は考えるかもしれない。しかし，注意深く彼の生い立ちを見れば，生まれてすぐから母親がうつ病を患い，0歳代で両親が離婚するなど，リッキーは生後1年の間に養育者による落ち着いた養育を経験していないことが分かる。

第8章 子どもの不健全な内的作業モデルに変化を起こす

　内的作業モデルに反映されているリッキーの経験は，本質的に，他者からの愛情あるケアに彼は値しないということを予期させるように教えた。事実，仲間や大人との相互作用が怒りに満ち不満だらけで，相手も自分も怪我をする結果にさえなってしまうという内化された対人関係への期待が作り出されていた。そのため，防衛的に仲間やセラピストを殴るのである。他者とのやりとりは彼に安らぎや満足感を与えはしないと当然予想し，それよりも，懲罰的な相互作用が起こるだろうと潜在的に予期してしまい，先制して攻撃を仕掛けるのである。仲間や大人との関係性について不良な内的作業モデルを発達させている，不健全なアタッチメントを形成した小さい男の子だとリッキーを理解することは，単に攻撃的な行動を消失させることよりもむしろ，自己や他者に対する肯定的な内的作業モデルを回復させることを目的とした介入を考えることにつながる。

　乳幼児期における行動や情動の問題の裏に横たわる第1の問題として，不健全なアタッチメントが及ぼしている悪影響があるという視点を持つことは，臨床家にとって特に必要であると研究によって示されている。例えば，精神科に通う80-84％の幼児期の子どもは不健全なタイプだと分類されている（Greenberg, Spelz, DeKlyen, & Endriga, 1991）。さらに，スルーフ（L. A. Sroufe, 2005）は，安定的なアタッチメントを持つ子どもは，教師や仲間に肯定的な感情を持って関わったり，他者が苦痛状態にある場合に共感性を示したり，クラスメイトと協調的な遊びを維持したりすることで簡単に見分けられることを示している。感情を調節できて，仲間や大人に共感的に応答できるという発達上の課題を習得してから，このような子どもは保育所や幼稚園などに入所してくる。その反対に，不健全なアタッチメントを持つ子どもはこれらの課題を習得できないような状況に置かれている。彼らは教室において怒りの発作を表出し，驚くことではないが，社会性が低く仲間関係も不良である（Carlson & Sroufe, 1995）。こういう子は相互作用を暴力でもって調整し，また，遊びのやりとりを自分にとって都合のいいようにするために教師に濃密に依存する（Sroufe, 2005）。

　不健全なアタッチメントとそれに続く関係性の阻害は，親子心理療法でもっ

とも良好に治療される一方で（Lieberman, 2004 ; Sameroff, 2004），子どもの家族関係にのみ治療的介入を集中させることは，問題が波及している幼稚園などの家庭以外の環境における大人や仲間への反応に対処しないことになる。本章は，家庭や集団で子どもが問題行動を起こす関係性の阻害に本気で取り組むために，親子のセラピーと併せて治療的な幼稚園のプログラムを使う重要性を明らかにする。このプログラムで，グループ介入は子どものアタッチメントの方略と不良な内的作業モデルの問題に挑むように活用される。治療的な介入はまた，自分の感情を言語化するようになることによって，情動を調節できるように子どもを支援する。そうなれば，他者は自分をよく理解するだろうし，その結果，自分の欲求やニーズにうまく対応してくれるようになるだろう。この章は，治療計画や介入のためのアセスメントや定式化で使う，関連するアタッチメント概念を概観することから始める。事例については，臨床実践におけるアタッチメントを基礎とする介入を明確にするために，後ほど提示していく。

安全基地を育成する

　アタッチメント理論は，第1養育者に対して乳児が安定的なアタッチメントを発達させることが最重要事項であると強調しており，関係性という文脈の中で，安心感を促進するために必要な行動を提示している（Fonagy, 2001）。情動的に調律され利用可能な養育者によって育まれ，安定したアタッチメントを形成した乳児は，怖い時や脅かされた時，また，不安が喚起されるという状況で，アタッチメント対象に近接を求める。乳児は，養育者との近接によって，安らぎや安心感，ほっとすることが確実に得られると素早く学習する（Bowlby, 1988）。なだめられた後，苦痛を取り除かれた環境で，安定型の乳児は探索を再開することができる。安心感を得るために養育者のところへ戻った後に探索をするというサイクルは，2歳以下の子どもにはよく見られるが，しかし，幼稚園に入る年齢になると回数が減る。その頃には，子ども側における近接を求める緊急性が一般的には減る（Bowlby, 1982）。養育者へ近接を求めることは，

第 8 章　子どもの不健全な内的作業モデルに変化を起こす

親子両方にとって，情緒的な親密性の感情を助長する。この親密性は，暖かく包み込まれたという経験を子どもに強化し，愛されている関係において，理解され支援されていると感じることはどういうことなのかを知っている，という安らかな気持ちを生む。養育者にとって，このようなやりとりは，必要とされる喜びや子どもに安らぎを与えられるという満足感を生じさせる。この親密な相互作用の存在が，子どもの他の養育者との関係と親子の関係を異なるものとするのである。

　不運にも，不健全なアタッチメントを持つ子どもは近接要求に抵抗し，結果として，養育者との親密なやりとりの回数がずっと少なくなる。そのため，親子は感情的に距離を感じ始め，子どもに対して欲求不満や怒りを親に誘発させやすくなる。翻って，怯えたり，欲求不満の経験に直面した時に，子どもは結局，孤独感と無能感に終わる。負のサイクルが素早く永続化する。不安な時や動揺した時に子どもが援助や励ましを求めなくなれば，親は子どもによって必要とされたり，感謝されたりすることをもう感じなくなる。どうして自分に親密に関わらないのかと親が子どもに説明を求める場合，それによって親が経験するストレスは，子どもに否定的に投影されることが多い。臨床場面では，この投影は子どもに対する怒りか，子どもに対して親しみの気持ちを持てないと認めることを伴う。ある母親は自分が感じている欲求不満や拒絶された感覚，さらに，不幸感について，「もしこの子が動物なら，今頃はおりの中にいるでしょう」と表現している。

　アタッチメント対象に近接を求めることは，慰めのために必要なだけでなく，乳児期以降において引き続く情動調整の発達にとっても重要な役割を担う。安定したアタッチメントを形成している子どもは，自分が感情的に高まった時に，養育者が情緒的に利用可能で，自分のニーズや信号に敏感に応答してくれることを十分理解している。情動的に調律されている養育者は，子どもが動揺してしまったと感じている場合に，感情の高まりは不必要な混乱状態ではないこと，そして，養育者への近接を求めることで再び心が安定することを子どもに効果的に教えられる（Sroufe, 1995）。その結果，感情的な苦痛があることを知らせ

れば，養育者に慰められ，元気付けられると期待できるので，安定したアタッチメントを形成した子どもは言語的にマイナス感情を表現できるのである (Cicchetti, Ganiban, & Barnett, 1991)。効果的になだめられたという経験の繰り返しは，自分の感情状態を調整する力を子どもにもたらし，さらに，子どもは肯定的な交流により多くの時間を費やすようになる (Cicchetti, Ganiban, & Barnett, 1991)。反対に，習慣的になだめられる経験がない子どもは，負の感情によって圧倒されやすく，相互作用では一般的に怒りやすく攻撃的で，負の感情を直接表現できないという困難を持つ (Cassidy & Koback, 1988)。ゆえに，不健全なアタッチメントを持つ幼児は，怒りの感情を反映していると思われる，反応的な攻撃性を高いレベルで表出するが，その攻撃性は子どもの心内化された恐れや不安の感情の反映でもありうるだろう。閉じられたドアの後ろにいる「タイムアウト」中の幼児は，不安な気持ちで圧倒されてしまい，泣いて怖さを直接訴えるよりも，むしろ，暴力的で破壊的になってしまうのである。

　効果的に感情を調節できないことは，幼児にとって，最も重要な発達的な作業に対して悪影響をもたらす。その作業とは，仲間との効果的な交流や衝動を調整すること，集団において機能することである (Waters & Sroufe, 1983)。安定した幼児は，自由に教室を探索し，何かできそうにないことがあれば喜んで大人に支援を求めるだろう。しかし，不健全なアタッチメントを持つ幼児は，大人を頼る傾向になく，代わりに，葛藤からは引きこもることを選ぶか，怯えた時には攻撃で応答する (Bretherton, 2005)。心が混乱してしまって子どもに対応できない養育者との経験 (Steele & Steele, 2005) とか，感情の嵐に巻き込まれて効果的な関わりができず，崩れた感情のバランスを元の状態に戻せない養育者との経験が，幼稚園の教師に投影される。不安定な子どもは，先生も親と同様にうまく対応できないだろうと当然思っている。困った時に助けを求めないことは続くので，感情の爆発が子ども自身で調整できないことや，仲間関係での問題への対処を教師が行う必要性があるために，持続的に気を散らされる教師との間に緊張を生む。そのため，大人は自分へうまく対処できないし，困った時に頼れないという子どもの内的作業モデルは，アタッチメントを基礎

第8章　子どもの不健全な内的作業モデルに変化を起こす

とする介入の中心点となる。このような内的作業モデルを考慮する時，養育者と子どもとの関係を吟味するだけではなく，どのように養育者が子育てを経験しており，そして，子どもをみているかについても検証することが重要である。このことは次のセクションで議論していく。

子どもに対する親の表象

　子どもの内的作業モデルは，子どもをどのように親が知覚するのかに強く影響を受けている。ボウルビー（1988）は，"母親が子どもに見ないことは，子どもも自分自身で見る機会を失う"（p.132）と述べている。さらにボウルビー（1988）は，親の否定的な投影に，子どもが応答するというリスクも懸念している。そのため，幼児期の子どもは自分を疲れさせるだけの存在で，感情的な報酬をほとんどもたらさないと見なしている親は，子どもの良くない特徴について，他の家族メンバーから受け継いだものだと理由付けたり，理解したりし始める。例えば，子どもの攻撃的な行動は，父親の暴力的な気質を遺伝的に持ったことの証拠だと解釈されるだろう。同様に，前夫によって永続的にもたらされている力関係の戦いによって怒りが沸騰している母親は，自分の権威に挑戦してくる4歳の息子に対して必要以上に怒りを感じ，要求を拒否するだろう。子どもに対する親の否定的な表象の役割を診断しない臨床家は，攻撃的だったり反抗的だったりする子どもの行動を消失させるように計画された，行動主義的な介入を処方するかもしれない。しかし，そうすることですでに怒っていると同時に恐れてもいる親に対して，うかつにも罰を与えるような評価をしてしまう可能性がある。反対に，親が否定的な表象を持っていることが分かる臨床家は，その親の表象をもっと正確で肯定的な作業モデルへと修正して育むことができるので，親を援助する道が開けるだろう（コーレン－カリー，オッペンハイム，ゴールドスミスの第2章を参照のこと）。

　子どもの精神医学的な課題も，その子に対する親の否定的な表象を悪化させるかもしれない。子どもに対する臨床的な援助を親が求めるまでに，親は否定

的な表象の複合化と子どもの本当の精神病理的な問題への理解不足などによって，頻繁にいら立つ経験をしてきている。例えば，まだ診断を受けていない注意の問題を持つ子どもは，意図的に親の要求を無視すると認識されうる。子どもの衝動的な怒りは，非礼で攻撃的だという子どもに対する否定的な親の表象を強化する。一方で，子どもは自分のことをありがたいと思っていないし，敬意も持っていないと親は感じる。その結果，おもちゃを片付ける前にもう少し時間が欲しいという子どもの些細な要求は，親の苛立ちと行き過ぎた厳しい罰によって対応されてしまう。

　アタッチメントの視点を持つもう1つの利点は，保育所や幼稚園，また，家庭で，幼い子どもの問題行動に効果的に取り組むため，臨床家がアタッチメントに基礎を置く治療方略を査定し計画できることである。次のセクションでは，安全基地行動という概念と子どもと親の内的作業モデルをどのように利用すれば，治療的幼稚園のプログラムにおいて，親やきょうだい，教師や仲間に対する子どもの関係性における問題を効果的に治療できるのかということを検討していく。

治療的幼稚園における関係性を基盤とした治療法

　子どもセンターは，ユタ州のソルトレイクシティにある私立で非営利の精神健康センターで，そこでは，情緒的，発達的な要求に大人の養育者は応答してくれるという信頼感を子どもが学べる治療的幼稚園のプログラムを実施している。この機関は，さまざまな種類の情緒的，行動的な問題を持つ乳幼児や幼稚園児のいる家族に対して治療を行う。幼稚園・保育園や小児科医，子ども家庭福祉などの公的機関からの紹介で子どもはやって来る。診断的には，広範囲における児童期の精神病理の問題を扱っている。大多数の子どもは少なくとも平均的なIQであるが，知的障害のある子は他のクリニックに紹介される。3分の2以上の家族がメディケイド（Medicaid：医療扶助）で，この治療の費用をまかなっている。子どもの状態は高リスク群が多く，40％が身体的か性的な虐

待を受けており，30％が幼稚園から退学させられているか，退学させると脅かされており，70％は片親家庭で，60％は親自身が何がしかの精神病理の診断を受けている。

　包括的な生育歴の聞き取りと心理学的な査定に続いて，子どもは週に5日，1回3時間の治療を受けられる集中的な治療的幼稚園のプログラムに通う。1年で300人以上の子どもがこのプログラムを9か月間受けているが，治療がどのくらい続くかは子どもの個人的な必要性に合わせてある。1つのセラピーグループには9人の子どもが参加している。この機関で研修を受けた子どもセラピーの助手2名が，資格のある臨床心理士による毎週のスーパービジョンを受けながら養育者のグループも進めている。子どもに対して情緒的に利用可能な親になるためのセッションや子どものニーズに情緒的に調律できるようになるためのワーク，そして，究極的には子どもが自分自身で感情を調整できるように援助するスキルを持てる親となるように，最低月に2回は，家族のセッションや親子心理療法に参加することが養育者には期待されている。

　治療的幼稚園のプログラムは，包み込む環境（Winnicott, 1965）としての役目を果たすことで，子どもに安心と安全の感覚を提供し，その間に親は，家庭で安全基地として機能するようなスキルを獲得する。包み込む環境は，子どもの発達を抑制したり，あるいは，圧倒したりしない環境を与える一方で，陰性の感情を自分の中に留める力を大人は持っていると子どもが学習するために重要である。自分のうまく調整できない感情に対して，大人は共感してくれないし応答してもくれない，という子どもの負の内的作業モデルを変えるような基盤を構築するために，"包まれている"という感覚の経験は最重要である。

　治療的幼稚園のプログラムに入園する子どもは，ここに紹介されてくる以前に1，2か所の幼稚園などから放校されていることが多い。そのため，否定的にアプローチされることを予測しながら子どものセラピストとの新しい関係を持ち，そして，大人は懲罰的で拒否的だという自分の内的作業モデルをセラピストに対してすぐに応用して試し行動に出る。子どもの関係性に対する不健全な内的作業モデルを変化させるために，スタッフは最初の数日間は子どもの行

動の評価と観察から得た情報をもとに対応する。この情報を使って，その子の情緒的身体的ニーズを予測し，効果的に応答するということを子どもに提示しようとする。

　安定した関係の土台は，子どものニーズを理解し，共感的に応答することで特徴付けられる大人との相互作用に基礎を置く。そのため，信頼のおける関係性を形成することが，子どもがグループの一員となった瞬間から第1の焦点になる。例えば，ラクエルが最初の治療日に母親に付き添われて，グループの部屋にやってきたところを見てみよう。彼女が着いた時，スタッフがラクエルの目線と同じ高さにひざまずいて出迎え，微笑み，とても嬉しそうに「こんにちわ，ラクエル！　ここに来てくれて，とても嬉しいわ」と語りかけた。ラクエルは母親にしがみついて，不安げにしくしく泣き始めた。セラピストがソフトな声で「あらあら，ラクエル，ちょっと不安かしらね，でもすぐに大丈夫になるわよ。安心するまで，お母さんに少し一緒にいてもらおうね。テーブルにあるパズルをお母さんと一緒にするのはどうかしら」と反応した時に新たな理解のレベルが彼女に提示されたのである。この短いやりとりで，セラピストは彼女の不安を受け入れることができ，同時に，彼女の非言語的な信号を効果的に読み応答することができると子どもは学習したのである。ソフトな声と敬意を表した身体的な距離を保つことで，大人からの邪険で，とげとげしい相互作用を予期することに慣れていた子どもに，セラピストは，理解と敏感性とはどういうものかを示し，その良さを経験してもらうのである。

　信頼感を育み始めるためには，大人は困った時には利用できずに効果的ではなく，共感性に欠けるという子どもの内的作業モデルに対して，大人は行動的に挑まなければならない。いとおしみ慈しむ相互作用は安定した関係性の基礎を形成するが，"慈しむ"という言葉は不明瞭であることが多く，そのため，実際にどのように行為として行うのかは難しい。子どもを効果的に慈しむことを開始するために，スタッフは子どもとの相互作用において自分たちを導いてくれる"理想的なおばあちゃん"という概念を考慮することが推奨されている。

　"理想的なおばあちゃん"とは，無条件の愛や受容を与え，子どものことを

第8章 子どもの不健全な内的作業モデルに変化を起こす

とてもよく知っており，子どもが自分のニーズや要望を言語化しなくても子どもにとって必要なことを察知する力がある人だと考えている。例えば，子どもの好きなクッキーが訪問時にテーブル上に用意してある状況を考えてみると，それは，おばあちゃんが子どもはきっとお腹をすかせているだろうと**予期して**いるからである。おばあちゃんが昼寝をしている子どもの上に暖かいブランケットをかけるのは，風邪を引くのを防ぐためである。子どもの基本的なニーズを予期することで，おばあちゃんは効果的に子どもを理解する力があることを伝えるだけでなく，もっと重要なこととして，子どもがいない時でさえ，その子のことを思っていることを提示しているのである。"理想的なおばあちゃん"は，いつも情緒的に包み込んでくれる人として子どもには経験されるが，それは理解と共感性を十分に提供しているためである。このような経験は，子どもにとって，パウル（Pawl, 1995）がいうところの心に抱かれているという感覚を生み出す。心に抱かれていることによる安らぎと喜びは，安心の感覚と納まっている（contain）という感覚を子どもに生み出してくれるような人とのつながりという，極めて重要なことを実感できる機会を与える。この経験は，幼児期の子どもにとって安全基地の発達につながる中心的な構成要素である。不健全なアタッチメントを持つ子どもにとって，このような経験をすることは，自分はケアを受ける価値があるのだという感覚を育てるための本質的な最初の一歩であり，この後に，ケアを受ける価値のない自分という以前の内的作業モデルを変えていくことが可能となり始めるのである。

　導くものとしてのこの概念を使って，幼稚園の環境の中で，スタッフは支援や安心感，そして，ケアを受けられるという感覚を伝える機会を探す。治療の最初の数か月間は，大人は困った時などに頼っても良いんだよということを実演するという高いレベルのサポートをスタッフは行う。信頼感が増すにつれて，環境を探索することを手助けするために，もっと自立的に機能するように子どもを励ます。成人によって支援される基礎を育むことは，子どもに自立的に環境を探索する自信を育てるためと，手助けが必要な時に"確認する"ために必須のものであるため，この一連の流れは重要である。例えば，昼食時に自分の

水筒を空けるのに苦労しており，徐々にいらだち始めている子どものことを考えてみよう。大人は，「あなたはのどが渇いているけど，水筒を開けることができない。私はあなたを助けたいし，そうすればあなたは飲み物を飲むことができる」と子どもの心を反映するような声をかける。こうした短い相互作用は，大人は自分のことを価値ある存在だと思い，自分に対して慈しみケアをしてくれると思えるようになる，重要な一歩を子どもに実感させるだろう。治療の後半では，同じ行動に対して「それを開けることに困っているように見えるね。私に助けを求めてもいいのよ」という言葉かけになるだろう。治療が終わる頃にはセラピストは，「もし助けが必要なら，何をすべきか知っているよね」と言うだろう。各々の言及は，より自立して機能する方向に子どもをだんだんと導いていくことになる。

　同様に，コートを着たり，ちょっと散らかしたところを片付けたりするという，自分でできる自分の世話を子どもに教える。コートを着るというのは，幼い子どもにとってはとてもいら立つ場面でもあり，子どもは感情を調整しようとがんばるが，参ってしまったという反応に終わりやすい。大人は子どもに急いで近寄り，「コートを着るのを手伝わせて。とてもいら立っているようだけど，外に出た時に寒い思いをして欲しくないの」と説明することもあるだろう。また，偶然何かをこぼしたり，汚したりした時に多くの子どもは激しく怒られるという応答を予期するように学習しており，同じように幼稚園のスタッフからも懲罰的な反応を予想している。子どもの予想に反して，セラピストが，「きれいにするのを手伝うわよ。こぼすことって，時々起こるものなのよ」としかるのではなく説明する。「手伝うわよ」という言葉を強調することで，大人は助けてくれないし，心配してもくれないという子どものモデルに対して変化となるきっかけとして，この短いやりとりはみなされる。最後に，スタッフは怪我をしても，援助を求めることをためらっている子どもに急いで近寄り，なだめながら，「転んで怪我をすることは，怖いし，動揺するよね。抱きしめているから，だんだん気分が良くなるよ」と指摘する。不健全な内的作業モデルを持つ子どもは，このようなコメントに大変驚く。彼らの経験では，自分が

第8章　子どもの不健全な内的作業モデルに変化を起こす

困ってしまった時や情動を調整しようとする時に、大人は助けてくれないし、なだめてもくれないし、忍耐強くサポートしてくれない存在なのである。事実、自分で自分をなだめるという力を取り入れることを、子どもはこのようになだめられるという相互作用を通して学んでいく。

　感情のミラーリングや内省すること、そして、無条件の肯定的報酬という概念に依拠しながら、子どものセラピストは、大人は攻撃的で情緒的に利用可能ではないという子どもの内的作業モデルに挑み始める。関係性において自分が重要であるという感覚は、子どもがいない時でもその子のことを思っているということをスタッフが発言する時に、子どもの中で発達していく。例えば、「昨日このおもちゃでとっても楽しそうに遊んでいたことを覚えていたから、今朝、それをあなたのために出しておいたわよ」と伝えることである。同様に、「学校までは長い道のりだから、お腹がすくかもしれないと思って、好きなクッキーを用意しておいたわよ」とスタッフは気持ちを伝える。自分がいない時に思ってもらえることは、その関係がもう一方の相手にとって重要なレベルになったというすばらしい状態として、恋に落ちたばかりの付き合い始めた恋人同士によってみなされることである。不健全なアタッチメントを持つ子どもにとって、安らぎをもたらす関係性の中にある感情を開く新たな領域となるのである。

　治療の開始から数週間か場合によっては何か月かの間、おもちゃや環境を自分だけで探索する自信がないためや、また、探索することが何がしか危険なことに終わるのではないかという不安のために、子どもは大人のそばに居続ける。大人に信頼を形成するにつれて、子どもはだんだん広く環境を探索し始める。しっかりと見守りを維持することで、スタッフは安心感を与え、子どもが探索することに焦点化する。1対4という大人対子どもの比率の低さは、子どもの間に生じる暴力的なけんかにすばやく対応するためや、攻撃性を示す子どもが自分のニーズを言語化する援助を落ち着いてするために必要である。例えば、チャーリーが、三輪車に乗っているジャスティンを怒ってたたく場面を見てみよう。セラピストは、急いでチャーリーのところに行って後ろから抱きかかえ、

「ジャスティンが三輪車に乗っているから怒ったのね。たたく代わりに次に貸してと尋ねることが必要なのよ」と話す。それから，チャーリーに次に代わって欲しいと言語化することの手助けをし，その2人が安心するように三輪車を分かち合うことを提案し，言語的なスキルをニーズの調整に使う価値を子どもに経験させるように進める。このプロセスは究極的には不安定な子どもにとって，援助が必要ならばそれは与えられると知りながら環境を探索することを学ばせ，そして，大人はあてにならないとして回避するリスクから守ることになる。さらに重要なことは，大人はグループをきちんとまとめることができていると理解するようになれば，このことは，動揺してしまって助けにならない大人，という子どもの内的作業モデルを揺さぶることになるだろう。

探索活動をすることで，幼児は，就学前に必要な学校生活への準備としてのスキルを獲得したり，新しいスキルを学ぶ喜びを感じたり，遊びや友達関係の世界で舵取りできるようになったりする。構造化された幼稚園のカリキュラムとの協同を通して，子どもは通常の幼稚園などでうまくやっていくために必要な学問的基盤の本質を経験し，同時に，新しいスキルを学ぶ力があり，上達できる自分という肯定的な自己の感覚を獲得していく。活動内容は，苛立ちをできるだけ少なくすることと自分はできるし能力があるという感覚が身につくように選択されている（Plenk, 1993）。

次のセクションでは，養子となる前に複数の養育環境やトラウマを経験した子どもに対するアセスメントと治療を提示することで，治療的幼稚園でアタッチメントの概念がどのように応用されているのかをさらに見ていく。養親は家庭で養子の攻撃性に大変いら立っているため，援助を求めていた。さらに，自分の感情を調整できない養子は，その家庭全体に対してかなり破壊的な存在となっており，家族のメンバー全員が，その養子の怒りがコントロールできなくなるのを防ぐため，まるで"卵の殻の上を歩いている"ように気を使っていた。

第8章　子どもの不健全な内的作業モデルに変化を起こす

初回面接と治療関係の形成

　初回の臨床面接は治療的関係を形成し始める機会を提供し，そのため，養育者は自分の話を語ったり，子どもの行動や情緒の問題について自分の心配を分かちあえるよう促される（Hirshberg, 1996）。養育者は子どもの行動について，自分の心配を話す準備をして面接に訪れるが，自分が感情的に傷ついていることを話すかどうかは，大抵は不確かなままである。親の個人的な感情は，子どもの情緒的な問題についての心配や悩みから，深刻な精神病の診断が下されるのではないかという恐れまで，幅広い。加えて，親は子どもに悪いところは何もないと言われるかもしれないという恐れを抱いている。これは，養育が下手なために子どもの問題行動が起きているという親の恐れを確定することになる。また，問題を持つ子どもがもたらす家族生活への強い否定的な影響のために，子どもに憤りをだんだんと募らせているという，心の中のつらさや苦しみを表出することを不安に感じているだろう。

　これらのことを心に留めながら，臨床家は，このクリニックに来るきっかけとなった心配事について親に話すように促すことで面接を始める。養親がエイミー（仮名）を子どもセンターに連れてきた時，彼女は2歳であった。当日以前に得られた情報によると，エイミーの高いレベルの攻撃性や養母の実子2名との間の持続的な葛藤，そして，極端なかんしゃくなどの心配事で，ここに援助を求めているということだった。次の状況描写は，初回の相談をまとめたものである。

　　　エイミーはオフィスに抱え込まれて入ってきた時，叫んでいて，腕や足を激しくたたきつけ，養母の腕から逃げ出そうと暴れまくっていた。養母は疲れきっているように見え，はっきりとエイミーのかんしゃくにいら立っていた。彼女を床の上におろした後，臨床家と向き合って座って，「さて，すっかり得意満面のエイミーを本日，ごらんになるでしょう」と叫んだ。エイミーは養母の腕から離れることでも落ち着かず，引き続き床

の上で手足をばたばたさせ，叫んでいた。一瞬，臨床家の方を見てエイミーは立ち上がり，養母の足をたたき始め，そして，すばやく体を寄せて養母を噛んだ。養母は悲鳴をあげ，エイミーの腕をつかみ，「もうこれ以上，少しも耐えられない！」と言った。毎日起きている，自分や夫，息子たちに対するかんしゃくと攻撃の状況を話しながら，養母の目には涙がいっぱいだった。養母が話している間，エイミーは養母のひざの上に身を硬くして座り，ボトルから飲み始め，注意深くセラピストとのアイコンタクトを避けていた。エイミーの顔は緊張しており，額にはしわが寄り，そして彼女の体勢から巨大な緊張に包まれていることと，この見知らぬ環境に信頼感が全く持てないことが伝わってきた。

アセスメントの初期において，親が感情の高ぶりを示すことはよくある。このことは，子どものアセスメントに焦点化すべきだと考える子どものセラピストにとっては落ち着かないことだろう。しかし，初回面接の間，臨床家は子どもが参加する中で子どもの様子を観察するだけでなく，同時に親や親子関係にもまた焦点化しなければならない。本質的には，親は理解され，なぐさめられ，援助が提供されることで，はげまされなければならない。同様に，子どもは理解される必要があり，クリニックにこれから何度も来院したいと前向きな期待をもてるように十分な共感性を経験する必要がある。

エイミーは対人間の接触に対して極端な不快感のサインを明確に見せているが，リラックスし始めた時，臨床家は安らぎをもっと彼女にもたらすために関わろうと試みた。そうするために，臨床家はアイコンタクトを自分からするようにし，エイミーに向けて落ち着かせる声をかけたが，エイミーはその応答として，額にしわを寄せて，空中に向けて怒りながら握りこぶしをたたきつけた。目をそらす前にセラピストに短く目線を送って，顔を養母の胸にうずめた。数分後，怒って空中にこぶしをたたきつけ，そして，目をそらした。

エイミーは対人接触に耐えることができないか，あるいは，全くそういう気持ちを持たないことが明確となった。彼女が信頼感を育むためには，1人にしてくれという彼女のシグナルを尊重することがとても重要だった。そのため，

臨床家は焦点を養母との面接へと戻し，エイミーの初期の生育歴についてたずねた。養母は，エイミーはネグレクトと虐待にあっていたと語った。望まれない妊娠の結果として生まれ，実母は最初の3か月で中絶を試みようとしていた。出産には特に問題はなかったが，実母はエイミーを家へと連れ帰ったものの，うつになりきちんとした世話ができなかった。6か月の間，実母の多くの友達などによって，雑然として物があふれた汚いアパートで育てられていた。その間，実母は出たり入ったりしており，数週間もエイミーと接触しないこともあった。エイミーは身体的，性的虐待の疑いで，児童相談所によって保護されて，家から離された。それからの3か月は，養子として迎えられる家に措置されるまで，一時避難的な措置として2つの家庭に預けられていた。

養子として迎えられた時，エイミーは物憂げで，低体重であり，そして，「何時間でも終わりなく叫んでいた」。エイミーは制御できない状態で叫び続け，バスタブに入ることを拒み，戦いのようだったので，お風呂に入れることは特に悲惨なことだった。2人の実子はいつもお風呂に入るのを喜んでいたので，エイミーがこのような悲惨な態度を取ることを養母は解せないでいた。エイミーは一晩を通して眠るということがなく，週に数回は悪夢でうなされて起きてしまった。自分がエイミーをなだめることができないことで養母は失望させられており，これを自分に対する拒否のサインだと解釈するようになった。日中は，エイミーは静かな活動に関わることができず，そして，数か月に及ぶこのストレスから，養母は彼女を遊ばせることをあきらめ始めていた。実際，養母はエイミーが楽しむ活動を考えられなかったし，エイミーが笑ったり微笑んだりすることを一度も見たことがないと指摘した。さらに，自分の2人の実子は，エイミーが恒常的に母親の注意を求めることにいら立っており，何も原因がないのに攻撃的な行動の発作を起こすことに，だんだん困惑させられることが多くなっていった。さらに，養子縁組をしたこととエイミーが家族にもたらすネガティブな影響の強さとを夫は後悔しており，そのためのストレスで結婚生活が「だめになっていき」始めていた。養母は夫婦療法を考えていたが，夫婦間の問題は養子縁組によってのみ，引き起こされていると夫はみているので，

夫は夫婦療法は必要ないとした。

　エイミーと養母との相互作用の様子や臨床家が養母に援助を少ししようとしたことに対する養母の反応、エイミーの生育歴における一貫性のない養育経験というこれらの情報から、エイミーの情緒の調整状態について重要な洞察がもたらされ、そして、親子の関係性の状態が今どうなっているのかが明らかになった。エイミーに対する養母の否定的な内的作業モデルは、エイミーの行動を「すっかり得意満面」という皮肉を使うことで最初の瞬間にほのめかされていた。これは、エイミーの行動によってもたらされている苦痛のレベルを伝えようとしたのだ、ということは臨床家によって理解されていた。面接の間、養母はエイミーに対して憤慨しており、自分や他の家族に向けられる酷い攻撃性に対する忍耐を失っていた。養母はエイミーのことを、いつも怒っていて感情的に距離のある子どもだと感じ始めていて、こんな子とは愛情豊かな関係はつくれないと思った。人生の悲惨さからエイミーを本質的に救った、暖かくて育てることに熱心な母親であるという自分に対する認識と葛藤しているため、この奮闘は養母の心をかき乱していた。エイミーの助けられたことへの「感謝の欠如」は、養母の感情を混乱させ、落胆させていた。そして、養母の愛とやさしさに対して拒絶し感謝をしないエイミーという認識を確定するものとして、自分の混乱がエイミーに投影されていた。

　しかし、エイミーの行動は異なる現実を物語っていた。彼女と関わろうとした時に、臨床家に対してぴしゃっとたたいたエイミーの行為は、憤慨して反抗している小さな女の子というよりも、むしろ、不安で恐れていることを示していると彼には解釈された。エイミーのトラウマを受けた生育歴の中で形成された内的作業モデルが、自分と接触するほとんど誰に対しても当てはめられていると推測された。自分は愛されたり、かわいがられたりする価値のない存在だと思い、そして、彼女をかわいがろうとする大人を信頼できないと信じていた。このことによって、"否応なく"大人から傷つけられたり、拒絶されたりする前に、エイミーは"ぴしゃっとたたいて去る"か、拒絶するかしたのだろう。

　残念なことなのだが、他者を近づけないためのエイミーの防衛方法と攻撃性

の使い方は,彼女と養母との間に意図しない距離を作っていた。もっともなことではあるが,養母が攻撃性を否定的に見る一方で,エイミーは攻撃性を実際には怒りの表現であると同時に保護を求める信号でもあるという2つの目的で使っていたが,養母にはそのことは理解できなかった。2歳で,まだ,言語表現が制限されているエイミーは,十分に自分のニーズを伝えることができなかった。さらに,初期のトラウマ歴のため,エイミーは,自分の感情を区別することができずにいた。つまり,悲しみや欲求不満,そして不安という異なる感情の状態は,区別不能だったのである。そのため,攻撃的な行動は複数の意味を持っていた。見知らぬ場所に連れてきた養母に対して怒っていたが,また同時に保護も求めていた。臨床面接の間,不安が活性化される状況で,養母に抱き上げられて守って欲しいということで,養母をたたいたのは明らかだろう。事実,その攻撃性によって,養母に抱えあげられ,ひざの上に収まることができた。臨床家は,もしエイミーが必要な言葉のスキルを持っていたなら,「ママ,この男性のことがとっても怖いの。ママは私に怒ってるけど,おひざの上に乗らせてほしいの。今すぐ! 私のこと聞いてない。もっと怖くなっちゃった。早く,抱っこして!」と,まず間違いなく言ったのだろうと推測した。つまり,攻撃性は,助けを呼ぶ声であると同時に自分を保護する方法でもあったのだ。

アタッチメント理論の枠組みを利用して,面接用の質問は,子どもとの楽しい時や悲しい時,そして,いら立つ時などを親に話してもらうことによって,親のアタッチメント・システムを調べるように組み立てられている。同様に,過去の数週間で,子どもが恐れたり,怯えたりした時はどういう場合だったかについて尋ねる。それから,子どもはどのように応答するか,そして,親はその状況でどのように反応するかについて話すように促される。

楽しい時はどういう時かと尋ねられて,エイミーの養母は今回の面接から遡って2週間の間,エイミーとの間で楽しいことを思い出せなかった。その一方で,この期間に起きた,数限りない対立や葛藤,そしてなだめることが不可能なかんしゃくについてはものすごく多くの細かい状況を語った。エイミーの

これらの行動のせいで，公的な場所や友人の家を訪ねられなくなって，孤立感を深めていた。このようなことがエイミーとの関係にどのように影響を与えているのかと尋ねられて，養母は泣き始め，そして，エイミーに対してどのような肯定的な気持ちもだんだん持てなくなってきたと言っており，「こんなことを認めるのは本当に恥ずかしいけど，もうエイミーのことは好きではないのです」と語った。この数週間に，エイミーが転んで怪我をしたということが何回かあったが，エイミーが泣いているにもかかわらず，養母はなだめることができなかった。エイミーの長所と短所については，「エイミーは多くのエネルギーを持っています」と淡々と述べた。

まとめると，エイミーは身体的，性的虐待の被害者であったことが面接から明確になった。さらに，複数の養育経験から，大人に対する信頼を築くことができなくなっていた。また，情緒的に応答性のある養育を受けなかったことで，自分自身の感情を区別することを身に付けられず，同時に，自分で自分をなだめられないままであった。不幸にも，エイミーの初期のトラウマ経験は，彼女が関わることになった大人のほとんどに対して一般化されるようになってしまっていて，彼女の唯一の対処方法は，攻撃性と怒りを使って，他者を近づけないことであった。遊びや楽しい気持ちを感じながら環境を探索するという力は，彼女にはほとんどなかった。最後に，エイミーは，養子となった家族メンバーと肯定的に関わることができず，家族は彼女に対して高いレベルの落胆を感じはじめていた。

エイミーの養母は，恩知らずで気持ちの離れた子どもとして彼女を描写しており，そういうエイミーの特徴が養母にとって，エイミーの心の痛みに対する反応を難しくしていた。養母はエイミーの不安の高さを理解するためとそれに応答するために支援が必要であった。さらに，エイミーに対して安全基地を与え，そして，エイミーが感情を調節することが必要な時に情緒的に利用可能となるためにも，エイミーの養親を援助する治療が必要であった。

エイミーが多くの治療を必要とする中で，この章の目的として，エイミーが大人を信頼し，大人を自分に対して養育と保護を与えてくれる者として見られ

第8章　子どもの不健全な内的作業モデルに変化を起こす

るようになる必要性に私は焦点をあてる。さらに，治療的幼稚園のプログラムは仲間や大人と好意的に交わるような機会を与え，そして，自分の環境を探索するのに必要なスキルを得る助けとなるだろう。加えて，エイミーはもっと効果的に自分のニーズや感情を表現するようになるために，スピーチと言語療法を受けるのがいいだろう。

治療的幼稚園での介入経過

　エイミーの養母は毎日治療を行うという考えに大賛成で，ここへ通う1日3時間の"休憩"を待ち望んだ。最初の日にはエイミーを連れて教室に入ってきて，さっさとさよならを言い，エイミーが新しい状況に適応することをほんの1，2分見ていただけだった。無力に見え別離にあきらめて従うエイミーは，先生からの働きかけを受け入れ，促された時には養母にさよならの手を振った。

　治療的幼稚園におけるエイミーの最初の数週間は，コーナーに行って独りで過ごし，ほとんど遊ばず，大人からの接触に少しなら耐えていた。もし，大人が近寄りすぎたら，エイミーは怒ってにらみつけ，そして，ぴしゃりとたたくことで大人を蹴散らそうという学習した行動をとった。いやいや足を伸ばして床に座り，セラピストと自分との間でのボールを転がす遊びに耐えた。しかし，セラピストが彼女の私的空間に入りすぎると，体を引いてひきこもり，遊びを止めた。

　仲間の子どもがエイミーの遊び空間に近寄った時，彼らが自分のおもちゃを意図的に取っていくのを拒むかのように，自分の体でおもちゃを隠した。集団活動には最低限だけ参加し，仲間との接触は避けた。エイミーがもう使っていないおもちゃを仲間が取った時に泣き始めるというシーンで，自分担当のセラピストに抱き上げてもらうことに身を許すということがあった。数週間後，助けやサポートが必要な時に担当セラピストの方を見たり，そちらに数歩身体的に近寄ったりすることで，このセラピストに対する近接を求めているサインを見せ始めた。

エイミーが大人を信じられないことが、治療の第1の課題とされた。大人を安全基地として経験する方法について学習し、自分が怯えたり、傷ついた時に大人へ助けを求められるようになることが必要であった。このプロセスを開始するため、エイミーが見せるかもしれない自分の面倒を自分でみる時を予測し、そこへ応答することが強調された。例えば、近寄りながら、「エイミー、お腹がすいたようにみえるから、クラッカーを持ってきたわよ」と声をかけてみれば、大人は自分のニーズを理解する力があって、暖かいケアをしてくれると分かり始めるだろう。毎日、好意的なスタイルで事前に関わってもらうことは、自己と他者に対する内的作業モデルを作り直すきっかけをもたらす。エイミーの視点から見れば、このことは、大人は自分のニーズを予測してくれるのだから、自分のことを思っているに違いなくて、そして、自分のことを思ってくれているのなら、自分は好意的な気持ちを向けられるのにふさわしいはずである、ということになる。エイミーがほんの少しでも怪我をした時はいつでも、スタッフは近寄ってなだめるようにし、そして、安全について心配していることを強調した。

　エイミーがスタッフとの相互作用でだんだんリラックスするにつれて、彼女の気持ちについて、もっと広い観点から内省的な言葉かけをしてみることになった。例えば、何かで身体を濡らしてしまった時、「濡れているのは心地よくないよね。着替えたら、気分良くなるよ」とスタッフは言う。子どもが近寄ってきて、恐れているように見えたら、「ジョニーがいじわるをしたり、おもちゃを取っちゃったりしないかと、心配なんだよね」と言葉にする。数か月後、エイミーは自分の気持ちを表現するためにより広い語彙を使うようになった。さらに、自分の気持ちを言語化するにつれて、攻撃的な行動のレベルが低くなり始めた。

　この期間、エイミーは1人でおもちゃで遊び続け、彼女の遊びの空間に他の子どもが近寄れば、すばやくおもちゃの上に覆いかぶさった。彼女のこの行動は、彼女を脅かすか攻撃する者として仲間を見ているという、不健全な内的作業モデルの反映だと思われた。この行動が見られた時にはいつもスタッフは、

第8章 子どもの不健全な内的作業モデルに変化を起こす

「ジョニーが遊んでいるおもちゃを取るために近寄ってきたと思って怖いんだね。でも，見て！ 微笑みながらゆっくりこっちに歩いて来ただけだよ。ただ，遊びたいだけだと思うよ」と言って，試してみた。エイミーの恐れの気持ちと仲間に対する否定的な見方を異なる観点からスタッフが解釈し続ける間ずっと，2人の子どもは仲良く，協調的な遊びを続けられるよう支援されていた。

引き続く6か月間，集中的な毎日の治療的介入で，エイミーは大人に対して好意的な態度を向けるようになり，自分が遊んでいるところに仲間が近寄ってきても，あまり防衛的ではなくなった。彼女は特に大人とのばか騒ぎを楽しみ，"手のひらをパチンと合わせること（ハイファイブ）"で手をパチンとすることに喜びを感じているのだなとわれわれが分かった時，ちょうどそれは彼女の男性への恐れが減少した時だった。男性が痛いふりをすると，エイミーはくすくす笑って喜んだ。遊びの構図を用いて，エイミーの男性に対して恐れる気持ちが減少し，同時に，男性とのやり取りの中で自分の力を感得し始めていた。加えて，他者を寄せ付けないために取っていた相手をたたくという行動は，ハイファイブのように使うことで，関係性の中で安心と良好な境界の感覚の両方を保ちながら，関わりを維持する良い方法となった。

親子心理療法

親子心理療法は，治療的幼稚園のプログラムと共に平行して治療に活用されている。最初の2か月が過ぎた頃，エイミーの養親は彼女をより肯定的に見られるようになった。治療的幼稚園での振る舞いを見て，エイミーが仲間とのやりとりを徐々に増やしたことを喜んでいた。さらに，スタッフが使っている共感的な言語を真似しだした。しかし，家庭では引き続きエイミーの攻撃的な行動のために，養親はひどくつらい状況であると述べた。夫婦間ではエイミーの行動をどのように統制するのかについて意見が一致しておらず，養母はタイムアウトを使ってエイミーを自分の部屋にいさせることを主張する一方，養父は仲裁のためにたたくことを好んだ。加えて，2人の実子はエイミーの攻撃性が

とても強いためにエイミーを回避し，どのくらい彼女のことが嫌いかを親に対して持続的にこぼし続けた。問題が噴出したある夜，年長の実子は家から出て，友達の家に住みたいという望みを言い出してしまった。

親子のセッションは，養母に対して毎日向けられるエイミーの攻撃的な発作についての心配に焦点化された。「エイミーは何も理由がないのに近寄り，私をひっぱたくんです。で，その痛いこと！」という事実を嘆いた。たたくことと噛み付くことは，長い時間自分の部屋にタイムアウトされるにもかかわらず，全く減少していかなかった。事実，部屋でじっとしていることを命ぜられると，エイミーは泣き叫び，ドアをどんどんとたたき，それから自分のおもちゃを壊し始めるということだった。破壊の音を聞いて，養母は部屋に入り，エイミーをベッドの上に厳しく座らせ，「やめなさい！」と言って，部屋から出て行った。これは大抵，エイミーが5分以上なだめることが不可能な状態で泣き続けることを招いた。それからエイミーは部屋をすごい勢いで出てきて，養母から見える部屋の角で不機嫌にすねていた。このシナリオは，毎日，何度も繰り返されていた。

ある親子一緒のセッションで，エイミーの養母は着いた時にあまりにも疲労困憊していて，エイミーとの遊びに全く参加することができなかった。エイミーはちょっとだけおもちゃで遊んだが，基本的にただちらかしただけで，そのことで養母はとてもいら立ってしまった。他の物を取り出す前に，まず散らかしたおもちゃを拾いなさいとエイミーにどなった時，エイミーは養母に近づき彼女の手に噛み付いた。養母が痛みで悲鳴をあげた時，エイミーの微笑みは自分の痛さを喜んでいるのだと養母は解釈した。

エイミーが養母に対して腹を立てた時，養母に噛み付くのは，そうすると養母が怒るからであり，そうやって怒っているという経験を2人で分かち合おうと彼女はしているのだと，セラピストは解釈して示した。そうすることで，「私は怒っているの，ほら，あなただって私と同じくらい怒っているでしょ」ということが効果的に伝わっていたからである。怒りのサイクルを越えるためには，親子間のアタッチメントを確かなものにすることで，エイミーが他者に

第8章 子どもの不健全な内的作業モデルに変化を起こす

対して共感できる力を身につけることが重要だろう。そのために，エイミーがたたいたり，噛み付いたりした時に，痛みのために顔をゆがめ，大げさに演技することを奨励した。すぐ後，エイミーは養母に近寄り，足をたたいた。養母はひざをつかみ，ものすごく痛そうに応答した。エイミーは止まって，びっくりしたように養母を見つめ，養母に近寄り，やさしくとんとんとした。エイミーは怒りに対する応答として高い防衛を発達させていたが，この時までには痛みを認識した場合には，ケアやなだめる行動をする準備ができていた。次の数か月で，養母に対する攻撃性は持続していたものの，かなり減少したのである。

　しかし，エイミーの養親は，まだ継続している激しいかんしゃくの発作をどのように扱うか，意見が一致していなかった。養父は依然として，たたくことでかんしゃくを止めさせようとしていたし，その一方で養母は"いつもエイミーをタイムアウトにすること"の必要性にいら立っており，タイムアウト自体がエイミーの行動の変化をもたらさないことを報告した。このことを解決するために，アタッチメントに焦点化した他の方法として，"タイムイン"（パウエルらの第7章を参照）という概念が養母に紹介された。"タイムイン"は，子どもが感情的に機能不全になっている場合，養育者に対して距離を取らせるよりも，近接させることが必要なのだということを示す言葉であり，観察を基盤に作られた概念である。つまり，エイミーがかんしゃく発作を起こしている時には，養母が近くにい続けて，身体的にほっとする状態を与え，そして，いったんおさまったら，問題は解決できるのだと励ますことが推奨されたのである。もし，エイミーが攻撃性で反応したら，「安全な状態で安心を感じて欲しいの。ここにいるから，自分で自分を落ち着かせたら，いつでも助けるわよ」と言って，エイミーから少し離れるように伝えられた。もし，かんしゃくがさらに激しくなったら，養母はもっと遠くに移動するか，「私は［となりの部屋］にいて，あなたの様子を聞いているから，落ち着いたら，戻ってくるわね」と言って，遠ざかってもいい。このプロセスを通して，エイミーは養母が信頼を持って安らぎと暖かい養育を提供してくれる安全基地だと認識するようになる。自

第Ⅱ部　アタッチメント理論と心理療法

分の感情を調節できるようになるにつれて、エイミーの破壊的な行動はとても減少した。"タイムアウト"はエイミーの不安や孤立感を深めるばかりであったが、"タイムイン"を通して、エイミーは自分自身の心的苦痛の感情によって怯えることが少なくなっていった。

　エイミーの暴力が減るにつれて、養母はエイミーと一緒にいる時間をより楽しめるようになった。このことは治療セッションの遊びの中でも反映されており、エイミーがおもちゃを探索して遊ぶ姿に喜びを表し、そして、エイミーが自分で作ったものを見せると好意的に反応していた。ある時、エイミーは積み木で作ったタワーがうまく建たずにすぐに壊れることに、とてもいら立っていた。突然エイミーは養母の方を向いて、「ママ！　助けて！」と言ったのである。エイミーは以前に一度も養母に助けを求めたことがなかったが、これは2人の関係にとって大変重要な1つの岐路となった。エイミーの養母は今では娘の探索意欲を援助し、必要な場合には、エイミーは養母に助けと安らぎをいつでも求めることができた。

　しかし、2人の実子とエイミーとの関係は持続的に問題をはらんでおり、遊んでいる時に起こる、止まない対立に養母は大変心を悩ませていた。子どもたちは、"止まらないおしゃべり"と養母が言うところの行動に母親を巻き込んでいた。アタッチメントの構造を使って、止まらないおしゃべりが起きている理由は、母親を安全基地として子ども達が必要としているためだと解釈された。いら立ちながら、同時に怯えているため、母親に援助を求めているのである。養母は子ども達に対して、お手伝いをしてくれた時にはほめるようにとアドバイスを受け、それから、いざこざの解決に向けて子ども達が自分で考えられるように積極的に関与した。何週間かたった後、子ども達からの援助の要請による疲労はまだあるものの、養母は子ども達がなんとか仲良くやっていける兆候を見つけて喜んでいた。また、実子の男児2人によって必要とされると同様に、エイミーにも必要とされることを楽しんでいると述べた。

結　論

　エイミーの生後初期の生育歴は，自分がどのように扱われるのか，また，養育者に対して何を期待できるのかについて，不健全な内的作業モデルを作っていた。言語的な方略を持たないエイミーは，恐れや怒りを伝えるのに攻撃性を使わざるを得ず，しかし，その攻撃性は実は必死になって保護を求めていることを伝えるために使われていた。治療的幼稚園のプログラムは，傷ついたり，欲求不満だったりした時には，慰めを求めて大人を頼ることを安心して学ぶ機会をエイミーに与えることができた。その環境を探索するようになって，大人は自分を援助してくれることをエイミーは学ぶことができた。大人を肯定的に見られるようになるにつれて，エイミーは家庭でもゆっくりと大人のことを肯定的に見始め，養親家族にも攻撃性をあまり出さないようになり，愛情表現をするようになった。親子心理療法のセッションを通して，養母はエイミーの行動を解釈し直し，より共感性や慈しみを持って接するようになった。アタッチメントを基盤とした治療方略を利用することで，2つの平行して進んだ治療は，エイミーの不健全な内的作業モデルに刺激を与えて変革を起こし，父母との関係性やきょうだい，そして，治療的幼稚園にいる仲間とのやりとりをエイミーは楽しめるようになっていった。1年後のフォローアップで，エイミーの問題行動に苛立つことはまだ多少はあったが，全般的に養母はエイミーとの関係をとても楽しんでいると応えていた。3人の子ども達は，"典型的なきょうだいげんか"というような対立をする時もあるが，エイミーは通常の幼稚園で，良好に過ごせていた。

謝　辞
　協同研究者のサンディ・アイザックソン（Sandi Izaacson, Ph.D.）さんに感謝を述べます。本章を読んで的確なコメントをいただいたことや，アタッチメント理論の臨床への応用についての洞察に感謝いたします。

文 献

Bowlby, J. (1982). *Attachment* (2nd ed.). New York: Basic Books. (Original work published 1969)

Bowlby, J. (1988). *A secure base: Parent–child attachment and healthy human development.* New York: Basic Books.

Bretherton, I. (2005). In pursuit of the internal working model construct and its relevance to attachment relationships. In K. E. Grossman, K. Grossman, & E. Waters (Eds.), *Attachment from infancy to adulthood: The major longitudinal studies* (pp. 13–47). New York: Guilford Press.

Carlson, E. A., & Sroufe, L. A. (1995). Contributions of attachment theory to developmental psychopathology. In D. Cicchetti & D. J. Cohen (Eds.), *Developmental psychopathology* (Vol. 1, pp. 581–617). New York: Wiley.

Cassidy, J., & Koback, R. R. (1988). Avoidance and its relation to other defensive processes. In J. Belsky & T. Nezworski (Eds.), *Clinical implications of attachment* (pp. 300–326). Hillsdale, NJ: Erlbaum.

Cicchetti, D., Ganiban, J., & Barnett, D. (1991). Contributions from the study of high-risk populations to understanding the development of emotion regulation. In J. Garber & K. A. Dodge (Eds.), *The development of emotion regulation and dysregulation* (pp. 15–48). New York: Cambridge University Press.

Fonagy, P. (2001). *Attachment theory and psychoanalysis.* New York: Other Press.

Greenberg, M., Spelz, M., DeKlyen, M., & Endriga, M. (1991). Attachment security in preschoolers with and without externalizing behavior problems: a replication. *Developmental Psychopathology, 3,* 413–430.

Hirshberg, L. M. (1996). History-making, not history-taking: Clinical interviews with infants and their families. In S. J. Meisels & E. Fenichel (Eds.), *New visions for the developmental assessment of infants and young children* (pp. 85–124). Washington, DC: Zero to Three Press.

Lieberman, A. F. (2004). Child–parent psychotherapy: A relationship-based approach to the treatment of mental health disorders in infancy and early childhood. In A. J. Sameroff, S. C. McDonough, & K. L. Rosenblum (Eds.), *Treating parent–infant relationship problems: Strategies for intervention* (pp. 97–122). New York: Guilford Press.

Pawl, J. H. (1995). The therapeutic relationship as human connectedness: Being held in another's mind. *Zero to Three, 15*(4), 1–5.

Plenk, A. M. (1993). *Helping young children at risk: A psycho-educational approach.* Westport, CT: Praeger.

Sameroff, A. J. (2004). Ports of entry and the dynamics of mother–infant interventions. In A. J. Sameroff, S. C. McDonough, & K. L. Rosenblum (Eds.), *Treating parent–infant relationship problems: Strategies for intervention*

(pp. 3-28). New York: Guilford Press.
Sroufe, L. A. (1995). *Emotional development: The organization of emotional life in the early years*. New York: Cambridge University Press.
Sroufe, L. A. (2005). Attachment and development: A prospective, longitudinal study from birth to adulthood. *Attachment and Human Development, 7*(4), 349-367.
Steele, H., & Steele, M. (2005). Understanding and resolving emotional conflict: The London Parent-Child Project. In K. E. Grossman, K. Grossman, & E. Waters (Eds.), *Attachment from infancy to adulthood: The major longitudinal studies* (pp. 137-164). New York: Guilford Press.
Waters, E., & Sroufe, L. A. (1983). Social competence as a developmental construct. *Developmental Review, 3,* 79-97.
Winnicott, D. W. (1965). *The maturational process and the facilitating environment: Studies in the theory of emotional development.* New York: International University Press.

第9章　未組織型の母親と未組織型の子ども
——感情の調整が不全な状態での心理化と治療に
よってもたらされる変化(訳注1)

アリエッタ・スレイド

　当初はアタッチメント理論に対して敵対的な立場を取ってきたにもかかわらず（Holmes, 1995），精神分析界はボウルビー（Bowlby）と彼の同僚が行ってきた，革新的な貢献の重要性と妥当性を過去15年間で，徐々に受け入れ始めてきている（次の文献を参照のこと，Slade, 1999a, 1999b, 2000）。精神分析学界の中心にアタッチメント理論が統合されてきていることは，力動理論や臨床実践の多くの側面を活気付けた研究を行ったメアリー・メイン（Mary Main）やピーター・フォナギー（Peter Fonagy），そして，彼らの同僚による影響力の大きい努力の賜物である（Fonagy, 2000, 2001 ; Fonagy et al., 1995 ; Fonagy, Gergely, Jurist, & Target, 2002 ; Fonagy & Target, 1996, 1998 ; Hesse & Main, 2000 ; Main, 1995 ; Main & Hesse, 1990 ; Main, Kaplan, & Cassidy, 1985）。

　その多くの基本的な前提が現代の精神分析理論と共通性を持つために，アタッチメント理論の本質的な概念の把握については，臨床家にとって容易いことである一方（Mitchell, 1999），アタッチメント研究の方法やそれが示唆する内容を臨床に取り入れることは，力動的志向の精神分析家にとってかなり難しくなっている。特に，アタッチメント理論にとって絶対的中心に位置する**アタッチメント分類**という概念が，複雑な精神現象を低くみなしていたり，あるいは，過剰に単純化したりするように思われるので，精神分析的臨床家はア

（訳注1）第1章の訳注2（p.32）参照。

タッチメント分類という概念のダイナミックな特徴や臨床的活用性をどこに求めたらいいのかという難関に突き当たっている。

　臨床的な思考や実践を行う上で，広くはアタッチメント理論そのもの，もっと特定すればアタッチメント分類の妥当性について，私がここのところ興味を持ち続けているテーマに戻ってこの章では考えてみたい（Slade, 1999b, 2004a, 2004b, 印刷中，を参照のこと）。過去25年間，私はアタッチメント研究者であると同時に，精神分析的心理学者として働いてきた。このため，アタッチメント表象やそれに付随する心理化（mentalize）能力について私が理解していることは，私の臨床家としての進化が進むと同時に深まっていった。つまり，精神分析理論の他の部分や実践が同様に重要なように，アタッチメントの組織化や内省的機能はクライエントを理解したり，治療を進めたりする上で本質的なものとなっている。それらは互いに相反する概念ではなくて，むしろ，お互いを補い合う概念なのである。

　長きにわたって治療をしているクライエントに対して，その人のアタッチメント表象が未組織・未解決型であると見立てることによって，どのように影響を受けたかについて，本章では説明していく。最初にメアリー・メインとジュディス・ソロモン（Judith Solomon）（Main & Solomon, 1980）によって導入され，後にメインとヘス（Main & Hesse, 2000 ; Main & Hesse, 1990）が洗練化した概念なのだが，これは3つの不安定型の中でも，最も病理性が高いものとして説明されている（他の分類は，回避・アタッチメント軽視型とアンビヴァレント・とらわれ型である）。その原因はトラウマ的な経験にあり（Lyons-Ruth & Jacobvitz, 1999 ; Main & Hesse, 1990），心理化や内省機能が劇的に働かなくなる（間違う）所見によっても，未組織・未解決型だと分類される（Fonagy et al., 2002）。このようなクライエントには今日の臨床現場では比較的よく遭遇するが，その人たちに治療の効果は出にくく，また，本人達もあまり治療に積極的ではないことが多い。

　アタッチメント理論の中心的な前提についてまず短く概要を示すが，それは未組織型アタッチメントを理解する背景となるだろう。実際の母子相互作用の

場面を一例として紹介し，このアタッチメント分類の本質的な内容を説明する。現在進行中の心理療法の事例の議論に，このような背景情報を使っていく。乳児の観察やアタッチメント分類，そして，成人の治療ということを相互に関連付ける手助けとなればと思う。

アタッチメントとケアを求めることについての概要

初期の対象関係論の理論家という立場で，赤ん坊は生得的に養育者からのケアを求めるように生まれてくるということをボウルビーは書いている（Bowlby, 1969, 1973, 1980）。赤ん坊が生存できるかどうかは，大人によるケアにかかっているため，乳児は年長で賢い者，つまり，アタッチメント対象からのケアを求めるように生物学的にプログラムされている。多くの理由で養育者からの安全と保護を求めるのだが，**特に怯えた時や危険を察知した時はそうである**[1]。そのため，ケアを求めることは感情が高ぶっている時に多く起こり，それは，理想的には，養育者によって**調整される**ことを前提とした高まりなのである（K. Lyons-Ruth，個人的な通信，2003年4月3日 ; Lyons-Ruth, Bronfman, & Atwood, 1999）。そして，高まった感情の調整役やゆりかご的な立場として乳児の感情に（母）親が応答することによって，その感情経験は乳児の感情の**一部**となるのである（Fairbairn, 1952 ; Stern, 1985 ; Tronick & Weinberg, 1997も参照のこと）。

養育者との生存のかかった関係性を最小限にしか阻害しないようにするためには，どのようにケアを求めたらいいのかを，子どもはすばやく把握する。このプロセスで，養育者はどの感情に対しては忍耐強く対応し，どれにはそうで

（1）喜びや楽しみなど親子の互恵的なやりとりが，子どもの自己感覚の発達にとって同じレベルほど重要ではないという意味を示唆しているわけではない。しかし実のところ，怯えや危機感の真っ只中では，喜びや真の互恵的やり取りについての記憶はまず存在しない。そのため，喜んでいる時や楽しんでいる時は典型的に子どもが親のケアや保護を求める時ではないので，ここでは子どもが保護やケアを求める状況に焦点化する。

第9章　未組織型の母親と未組織型の子ども

はないかということを子どもは学ばなければならない。どのようにケアを求めるかの表出にまつわる，ある特定の人間**関係**ドラマを何度もくり返し体験する中で，子どもはこのことを学ぶ。時間が経つにつれて，第1養育者との関係性を維持するために乳児が自分の感情を調整するという努力は，アタッチメント理論家がアタッチメント・パターンと呼ぶものへと組織化されていく。すなわち，組織化された方法か，または**特徴的な**方法で，養育者からのケアを求めたり，養育者への近接・親密を維持したりするようになるのである。精神分析家は，耐えられない感情から**自己**を守るためのこれらの原始的な努力を防衛と同一化の初期のサインであるとみなすだろう。しかし，人生の最も早期の月日では，これらの努力は**他者**を守るために最初は起きるのである（Winnicott, 1965）。そして，ケアを求めることとケアを与えることを妨害する感情から，他者を守るというこれらの方法は，同時に究極的には自分を守ることでもあるのだが，こういうことがアタッチメントの内的表象となるし，また，分析的用語で言えば，心的構造の中心的様相，となるのである。

　乳児の生存はケアを求める努力で成功するかどうかにかかっているため，こういう努力は心理的にも身体的にも最も重要なことである。すぐそばでケアを受けたり包み込まれる経験無くして，乳児は機能できないし（Bowlby, 1969, 1973, 1982, 1988），そして，学習することもできない（Brazelton & Cramer, 1990）。つまり，乳児は自分でニーズが満たされることが確定するように自分自身（そして，感情や覚醒状態）を方向づけなければならない。自分が機能するためにはどんなコストを払ってでも，ケアを獲得**しなければならない**のである。乳児が味わった自己経験，特に感情経験のうちで，アタッチメント関係を維持することを阻害してしまった側面は，乳児によって，否認されたり，無効にされたり，断片化されたり，あるいは，乖離されたりする。知ることや考えること，感じることは，死活的なつながりを維持し，他者の心の中に存在し続ける状況の中から出現するのである。子どもはどのような思考や感情が，自分の最も重要なアタッチメント状況において負担となるのかについて素早く学習する。覚醒や感情，そして，ケアを求めることに関連する子どもの自己の中核的感覚が

生み出されるのは，最も初期の関係性の中である。

　アタッチメント分類によって，その人の覚醒状態の力動やケアを求めた時の主観的経験についての情報をわれわれは得るのである。安定した赤ん坊は怯えた時や悲しい時，あるいは，怒りを感じる時に養育者へ気持ちよく近寄れる子どもであり，一方，不安定な赤ん坊はこれらの心の状態を，養育者の都合に合わせるように変化させている子どもである。成人においては，これらの同じパターンは，談話を構成する時に表れる感情を調節する方法に反映されている。初期において獲得した調整の仕方は，語りや思考，感情を構成する中に生きている（Main et al., 1985）。矛盾や語りの詰まり，話が崩れることがあるかどうかを注意深く聞く時，初期の2者関係において阻害されたケア要求や機能不全の経験が，言語や思考に抽象化されていることを目撃することとなる。

アナローザとソフィア

　アナローザと彼女の4歳の娘であるソフィアとの相互作用をまず，手短に説明することから始める。この相互作用の瞬間々々は，未組織型アタッチメントという概念を紹介する背景として役立つだろう。

　アナローザは18歳になった直後に娘を出産した。彼女は長いトラウマの経験を持っており，それには父親の死，里親家庭への措置，親戚による性的虐待が含まれていた。アナローザは，赤ちゃんを気遣うプログラム（Minding the Baby program）の参加者であった（Slade, Sadler, & Mayes, 2005 ; Slade et al., 2005）。彼女は妊娠中期にこのプログラムに参加してきた。われわれの研究の一部として，アナローザと娘に標準的な対面式（face to face）の相互作用の実験に，娘が4か月の時に参加してもらった。

　アナローザはいつもしているように娘とやりとりをするように依頼されたが，実験室にはおもちゃなどはなかった。単に**表情**でやりとりするように求められたのである。アナローザはこれを大変難しいと感じた。ちょうど娘は昼寝から起きたばかりで，（われわれは後から知ったのだが）お腹がすいていたのである。

第9章　未組織型の母親と未組織型の子ども

アナローザはカメラの前でなんとかやり遂げなければならないというプレッシャーを感じていた。結果として起きたことは，危機を感じるほどの相互作用だった。つまり，アナローザはソフィアに対して身体的にも視覚的にも無理矢理入り込み，大変攻撃的に20分もかかわり続けたのであった。つついたり，突然顔を近づけたり，遊び的だがとても乱暴にはたいたり，そして，ソフィアの苦痛をまねしてからかった。赤ん坊は呆然としており，母親のしつこくて圧倒されてしまう接近を何とか調整しようともがいていた。ある時は赤ん坊は違う方向を見てほとんど解離しているように見えたし，また別の時には大変怯えているように見え，目から母親の姿をはじき出すかのように瞬きをし，そして，またある瞬間には穏やかにぐずり，さらに，放心状態のような微笑を浮かべて母親を鎮めようと苦闘していた。このような努力の全てがほとんどの場合に同時に起こっていた。最も驚いたのは，赤ん坊がほとんど母親への凝視を止めないことであった。どのような対面式のやり取りにおいても，"1人"になって自分を整える時間はとても重要なものであるが（Brazelton & Cramer, 1990），ソフィアは母親が視界から見えなくなるリスクを犯せないために，これができずにいた。アナローザは特に恐れや調整不全，そして，意図を表す多くの赤ん坊からのシグナルに気付かなかった。相互的なやりとりやペースを標準的なレベルに設定することが全くできなくて，見ていて痛々しいほどの，根深く阻害された相互作用であった。(2)

　この相互作用は，母親が赤ん坊を脅かしている時に，アタッチメント関係において，恐れの調整をどのようにするのかという複雑な課題を見事に捉えている。大抵，子どもは恐れを感じた時には養育者からの安らぎを求める。これは子どもが近接と保護を求める第1の理由である。アナローザは，赤ん坊とのやり取りが自分の思ったようにかみ合わないために，自分の赤ん坊との関係で無

（2）定期的に治療的介入を受けて10か月がたった頃，アナローザと赤ん坊は最初のアセスメントに比べてやりとりが大変良くなっていたという良いニュースがある。最も重要なのは，ソフィアが1歳の時にアタッチメント分類で無秩序・無方向型ではなかったことである。

能感を募らせている母親であった。また，ソフィアが自分の失敗を潜在的に暴露させていると思っているため，赤ん坊に対して攻撃的に関わってもいた。このようなアナローザは，赤ん坊にとって恐れの原因でもあり，同時に，恐れを解決する人でもあった (Lyons-Ruth et al., 1999 ; Main & Hesse, 1990)。ソフィアは解決できないパラドックスに直面していた。自分が恐れを感じる人に，自分の恐れを和らげてもらい調整してもらうことを頼らねばならないのである。このパラドックはソフィアの表情にしっかりと現れていた。いったい，恐れか喜びかどちらを信号として出すべきなのか？　ただもうろうとしている方が安全なのだろうか？

　乳児期におけるこれらの種類の相互作用が，満１歳時点でのストレンジ・シチュエーション法で測定できる**未組織型**のアタッチメントの基礎を形成する (Ainsworth, Blehar, Waters, & Wall, 1978 ; Lyons-Ruth & Jacobvitz, 1999)。未組織であるということは，アタッチメント表象について，いくつかの特徴を示している。最初に，養育者が赤ん坊にとって，脅かすと同時に怯えている存在であるため，その母親からケアを求めるための組織化されて一貫性のある方法を発達させることができない。恐れは正常なアタッチメント・システムの機能を覆し，近接要求と身体接触の維持を阻害する。直接母親に近寄ることは，母親の恐れや脅かす行動を触発するリスクを高めるため，アタッチメント関係で未組織型になっている子どもは奇妙で，変な常同行動を取ったり，あるいは，矛盾した方法で接触するようになってしまう。解離状態に入ってしまうこともよくあり，アタッチメントに対するニーズやそれを得るための奮闘は意識や相互作用から解離させられる。リヨンズールスと同僚(1999)は，養育者との間で怯えたり怯えさせたりする経験は，その養育者**との関係**で，無能感や敵意を感じる経験を引き起こし，その結果，アタッチメント関係やアタッチメント表象は，無力感－敵対心という連続体の周辺に組織化されるようになると提案している。

　理想的には，母親との遊びに満ちた（あるいは，どんな様相のものでも）関わり合いをとおして，やがて子どもは自分自身の内的な状態を同定するようになる。つまり，相互作用という構成内において，最初は母親によって子どもへと

提示されることが表象となっていくのである。「例えば，赤ん坊にとって，不安は生理学的な変化とか，何かについての考えとか，行動の結果などの混乱した混ぜ物として存在する。母親が子どもの不安に反応した様子を見せるか，あるいは，不安をそのまま写し返すかした時，この認識によって子どもの経験は組織化され，子どもは今何を感じているのか『知る』のである」(Fonagy et al., 2002)。母親はこのように具体的なあり方で，子どもの初期の情動経験を包み込む者，組織化する者として機能する。しかし，アナローザやソフィアのような親子においては，仲間に入ることや安心していられること，また，落ちついていられることなどという，子どもの感情やニーズが母親に認知されずにいるのだが，それは母親にとってあまりに刺激的で痛みを伴うためなのである(Lyons-Ruth et al., 1999)。この例では，子どものニーズは母親の攻撃性と軽蔑を引き出してしまった。ソフィアにとって，母親の心を熟考することは，母親から向けられる嫌悪と憤怒について考えることになってしまった。そのため，これらの歪曲されて恐ろしい表象について熟考することや究極的には内化することよりもむしろ，ソフィアは母親の心的状態や自分自身の心的状態から解離し，それらを断片化する方を選択するしかなかったのである。これらの状況で，子どもは生き残るために"異質な"自己を発達させるのだ，とフォナギーは示唆している (Fonagy et al., 2002)。自分自身の自己が関係性の中で認識されず知られないために，この異質な自己は養育者の自己の状態と同一であることを反映している。ここで私が描写した例から，異質なあるいは偽りの自己(Winnicott, 1965)がソフィアに形成されていく様子がわかるであろう。

　未組織型のアタッチメントの場合，だんだん親の無力感と敵対心という心的状態を子どもは同一化していく。その心的状態とは，子どもとの関係で怯えている（無力感）か怯えさせている（敵対心）親の経験から出現してきたものである。このような種類の同一化は，学童期の未組織型の子どもが統制的・懲罰的な方向性と，無能感・抑制的な方向性の基礎を形成し (George & Solomon, 1999 ; Lyons-Ruth & Jacobvitz, 1999)，成人における未組織型の顕著な特徴である，競合している表象のそれぞれの方略を発達させる確率を高める。競合して

いる表象のそれらの方略は、"心的表象のレベルにおける心的内容の非連続性か解離性"（Lyons-Ruth et al., 1999, p.34）によって明確化される。そのため、人生初期の関係性の経験を説明してください、と質問されて、特に喪失や虐待、他のアタッチメントに関わるトラウマについて尋ねられた時、未組織型の成人の談話は混乱したものとなり、理由付けや談話の流れを監視する機能が失われて、奇妙な内容を話したり吃音のような状態になったりするが、これら全てはトラウマにまつわる痛々しい心的状態の断片化された意識の働きによるのである（Main & Hesse, 1990）。

この内的な未組織状態は子どもとの相互作用に直接影響を与える。親は自分の心的表象の分裂を修正することができないのと同様に、親自身の競合して対立している自己の状態のせいで、子どもとの相互作用において分裂したままで対応していることも修正できない。子どもの怯えた応答が親自身の"過去の喪失か恐れを思い起こさせる経験"を刺激するので、親は自分の"赤ん坊の恐れに関連するシグナルへ意識的な注意を向けること"を制限する。親の意識的注意や応答性にこれらの制限がより深く浸透していればいるほど、赤ん坊のアタッチメントに関わるコミュニケーションよりも、親自身が抑えている陰性感情が覚醒するのを統制するニーズの方が重要となる。そのため、本来なら落ち着かせる応答が必要な時に、乳児に対して、優先してそのような制限された対応が随伴して起きてしまうのである（Lyons-Ruth et al., p.38）。故に、自分自身がどうしていいか知らないことや"遊び"をせねばならないことにプレッシャーを感じて、自分に対して怒っていたため、アナローザは娘の危険信号と恐れの表出を処理できずにいた。

シンシアとルイーザ

ここ2年ほど毎週2回患者として会っているシンシアについて記述することで、未組織型アタッチメントが様々な問題の裏側に存在していることを説明していく。シンシアは40代の魅力ある女性で、娘の精神科医であるジェンキンズ

先生からの紹介で私に会いに来るようになった。13歳の娘のルイーザは注意や行動の問題を幅広く抱えていた。シンシアと養子であるルイーザとは問題ある関係性を作っていて，精神科医はルイーザの出している問題の多くは，"アタッチメント"が上手く発達していないことに起因していると疑っていた。娘を母親として育てることについて，シンシア自身の複雑な気持ちをもっと上手くやりくりできれば，ルイーザの問題に対してより適切に対応できるだろうとジェンキンズ先生は感じていた。

最初のセッション：トラウマ被害を受けていると同時にトラウマ被害を与えている養育者

　シンシアは気さくだがとてもエレガントに完璧に組み合わせた服装でクリニックに来訪した。しかし彼女がきちんとしていることに対する私の感覚は，彼女が自分の話を語り始めると共に素早く変化していった。彼女の細かい成育歴に関わることではなく（もちろん，それはとても痛々しいものであるが），彼女の語り方に関わることなのであった。多くのことがとても速いスピードで語られた。最初にどのように自分がここに紹介されたかを語った。ルイーザの症状について，自分自身の問題が何か役割を果たしている可能性を示唆されたことで，不当に苦しまされていると思っているようだった。これは，彼女にとって明確に恥になることであった。彼女はジェンキンズ先生の提案によって気分を害しており，"とても怒っている"に違いなかった。「私は怒っていません！」と彼女は私に叫んだ。シンシアのひざに抱いてもらいながら，養子縁組や実母についての思いや感情を語るようにルイーザに促す"アタッチメント・セラピスト"に会うように薦められたことによって，シンシアが混乱していることも理解できた(3)。その残忍さと不当な扱いのために，最も世間的に多くのメディア

（3）娘に対するこのような治療法は，ここで述べられた力動を考えると，ほとんど援助になっていないし，あまりに問題が多いと思われるが，しかし，それら全てについての議論を載せるためには，この章ではスペースが足りない。

に取り上げられた複数の離婚と匹敵する，3年間訴訟で争っている自分の離婚についてシンシアは語った。自分が裏切られたことと恥の感覚に加えて，シンシアと交友関係が重なっていて皆がよく知っている女性と彼女の夫はすぐに再婚したのである。彼女の生活範囲内で起きたことなので，感情的に逃げられないし，距離を置ける機会はなかったのである。

　次に自分の子ども時代について最低限の概要をシンシアは語ったのだが，そこには虐待やアルコール中毒，そして，絶え間ない暴力や恐怖が満ち溢れていた。とても成功した弁護士であった彼女の父親は，アルコール中毒であると同時に精神病も患っており，自分の6人の子どもに対して，悪意を持ってずっと虐待し続けてきた。同じアルコール中毒の母親も夫によって虐待されていたが，シンシアを含めた子ども達を父親から守ることはできなかった。彼女の母親の残虐さや自己愛性病理は，この最初のセッションではほとんど明らかにされなかった。しかし，治療が進むにしたがって，母親が妬み深いことや意地が悪いこと，いつでもシンシアを屈辱的な目にあわせたり恥をかかせたりしたことは，彼女の父親による明らかな虐待と同じくらい酷く，彼女を傷つけたことが明白になってきた。彼女が10代の時に親は離婚した。かなり年を取り感情的には弱いが相変わらず意地が悪くて彼女に恥をかかせる母親と，問題を多く抱えたまま痛みの多い関係をシンシアはまだ持っている。シンシアはきょうだいの中ではただ1人とだけ連絡を取り合っている。彼女のきょうだいの1人が，もうすぐ大学を卒業するシンシアの実娘のエマを，性的に虐待したことについて，明確な証拠をシンシアは持っている。

　結局だめになった2度目の妊娠で合併症を起こし生死をさまよった1年後に，ルイーザを養子としたが，その時エマは4歳であった。その後の手術で，シンシアはもう妊娠することはできなくなった。そのため，ルイーザとの養子縁組にはもう1つの未解決の，非常に恐ろしいトラウマがひそんでいるという文脈で考える必要がある。

　最初の相談が終わってシンシアがオフィスを去った時に，私は圧倒されてしまっていた。ちょっとだけ，アナローザの娘のようだった。彼女の話は前触れ

なく突然始まって，混沌に満ちて暴力性を深く内在させていたので，まるでそれらによって自分自身が猛烈に攻撃されたようになってしまった。私は混乱させられて，何がなんだかわからなくなってしまった。一方で，原初的な対象関係性や投影同一視，PTSD，境界性パーソナリティ障害，または，病理的自己愛という概念を，シンシアについて考えるために持ち寄って使えるだろうと思った。そして，ある程度は実際に使った。その一方で，アタッチメントに対して無秩序な状態になっている人であると彼女を考えることが，さらに助けになることが分かった。

未組織型アタッチメントの指標

　シンシアが自分の両親に対して未組織型の関係を作っていることと，自分の子ども達との養育関係において，未組織・未解決型であることは，多くの兆しから明らかであった[4]。最初に，彼女の**未解決**のトラウマの歴史が消化不良のままで，ひどく感情的な高まりを伴って語られた。子ども時代の複数のトラウマをまだ解決していないというとても重要な手がかりは，語りにおける一貫性のない状態に見られた。子ども時代の経験の重要な点について組織化されておらず，表象されておらず，心的に処理されていないということが示唆された。一貫性のなさだけによって未解決かどうかが決まるわけではない一方，シンシアが語っている内容は，認知機能がうまく働いていないことが明らかでそのこと

---

(4) アタッチメントに関して，ルイーザも無秩序な状態であるらしいということを明確な事実に基づいて全て論じることは難しいだろう。まさに，ルイーザに未組織型の兆候があったから，精神科医は思わず2者をアタッチメント・セラピーに紹介したくなったのだろう。母親に対するルイーザの相矛盾する多様な行動についても，彼女が未組織型であると考えればうなずけるだろう。興味深いことに，多くの養子となった子どものように，ルイーザは実母を探したいという願望を持っている。分裂した母親の表象（彼女の"良い"母親は"失われた"母親である）は，ルイーザが未組織型であることのもう1つの証拠であり，特に，心に2人の母親を同時に保持していることは，未組織型の矛盾を具体的に表しているといえる。

は未解決な状態であることを示す。話の内容は最悪であったが，シンシアの感情は法廷の報告者のようで，伴うべき感情なしに事実を淡々と述べているものであった。シンシアは話を恐怖やあきらめの表情で時々中断したが，その話はまるで彼女が現実に経験しているようには感じられなかった。話はあらかじめ準備されたように感じられ，感情が解離していた。自分の前の夫を"私の父"と呼び，エマのことは"私の娘"と呼び，ルイーザのことを"その子"と呼んだので，感情から自分を孤立させる必要性が彼女にあるのだなと私は感じた。シンシアは彼らを名前でほとんど呼ばなかった。

　シンシアの談話は他でも一貫性がないところがあった。あまりに長すぎて（量的），そして，同時に脱線も多く，細部に入り込みすぎて，しかし，驚くほど伝わりにくい（質的）ものであった。聞き手としての私と協同しながら語ることが難しかった。彼女はひたすら排出し，私はただ受け取り続けた。シンシアは自分の話からあまりに切り離されており，彼女ができる全てのことは，私をその話で攻撃することだけのようだった。つまり，彼女が私に語ったような方法でもって，彼女にとってはそれがどういうことだったのかを伝えるしかなかったのだろう。トラウマを負った人は自分が何を言っているのかについて，容易く考えることはできないし，考えられないことは考えないように，耐えられないことは感じないようにあがくうちに，話の方向性を失うのである。彼女の感情が本物であると感じられた唯一の時は，ジェンキンズ先生のところで彼女が"とても怒っている"のではないか，娘はアタッチメントの問題を持っているのではないかと指摘を受けた時の驚きと恥ずかしい気持ちを述べた時だった。そのことについて，後にわれわれは理解するのだが，自分の初期の子ども時代に由来する力動からの機能として，羞恥心はシンシアにとってとても強い誘因であり，その初期の時点では，彼女自身の語りの現実に対する観察や養子にもらった娘に対する母親としての困難さについて，ジェンキンズ先生から指摘されたことに彼女は折り合いがつけられなかった。メタ認知による監視 (metacognitive monitoring, Main, 1991)，あるいは，心理化 (mentalization, Fonagy et al., 1995) の存在をうかがわせる内容はほとんどなかった。シンシアは生き

第 9 章　未組織型の母親と未組織型の子ども

残る方法として，他の人の恐ろしい心から自分を孤立させることを学んでいた。この方法では，両親やきょうだい，子どもは本当の心を持った現実の人ではありえない（ではなかった）（Fonagy et al., 2002）。事実，彼女が男性を選ぶ時に合わない相手を選択してきたことや，同様に，娘について理解できないことが多すぎることも，人の心や動機をシンシアが本当に読めないということによって，部分的にはある程度説明されるだろう。

　逆転移の中で経験したことから私は，感情から解離しようとする多くの努力にもかかわらず，彼女の感情は今でも大変生々しく，彼女に対して未組織的であり続けているという事実について理解した。私は圧倒されて多少の恐れを感じ，そして，われわれの最初のセッションの終わりには解離感覚が少しあった。まるで私が怯えて圧倒させられた赤ん坊になったようで，シンシアが解離を起こしている攻撃者のようだった。継続的な暴力や機能不全が続く状況で，自己の感覚を守るためと恐怖に満ちた養育者の怒りを静めるための策として，継続的に断片化している意識を昔子どもとしての彼女が味わったことを，最初のセッションを終えた私も感じていたに違いなかった。弱さや怖さという感情を統合できず，また，どの程度自分が暴力的に扱われ攻撃されたかも分からず，彼女は代わりに攻撃者に対して同一視を形成した（Fairberg, 1980）。シンシアの統合されていない怒りは実際容易に理解できた。私とシンシアは，トラウマ被害を被った母親が娘自身にトラウマ被害を与え自分自身で圧倒してしまう（Lyons-Ruth et al., 1999），アナローザとその娘ソフィアのようだった。

　つまり，シンシアとの最初のセッションは，未組織型アタッチメントの兆しを聴き，**経験したところ**から始まったのであった。彼女の関係性と内的生活において（恐れと羞恥心によって引き起こされる）無能感と，敵対心（Lyons-Ruth et al., 1999）から，競合している自己と他者との関係性の状態を何とかやりくりしようと努力をしている人なのだと私は彼女について考え始めた。アナローザと相互作用をするソフィアのように，これをするためにはシンシアは基本的に解離を利用するしかなく，他の未熟な組織化やコントロールも試験的に使っていた。これらが失敗すると，彼女は自分自身が怯えてしまい，怒りに満ちて

289

しまった。1つ1つのことで攻撃を向けられ妨害されながら，しかし，彼女にトラウマをもたらす両親との接触も失わずに，恐れと他の強い否定的な感情を強制的に調整しなければならなかった子どもとしての彼女を，このように経験することによって，私はシンシアという人を想像できたのである。また，子どもとしての立場にいるルイーザがどういう体験をしているかについて，想像することの手助けともなった。

　シンシアについて考えるこのような方法は，治療の見立てと方針だけでなく，彼女に語りかける仕方や私の使ったたとえ，私が焦点化した課題，さらに私の全体的な治療的立ち位置なども導いてくれた。次のセクションで明確にしたいことは，治療が上手く続き生産的であるためのやり取りをする方法である。それは，シンシアの持つ互いに排他的な自己イメージを統合する方法であり，それは非常に強い覚醒状態の瞬間瞬間にわれわれが関わり合うことで達成できるものである。関わり合いとは，シンシアが無能感から引きこもったり，解離を起こしたり，また，恐ろしすぎて憤怒したりする状態から，究極的には調節しバランスを取る方法を見つけるプロセスのことである。これは，肯定的で支えられた治療的関係においてのみ可能であった。その治療的関係とは，ぶれることや引き金となる出来事に調律し続けることで，私が持続的にこれらの相矛盾する自己状態を心理化する環境のことである。

シンシアの治療

　過去2年間に渡って，シンシアと私はだいたい4つのことを話し合ってきた。それらは，ルイーザとの関係，実母とシンシアとの関係，離婚とその後遺症に対する彼女の引き続いている感情，そして，婚姻状態にあった最後の時につきあっていた男性との（現在では終わっている）関係である。このセクションでは，ルイーザとの関係性をめぐって，われわれが問題解決にあたってきたことに焦点化していく。最も劇的な変化が明確に現れたが，それはほとんど，娘との間のいろいろなことがとても"生々しく激しい"という事実に関係していた。そのため，われわれがルイーザについて話し合っている時，シンシアが上手く

第9章　未組織型の母親と未組織型の子ども

機能できずに怒りにとらわれてしまうと感じる瞬間についてよく議論し，そして，そのことは機能不全の経験によって引き起こされた様々な自己－他者感情の表象に，生々しく向き合う機会をわれわれに与えることとなった。また，ルイーザに対して正しいことを行いたいという願望が彼女を大いに動機付け，本当なら見たくない自分自身のことまで彼女は見ることができた。自分が母親から受けた怒りに満ちた懲罰的な扱いを繰り返した**くない**と，シンシアは心から望んでいる。これは，本当の変化を生み出す，命運をかけた起動力となる。

　治療の最初から，シンシアは未組織型の矛盾形態である無能感と敵対心（Lyons-Ruth et al., 1999）という増幅された２つの心的状態の間で，ルイーザとの関係や表象のバランスを取ることにもがいていた。彼女の最もくつろげる位置はこの２つの間のどこかであり，本質に迫ることが難しく，同時に真実ではなさそうないくらか解離している語りにそのことは現れていた。これはルイーザについて語るか，あるいは，彼女を物として見なすかする時であった。彼女を"その子"と呼んだり，また，断片化して，ほとんど芝居じみたかのように，ルイーザの態度を説明したりした。一緒に治療をしている文脈内で，"リモコンで操作"されている語りだと私は命名した。この言葉をあてることで，セッション中に解離状態へと彼女が入りそうなことを伝えることができる。治療を始めるまでは，解離状態は彼女にとって無能感や憤慨状態をなんとかやり過ごすただ１つの方法であった。

　ルイーザに向けられるシンシアの激しい怒りは，誰も（シンシア，ルイーザ，ジェンキンズ先生，アタッチメントのセラピスト，そして，私）が心配する最も明確な関係性上の問題である一方，これらの感情はルイーザとの関係で，シンシアが恐怖か侮辱を感じた時に大抵引き起こされていた（彼女の敵対的な面）。いつくしんだり，親としてケアをするには，ルイーザは難しい子どもである。彼女は混乱していて，いつも誰かを必要としており自己没頭的でシンシアにとって理解不能なもので覆われていた。多くのADHDの子どものように(5)，ルイーザは自分にとって興味のある物を手に取り，分解し，隠し，失うということを繰

り返していた。それから，そのことについて「嘘をついて」，避けられない結果を避けようとするのである。事実，彼女の多くの嘘は母親の怒りを未然に防ごうとした，間違った試みのようであった。ルイーザの衝動性，予測不能性，そして，最も多く起きる混沌とした行動は，シンシアの中に巨大な恐れを生み出すようであった。なぜなら，ちょうど彼女の子ども時代がそうであったように，予測不能性は深刻な危機を意味していたためである。このため，ルイーザが彼女を「驚かせる」時や感情をあらわに出す時など，たとえそれが少しであってもシンシアは怒りに満ち溢れてしまうのであった。このような時，シンシアは娘に対して残忍で懲罰的になり，場合によっては脅かしてしまった。彼女は面接室に入ってきてルイーザがやった「大変な」こと（実際，ルイーザは極めて挑発的であった）を語り私を笑わせた。そして，切り離されて合理化された状態で，自分のした反応について述べるのだが，その内容はルイーザに父親と一緒に暮らしに行け（その時点でシンシアもルイーザも父親がルイーザをいらないと言っていることを知っている）と言うことや，もうルイーザには「うんざり」してしまったので，どこかに行ってしまって1人で暮らせ，と言うことなどであった。シンシアはよくルイーザが「わざとやっている」とか，知りながら嘘をつき自分を操ろうとしたとして，ひどくしかりつけた。シンシアは普段は感情を抑えていたが，時々とても衝動的にルイーザを罰するのであった。私がルイーザに待合室で会った時，彼女はなんとなく呆然としており，解離しているように見えた。

　シンシアはルイーザが嘘をつくことで，とても侮辱されていると感じていた。娘によって過小評価される（見下げられる，無視される，操られる，搾取される）と感じることは彼女にとっては深い恥であった。というのも，それはルイーザにとって自分が何も価値がないということを示唆し，そして，自分が無

（5）この診断名が，多くの種類の自己調整に関わる障害に対して，都合よく使われていること（Barkley, 1997）については私も大変よく知っており，そこには阻害されたアタッチメントや未組織型のアタッチメントの結果として，調整不全になっている場合も多く含まれている。

第9章　未組織型の母親と未組織型の子ども

能であることと娘に知ってもらおうといろいろ示してきたことによる徒労感とを，確定されるためであった。そして最終的には，自分は自分の母親がそうであったように，悪い母親（そうでなければなぜ，ルイーザが自分を無視するのか？）だと決めつけていた。この結果，ルイーザの行動化は母親としてのシンシアの欠点をあぶりだした。ルイーザの1つ1つの挑発は，（シンシアが彼女をそのように認識しているような）敵対的な攻撃者としてのものではなく，無能な被害者へと彼女が成り変わる試みであり，自己愛的な傷の現れであったのだが，シンシアの自己愛的な怒りに完全に油を注いだ。この力動は明確に，リヨンズ・ルスたち（1999）が説明した無能－敵対関係の病理素質を見せている。ルイーザの敵対心についてシンシアが想像することに直面する場合，シンシアは無能感にさいなまれ，自分自身が敵対的になることで，ルイーザに無能感を抱かせるように努めてしまった。一旦シンシアの無能感がルイーザに投影されてしまうと，このルイーザに投影された無能感によってシンシアは自分が敵対的だと感じるはめになってしまった。

　自分が自分の母親に対して感じるように，いつか自分の子ども達が自分を同じように感じるだろうという不変のファンタジーがあった。このファンタジーは深くゆるぎないものとなっており，治療の2年が過ぎた後でも，検証してみるために取り出すことができなかった。シンシアにとっては，自分の娘との関係性と自分の母親とその子ども達との関係性を，別のものだとしてみることがほとんど不可能であった。彼女はあまりに深く実母の無能感と激しい怒りに同一化していて，テロリストとその犠牲者という，やるかやられるかという二極端に自らを置いてしまい，それら以外の異なる在り方を心に描くことができないのである。

　シンシアは自分自身の層化された内的世界の雛形を通してルイーザを経験し，そして，矛盾した自己状態と格闘しており，娘の内的な生活は自分のものとは別のものであるという感覚を持続的に持つことがほとんどできなかった。治療の開始時点では，彼女は自分が持つ無能－敵対という一連続の状況から切り離して，ルイーザを見ることはできなかった。ルイーザは攻撃者か，シンシアの

攻撃を受けた弱い犠牲者かのどちらかである。心理化を恐れない親であれば,ルイーザの行動には彼女なりの理由がある（母親を挑発し,自分自身の壊れそうな自尊感情を鼓舞するようなものであっても）と理解できるかもしれない。しかし,ルイーザが行動化する時はいつでも,シンシアは個人的に辱めを受けたと感じた。彼女はルイーザを自分自身の投影としてみており,そのためルイーザの内的な経験としてではなく,（悪い）行動として,説明するのであった（Slade,印刷中）。実際にはルイーザの行動の理由を**自分とは無関係なのだ**とシンシアが想像できるようになった時に,彼女の怒りは少なくなりもっと共感性が増した。つまり,ルイーザが自分自身についてとても悪い子だと心から思っていることを理解できるようになり,彼女の（問題）行動について,自分には価値がなく愛されないという感情のサインだと,シンシアは最近の数か月において理解し始めたのである。[6]

　2年間一緒に問題に対処してきた中で,シンシアは,怯え怯えさせるという二項対立から抜け出すことがだんだんと可能となってきて,自分の激情を調整するのと同時に解離せずにとどまる方法も見つけられるようになっている。このような時には,自分の内的な経験に対して極めて正直であり,関わり合うことができる。ルイーザとの間でこうした中間地点を見つけられた時に,本物の自分として彼女の目の前に存在することができるようになるだろう。このような場合に,シンシアは自分のことをのびのびしていて,気持ちを落ちつけることができ,そして,愛することのできる人間だと経験できるだろう。彼女はこうしたことがルイーザに与える影響について,ちゃんと直接感じることができる。そしてルイーザは基本的に,もっとのびのびし,愛情豊かで穏やかになり,彼女の"奇妙な"行動はもっと和らげられるはずなので,そのため母親によっ

---

(6) ルイーザは実際にときには加害者であり攻撃者であるように行動化している,という事実を軽くみるつもりは一瞬たりともない。彼女もまた,未組織型の心的状態の矛盾を内化しているのである。そのため,シンシアの心にある矛盾はルイーザの心にもあり,そして,苦痛を受け,苦痛を与える2人の関係性の力動の中にもある。

第9章　未組織型の母親と未組織型の子ども

て脅かされることがほとんどなくなるのである。

　もちろん，シンシアとの治療は多くの課題点もあるが，彼女の未組織型のアタッチメント状態に関することで，特に重要なことをいくつか述べておく。強い感情が沸き起こった瞬間は，特にそれが恐れである場合，それはシンシアにとってあまりに混乱させられる経験であった。治療場面でそのような恐怖が現れた時は，再組織化（彼女の場合は，組織化）にとって，不可欠な入り口であり機会となる。他者の心を映し返す役割をする私は，大変重要な立場にいる（Fonagy et al., 2002）。どのような治療法を使う場合もそうなのだが，彼女はすぐに"遠隔地"へと行ってしまうため，彼女が怒りや恐怖（大抵，ルイーザとの関連で）を"なまのまま"で保ち，そこに接近可能な状態でセッションに来る場合に，最も生産的な瞬間は起きるのである。まさにその時にこそシンシアが矛盾する両方の自分に気づき注意を向けられるように，私は彼女の自己を包み込み，抱きかかえることができるのである。このような時の私の確かで穏やかな同席は，私のやさしく戯れる力と同様に不可欠なのである。シンシアの強力な感情を意味あるものとし，再定義するために私がこれらの瞬間を使うことは同時に，母親によって間違って解釈されやすいルイーザの意図や心的状態を映し返すことでもある（Slade, 印刷中）。治療に入ってから1年たった時点での引き続くセッションは，多様な観点からこれらの点を描写している。セッションの1時間で，我が子についてのゆがんだ表象を無効にすることや，シンシア自身の心理化する力を増加させること，そして，消化されずに破壊的な影響を持つ感情が適切に扱われる枠組を造ることなど，多くのレベルで心理的な作業を行った。本質的に，彼女の激情を包みこむことと投影の中身を出すことによって，シンシアがルイーザにとって本当の安全基地となるように援助し，自分の感情は自分自身に属し，娘に属していないことを理解するように助けた。

　午前9時の予約のためにシンシアを迎えに私は待合室に降りてきて，そこにルイーザがいるのを見た。彼女はとても大きなショックを受けたように見え，私が待合室に入った時には，とても心配した表情をした。彼女は自分もまたすぐに2階へ呼ばれるのではないかと多分思ったのだろう。シンシアは私の部屋

に来て，娘と2人で大変ひどい夜を過ごしたことを語り始めた。ビデオ店に行って，寝る前に一緒に見るビデオを選んだ。シンシアはこの計画に同意したものの，やっと一緒に映画を観ることができた11時近くまでルイーザ（この間，いつもどおりにそわそわしていた）を待たせた。もちろん，この時間はルイーザの寝る時間をすっかり過ぎていた。真夜中に，シンシアはもうこれ以上映画を観るにはあまりに遅くなってしまったことと，ルイーザはもう寝なければいけないことを伝えた。映画を途中で止めた。ルイーザはもちろん寝る気配がなく，この時点でエンジンがかかってしまっており全く言うことをきかなかった。シンシアは主張を繰り返し，自分はさっさと寝に行ってしまった。午前2時に目が覚め，ルイーザが彼女の部屋でまだ起きていて，いつものように"変な"人目を盗んだ活動をしているのを見つけた。シンシアは完全に頭に来てしまい，脅かしてひどく叱りつけた。ルイーザは彼女の部屋へ追い払われ，シンシアは映画を1人で終わりまで観た。映画は翌日返されるので，ルイーザにはその続きは観られないと伝えた。母も娘もほとんど眠れなかった。

　シンシアは憤り，正当性を立証したいと思っていた。ルイーザの悪いところをいつも語っていたが，ここにきて確かな証拠が出たわけである。今日の午後，ジェンキンズ先生に会うので，何が起こったのかをきちんと話そうとしていた。しかし，私はシンシアに驚いて，自分自身にも驚いていた。微笑みながら，やさしく彼女をからかってみた。「で，今度はどんな困ったことをルイーザはしたの？」（解釈すれば，で，**なぜ**そんなに怒ってしまっているの？）シンシアはちょっと考えて微笑み，少し諭されたような表情をしたが，しかしまた，まるで正気に返ったようでもあったので私は安心した。その瞬間に，シンシアは自分の憤怒から遠ざかり始め，数歩下がって，何が起こったのかについて他の角度から考えようとしていた。ルイーザがまだ起きていて，午前2時頃にまだこそこそとしているのを見た時に彼女は激怒した。結局，ルイーザがベッドに行くと約束したのに，寝に行かなかったことでその約束を破ったためであった。「ADDを持った男の子のように，私には思える」と，置時計を分解したり，借りた物を失くしたりするような男の子を想定して，私はちょっと言ってみた。

第9章　未組織型の母親と未組織型の子ども

また，興奮した後に鎮まるための調整が難しい子どものことも考えていた。

シンシアは息を吐いて，間を置いた。「先生の言うとおりだわ」と言って，少し落ち着いた。そのセッションの終わりには，11時にまで映画を観ることを遅らせたのは，**自分である**と気付いた。ルイーザは何度も映画を始めてと懇願していたのに，シンシアはそれを引き伸ばし，後になってみると，それは彼女の拒絶とも思われる態度であった。シンシアは一緒に時間を過ごしたいというルイーザの望みを無視し，突然その楽しいひと時を終わらせたので，ルイーザを"いつもの"防衛状態に押しやったことを認識した。ルイーザの行動は（少なくとも意識上は）邪悪なものではないし，意図もないし，悪くもないと私は示唆した。むしろ，それが彼女なりに対処する方法なのだと。シンシアは，いかにルイーザの行動に対して自分が上手く対応できずにいて，悪い母親だと感じさせられるかについて語り，まるでルイーザはいつも自分に隠れて何かをしているようだという妄想状態になってしまっていたと語った。

「では，私はどうしたらいいんでしょうか？」セッションの終わりに，ほっとしながらも歯がゆく感じながら彼女は尋ねてきた。

「まず何よりも先に下に行って，謝りなさい。そして，2人して家に行って，映画を最後まで観なさい。」

「ジェンキンズ先生には何て言ったらいいんでしょうか？」

「何も言わなくていいわよ。それはルイーザのセッションなんだから。」と私は答えた。要するに，シンシアの原家族では一度もなされたことがないことを，今，彼女がルイーザに行うこととなった。それは，関係を修復することであり，初めてそこに彼女は導かれたのである。

解離と麻痺が彼女を痛みの記憶や感覚から守るためのお決まりの防衛となっていたので，このような激しい怒りやそれと表裏一体にある恐怖感や屈辱感を子ども時代の経験に結びつけることはシンシアにとって大変困難なことであった。一緒に治療をしてきた2年目に，ルイーザに対する自分の激情と怯えさせる行動は，自分自身の子ども時代のトラウマに対する反応なのだとしてシンシアはゆっくりと理解できるようになり，それにつれて，解離することがどんど

ん少なくなっている。例として，上記のことがあった後だいたい2か月が過ぎた頃のセッションで，エマが大学から帰省するといかに物事が混沌としてしまうのかについて話し始めた。この話は，2人の子どもが家にいて物事が自分の手に余ってしまい収拾がつかないという混乱によって，いかに彼女がひどく調整不全にさせられるかについての以前の話し合いの続きであった。シンシアはとても正直に実はここに来たくなかったと告白した。なぜなら，私達の行った前回のセッション後すぐに，ルイーザに対して自分を制御できなかった出来事があり，そのことを私に話したくなかったためである。自分の家の近くのミーティングに出かけた時，ルイーザが犬を連れて来て，ミーティング後に自分と落ち合うように決めていた。しかし，ルイーザは来なかった。シンシアが家に着いた時，ルイーザがコンピュータに没頭しているのを見た。ADHDがあるため，ルイーザが時間の流れを失ったり，物事に没頭し過ぎたりするということを自ら改めて思い起こそうとした。それにもかかわらず，怒りの発作が爆発してしまった。「最もひどいものだったと思います」とシンシアはとても落ち込んで語った。父親と（悪意に満ちた）継母と一緒に住むように送り返すと脅したり，約束を守れずに自分をがっかりさせただめな子だと侮辱したりした。自分で自分を止めることができなくなり，ついにある時点で，「ママ，私が犬を連れて迎えに行かなかったことだけじゃないと思う。ママの中で他のことが何か起きている」とルイーザが言うに至ったのである。

　寝かしつける前に，気持ちが十分に静まってルイーザに謝ることができたものの，まだ多くの怒りが残っていた。2人で数日間にわたって，そのことについて話し合った。シンシアはどんどん自分が悪かったと感じるようになって，本当に悪かったとルイーザに何度も謝罪していた。翌日の夜，娘を寝かしつけ，自分の手でルイーザの顔をかき抱くようにして抱きしめたと言う。「あなたが大好きなの」とルイーザに語った。「これが本当なの。これが本当に私があなたに感じることなの。あの夜のような怒りではないの。あなたは本当にすばらしい子どもよ」と語った。自分とルイーザの両者のために，自分が時に空虚な愛情表現をすることと今回の本物の愛情表現を区別しようと彼女は努力してい

第9章　未組織型の母親と未組織型の子ども

たのだと私は感じた。ルイーザに，**これが本当の自分の気持ちなのだ**と信じて欲しいと必死に願っていた。

　それから，シンシアは自発的に，どうして今回のようなことで自分を制御できなくなってしまったのかについて考え始めた。「たぶん，私の中の完全主義なところだわ……いつも，完璧な妻，完璧な家，完璧な子ども，などというように自分にプレッシャーをかけていた。」シンシアが解離の状態に滑り込んで行きそうだったので，私はそこでしゃべりかけた。怒りと恥の両方の大変強い感情について語りながら，そう感じた背景を自発的に振り返り始めたが，次第に解離し始めてもいた。私は，解離せずに生々しい状態であることが必要だと感じたが，それは自分のルイーザへの反応と自分自身の過去との結びつきを考えることにとって，必要不可欠であったためである。やさしく彼女の話を中断し，完全主義というのは症状ではないかと語りかけた。「本当の問題はトラウマでしょう。全てのことを完全にしなければならないのは，攻撃を事前に止めるため。暴力にみちて混沌とした環境で育ってきて，次はいつ何が起きるのか，たたかれるのか，叫ばれるのか，それとも，全部同時に起こるのか，決して分からなかった。物事はどんどん混乱していった……あなたの上の娘が家に戻ってくると，あなたは制御がきかなくなって，[シンシアが，「おまけに犬が病気なの！」と付け加えた]，物事はどんどんどうすればいいかわからなくなっていって，これがあなたを恐怖に陥れた。なぜなら，次に何が起こるのか分からないから」と私は話した。

　私は明確に特定のことだけを伝え，シンシアはそこにちゃんと居続けた。「先生のおっしゃることを聞いていると，金曜日の夜のことを思い出します」と彼女は言って，1週間仕事で離れていた父親が金曜の夜に家に戻ってくることを説明した。母親が水曜日に，父親が金曜日に戻ってくると子ども達に警告し，「その瞬間から，彼が着いたら何が起きるのだろうとみんな心配し始めた。父は家に入って，グッチ製の仕事かばんを床に置き，ファーストクラスの席で飲んだお酒に酔っていて，それで私たちには何が起きるか全く予測できず，ある時には彼は陽気で，またある時には私たちをからかったり機嫌がよかったけ

ど，真夜中までには母をひどく殴り始めるか，怒鳴り始めるか，母を追い詰めるかするんです」とシンシアは語った。彼女の言及内容は直接的で生々しく，信じられる内容で一貫性が十分にあった。

　怯えさせられ，圧倒させられた子どもの時の彼女にとって，それはどういうことだったのかを明確に想像させることで，シンシアが"遠くに"行くことを止めさせた。彼女の子ども時代の記憶を触発させるような特定の言語やイメージを使うようにした。それ自体が彼女自身の中から出現することをもし待っていたなら，このような関連付けを彼女自身はできなかっただろう。なんとかして，理屈抜きの反応を刺激する必要があると考えた。もちろん，とても詳細な説明と共に娘とのけんかを描写できるといったように，その時，シンシアにとってネガティブな感情が生々しい状態にあるという事実によって，私はこの治療が有効であると思った。

　彼女が父親の帰宅について生々しく説明した後に，「でもこれは金曜の夜じゃないわよね」と私はやさしく言ってみた。「ええ，分かっています」彼女も悲しげに同意した。ここのところ，自分の子ども達に"突然起こりそうなこと"全てについて，どうすればいいかわからなくなってしまったことを明確に説明してくれた。それは多くの細かいこと，例えば，何をしなければいけないか，何を片付けなければならないかということだった。とても恥ずかしい思いと罪を感じさせられ，大変弱い気持ちになってしまった，長女との会話について手短に触れた。「子どもが身近にいるということは，爆発しそうな手榴弾があるみたいなものなのよ。大抵は傷つくことはないんだけど，混乱や怒りに弱い時だと，金曜の夜みたいに感じるの。とってもどうしていいか分からなくなってしまうのよ」と私は言ってみた。彼女は，「**まさにそのとおりだわ！**」と同意した。

　彼女はそれから，神経質に行動化していたり，怒りを鎮めようとしていたり，謝罪的だったりする，"不安定な"ルイーザに不安が復活しているのを見ていることを哀しげに語った。自分が金曜の夜に感じていたことをルイーザにも実際にしていることは分かっているとシンシアは自然に語り，そういうことをし

第9章　未組織型の母親と未組織型の子ども

たくないのだとも言った。「私はまるで自分の父親のように行動している……あまりにも怒りすぎて‘我を忘れる’状態になってしまったのと，私の一部がそこに立って，『やめなさい！　こんなことは止めなさい！』と言っているんです」彼女は自分を忘れ去るほどに激情することと，その都度に娘を傷つけていることを心から後悔していた。

　今この瞬間における自分の調整不全を理解していることを，過去を振り返るために使えたので，このセッションは前進への大きな一歩となった。この先，娘との関係で極端な怒りを感じてしまう時，過去についての理解を念頭に入れながら，怒りの意味を捉えることができるであろう。シンシアにとって危険な時は，調整不全と混沌を感じた時や，自分のことを**自分の母親のように**悪い母親だと感じた時である。最悪の状況を恐れて，誰にもなだめてもらうことや落ち着かせてもらうことを期待できず，自分の母親のように怯え怯えさせてしまうのではないかと絶望的な怒りの中で激しく自分を非難してしまう，そういう瞬間なのである。トラウマの問題について話した時に私がしたことは，彼女の調整不全と激情を理解可能なもの，恥ではないものへと見直すことだったと思う。突然，彼女は自分自身について，そして，怒りによって"われを忘れる"という経験について理解し始めた。私の取っ掛かりは，彼女の調整不全と強すぎる感情経験にあった。

　よくあることだが，逆転移によって自分に生じる変化は，どこに私が働きかける必要があるのかについての不可欠な手がかりとなる。初期においては，私に紹介された時の屈辱感によって相当大きな内的な激変を引き起こされていたシンシアによって，私は調整不全になったり打ちのめされたりしていた。しかし，彼女が落ち着いてきて，私やわれわれの治療を信用するようになるにつれて，彼女が"遠くに"行ってしまう時に，止むことのない落ち着きのない感覚を私はより多く味わうようになった。私はまるで死んだように感じたのだが，このことは，何か重要なことが起きている手がかりであると私は考えた。転移の中でシンシアは大変虚弱になっている可能性があり，このため，彼女を守り辱めの感覚を避けなければならないと思った。無力感と敵対心という二項対立

の問題を転移関係に直接いつかは持ち込むのではないかと予期した一方で，まずは私を安定して存在する安全基地として，理解することを経験することが彼女には必要である。関係性があまりに危険にさらされそうだと，彼女は"遠くに"行ってしまう。このようなことはセッションの開始時点で起こりやすく，その後，彼女を傷つけたり怯えさせたりはしないということを，彼女に思い起こしてもらえるようにゆっくりと治療を進めていく。

　述べるまでもなく，これらの無力感－敵対心"転移"，あるいはリヨンズールス達（1999）が"関係的な二項対立"と呼ぶものは，シンシアの現実の生活にある関係性では，それぞれが異なった形で表れている。明確に，彼女はルイーザとの関係では攻撃者であるが，反対に，恋愛関係やエマとの関係，あるいは，今日においてさえもシンシアに恥をかかせ辱めを与え続ける自分の母親との関係では，怒りを静めようとする受身的な態度を多く取る者である。多くの未解決のトラウマ（流産と不妊，シンシアの失敗した婚姻や悩まされた男性との関係）に対する避雷針のようなルイーザにとっては残念なことなのだが，ルイーザは母親の怒りを最も直接的に経験してきた人である。そして，だんだんと大きくなるにつれて，ルイーザは自分自身が未組織型という問題を定着させてしまい，自分自身の人格の一部としても取り入れ始めるのである。シンシアの分裂した内的世界の両側は彼女の関係性の中の隅々にまで存在しているが，個別の関係性はその本質的な内容を定義する1つの極ともう1つの極の特徴で見分けがつくのである。

結　論

　アタッチメントに対して未組織型の心的状態であるとシンシアを考えることは，彼女に対する心理臨床を行う際，系統立てて考える上で大変重要な枠組みを与えてくれた。何よりも第1に，自分がケアをせねばならない相手やケアを求める相手との関係で，怯え怯えさせる中に囚われていることや無力感や敵対心を感じること，そういう中でシンシアであるとはどういうことかを私は想像

第9章　未組織型の母親と未組織型の子ども

しやすくなった。彼女との治療の時に，行動的なパターンや表象的なパターンがどういうものかつかみやすくなる。危険な状況や調整不全の只中において，ケアをどう求めるか，あるいはケアがない場合はどう対処するのかを，これらのパターンから理解することは多分もっとも重要なことなのだろう。彼女は特定の方法で私に分からせてくれて，それによって，私は彼女自身が自分について知っていくことを援助できる。恐怖心や羞恥心，そして短絡的な激しい怒りを何とか扱おうとして暴力や予測不能性，混沌に満ち溢れた子ども時代に発生し，強固に築かれてきた防衛を立ち上がらせてしまうことはよく理解できる。本章の最初の方で描写した脅かす母親と混乱させられた赤ん坊は，シンシアの経験がどういったものであったのかを私が想像するための多くの特徴を捉えている。それは，侵害されたり，脅かされたり，何とか平静を装ったり，怒り返さないようにしたりするというものである。しかし，大人となって，彼女もまたあの怒りにあふれた母親（そして，シンシアの場合は，父親の方がより激情的）のように，首を突っ込んだり，激しく攻撃したり，いきなり迫り込んだりしていたが，彼女の赤ん坊の恐れはシンシアには見えずにいた。そのため，彼女の治療に私が使用したいくつかの比喩は，彼女の経験にとても近い内容であったか，"ぴったり"と当てはまっていた。

　臨床家としてまだ初期の頃，最も特筆すべき師の1人であったフレッド・パイン（Fred Pine）は，分離−固体化（Mahler, Pine, & Bergman, 1975）のプロセスを研究していた中で，衝撃を受けたことを次のように説明していた。

　　分析家が（時に）クライエントに対して話しかける中でどういう言葉を利用するのか，あるいはもっと的確にいうなら，その言語が指し示す現象の理解において，人生早期の発達研究は精神分析の実践に影響を及ぼしている。幼い者の注視や母子間における言語的・非言語的な相互作用の重要性，そして，運動とは独立した活動を"練習している"ような現象について気付くこと，さらに，憂うつで低い調子になったり威圧的になったりすること―これらは全てマーラーの研究から導き出されたものだが―，そし

て，初期の母子間の絆の力からの確信を感じることと初期のアタッチメントが阻害されたか上手く発達しなかったことで残された欠落部などを知っておくことは重要である。これらを知っていることで，分析家は時にクライエント自身の人生初期の経験に近づく言葉で話しかけることができる。そのため，記憶の回復に関してさらに呼び起こすことが可能となり，また，内的な経験への理解という点においても，多くの共感性をもたらすことができるだろう……。このことのもう1つの側面は，初期の現象について回顧しているクライエントの特定の行動に調律することが可能となり，そのため，クライエントがどの辺りにいるのかを掴むことが可能となることである……。クライエントの具体的な経験に近い言葉は感情に訴えるものがある。夢の中の視覚的なイメージは連想的な内容に対して示唆的であり，そして，懐かしい経験の場所に戻ることは過去の豊かな想起に結びつく。ちょうど，マルセル・プルーストの小説の中で，マドレーヌのにおいによって，子ども時代の記憶が波のように押し寄せるように。(1985, pp.22-23)。

パインは研究者としての彼の仕事が，どのように自分の成人に対する心理臨床に影響したかを説明していた。それは彼自身の心にあるイメージをわずかに変え，クライエントの語りや行動に対して彼が気付く現象の種類を変化させ，そして，それは彼がクライエントに語る内容を変化させた。子ども時代についてより多く知れば知るほど，複数のレベルでクライエントの経験を想像する力はより豊かになると彼は提案している。アタッチメント理論と研究に25年以上もどっぷりと浸かってきて，私が成人のクライエントに対して治療を行う時，アタッチメントのプロセスを忘れないようにすることをパインの言葉はまさに捉えている。力動的な考えを奪うわけではなく，あるいは，私の精神分析のスーパービジョンや精神分析そのものにおける経験を否定するわけでもないが，何を聞き，何に耳を傾けるかについての広がりが増すのである。もっと簡単に言えば，成人の言葉や精神作用，行動に反映されているものというアタッチメ

第9章　未組織型の母親と未組織型の子ども

ントプロセスの本質と機能を理解することは，私に**成人に対する心理療法で子どもを心に抱き続けること**を可能としている。それはつまり，その人のアタッチメントの第1対象者と一緒に関わりあう瞬間瞬間にいる子どもとして，私の成人の患者を想像することである。このことの理解は，クライエントがどのように感情を調整しているか，特に強く覚醒された感情について，私が気付いていくことの助けとなる。最も重要なことは，クライエントその人やその人の経験に対して話しかけるきっかけを見つける助けとなることである。

　シンシアが過去に何を経験してきたのか，そして，それゆえ何を期待するのだろうかという視点に立つことで，これらの瞬間の意味が分かると，私はとても大きな安堵感をもてた。私がこのようにシンシアに会うことは，彼女を援助するためによかったと思う。自分が理解され，無条件に受け入れられた経験をもたらしたと思う。彼女は私に告白することは好きではないが，それを恐れはしない。彼女の激情は本質的に理解可能なものであったことと，彼女がすることについてなぜそうするのかを私が言語化できたことによって，私が彼女を調整しているのである。ほとんどの部分で，彼女は私を恐れさせないし，怒らせもしない。彼女の勇気と正直さに心から感謝しているし，治療が始まってまだそんなに経っていない時に，立ち向かうことをいとわなかった彼女に驚嘆している。

　アタッチメントの組織化を考えることはまた，シンシア自身の娘がどのような経験をしているのかについて理解し，心理化することを私に可能とする。シンシアにとっては，安らぎや安心感は恐怖や恥ずかしさに弱いということを自分に際立たせるため，それらが本当は自分にも必要なのだということにはとても回避的である。そのため，ルイーザからの信号を読み取れず，ルイーザを彼女自身のニーズや感情がある別の人だと理解できずにいた（Slade, 2005）。ルイーザの内的経験に声を与えることで，シンシアの**内部での分裂**だけでなく，関係における分裂の修復も行っている。彼女はだんだん本物の内省ができる親へとなっていっている。成人であり偶然親でもある人に対する，個人の心理療法的な治療におけるこの"付属物的"ではあるが不可欠の効果は，多くの場合，

成人の心理療法や精神分析の書物で見過ごされている。しかし，現実の関係性における変化は内的なそれと同じように，癒しや変容となるのである。

上に述べたように，われわれの仕事の重要な展開は，強い感情覚醒の瞬間に起こり（Stern, 2004を参照），その時に，これまで述べてきたようなケアを求める関係的なドラマが明らかになりやすく，また，これを変えることができる可能性もその時に存在する。シンシアにとって，ケアを求めることは，潜在的に恐怖や恥に満ち溢れることで，それは彼女の両親が恐怖を与え辱めたためであるのだが，同時に父親の行動の不確実性と暴力嗜好性のためでもあった。そのため，彼女が恐怖を感じさせられ，その結果恐怖に満ちあふれている瞬間は，内省や心理化，および，変化にとって最も適した時間なのである。

この章で，私はアタッチメントの組織化が自分の臨床的な仕事に与えた影響について考えるための道筋の一部を，成人に対する心理療法の経過を用いて明らかにしてきた。事例内容の提示はこれらの複雑で細かな影響を明らかにする，最も身近な方法だと私は信じている。しかし，事例内容でさえ，私が受けた影響や治療で起こる変化がほんのつかの間に起きているという性質を完全につかめているわけではない。精神分析的心理学者としての私の臨床が，アタッチメント理論と研究に深く関わることによってどのように変化したのかについて，正確に特定することはできないのである。W. B. イーツ（Yeats）が彼の詩の中で，"どのように""学校に通う児童の中で""ダンサーをダンスから分けることができるのか？" とたずねているように（1921/1996）。

謝　辞
　この章は2005年の6月11日に，ロサンジェルスの現代精神分析研究所（Institute of Contemporary Psychoanalysis）で行った講演の内容を発展させて書いたものである。自分では書く準備ができていなかったが，ヘレン・ジスカインド氏が私に書くように言ってくれたことを感謝します。また，ヘレン・グレビュー氏が準備を全てしてくれたことに感謝します。私に探索行動の安全基地をもう一度与えてくれた，研究と臨床の隔たりの解消に取り組む作業グループのみなさんにも，感謝申し上げます。

文献

Ainsworth, M. D. S., Blehar, M. C., Waters, E., & Wall, S. (1978). *Patterns of attachment: Psychological study of the Strange Situation.* Hillsdale, NJ: Erlbaum.

Barkley, R. A. (1997). *ADHD and the nature of self-control.* New York: Guilford Press.

Bowlby, J. (1969). *Attachment and loss: Vol. 1. Attachment.* New York: Basic Books.

Bowlby, J. (1973). *Attachment and loss: Vol. 2. Separation: Anxiety and anger.* New York: Basic Books.

Bowlby, J. (1980). *Attachment and loss: Vol. 3. Loss.* New York: Basic Books.

Bowlby, J. (1988). *A secure base: Parent–child attachment and healthy human development.* New York: Basic Books.

Brazelton, T. B., & Cramer, B. (1990). *The earliest relationship: parents, infants and the drama of early attachment.* Reading, MA: Addison-Wesley.

Fairbairn, W. R. D. (1952). *Psychoanalytic studies of the personality.* London: Routledge, Kegan, & Paul.

Fonagy, P. (2000). Attachment and borderline personality disorder. *Journal of the American Psychoanalytic Association, 48,* 1129–1146.

Fonagy, P. (2001). *Attachment theory and psychoanalysis.* New York: Other Press.

Fonagy, P., Gergely, G., Jurist, E., & Target, M. (2002). *Affect regulation, mentalization, and the development of the self.* New York: Other Press.

Fonagy, P., Steele, M., Steele, H., Leigh, T., Kennedy, R., Mattoon, G., et al. (1995). Attachment, the reflective self, and borderline states: The predictive specificity of the Adult Attachment Interview and pathological emotional development. In S. Goldberg, R. Muir, & J. Kerr (Eds.), *Attachment theory: Social, developmental and clinical perspectives* (pp. 223–279). Hillsdale, NJ: Analytic Press.

Fonagy, P., & Target, M. (1996). Playing with reality: I. Theory of mind and the normal development of psychic reality. *International Journal of Psychoanalysis, 77,* 217–233.

Fonagy, P., & Target, M. (1998). Mentalization and the changing aims of child psychoanalysis. *Psychoanalytic Dialogues, 8,* 87–114.

Fraiberg, S. (1980). (Ed.). *Clinical studies in infant mental health.* New York: Harper & Row.

George, C., & Solomon, J. (1998, July). *Attachment disorganization at age six: Differences in doll play between punitive and caregiving children.* Paper presented at the meeting of the International Society for the Study of Behavioral Development, Bern, Switzerland.

Hesse, E., & Main, M. (2000). Disorganized infant, child, and adult attachment.

Journal of the American Psychoanalytic Association, 48, 1097–1129.
Holmes, J. (1995). Something there is that doesn't love a wall: John Bowlby, attachment theory and psychoanalysis. In S. Goldberg, R. Muir, & J. Kerr (Eds.), *Attachment theory: Social, developmental and clinical perspectives* (pp. 19–45). Hillsdale, NJ: Analytic Press.
Lyons-Ruth, K., Bronfman, L., & Atwood, G. (1999). A relational diathesis model of hostile–helpless states of mind: Expressions in mother–infant interaction. In J. Solomon & C. C. George (Eds.), *Attachment disorganization* (pp. 33–70). New York: Guilford Press.
Lyons-Ruth, K., & Jacobvitz, D. (1999). Attachment disorganization: Unresolved loss, relational violence, and lapses in behavioral and attentional strategies. In J. Cassidy & P. R. Shaver (Eds.), *The handbook of attachment: Theory, research, and clinical applications* (pp. 520–554). New York: Guilford Press.
Mahler, M., Pine, F., & Bergman, A. (1975). *The psychological birth of the human infant.* New York: Basic Books.
Main, M. (1991). Metacognitive knowledge, metacognitive monitoring, and singular (coherent) vs. multiple (incoherent) model of attachment: Findings and directions for future research. In C. Parkes, J. Stevenson-Hinde, & P. Marris (Eds.), *Attachment across the life cycle* (pp. 127–160). London: Routledge.
Main, M. (1995). Recent studies in attachment: Overview, with selected implications for clinical work. In S. Goldberg, R. Muir, & J. Kerr (Eds.), *Attachment theory: Social, developmental and clinical perspectives* (pp. 407–475). Hillsdale, NJ: Analytic Press.
Main, M., & Hesse, E. (1990). Lack of mourning in adulthood and its relationship to infant disorganization: Some speculations regarding causal mechanisms. In M. Greenberg, D. Cicchetti, & M. Cummings (Eds.), *Attachment in the preschool years: Theory, research, and intervention* (pp. 161–182). Chicago: University of Chicago Press.
Main, M., Kaplan, N., & Cassidy, J. (1985). Security in infancy, childhood and adulthood: A move to the level of representation. In I. Bretherton & E. Waters (Eds.), Growing points in attachment theory and research. *Monographs of the Society for Research in Child Development, 50*(1–2, Serial No. 209), 66–104.
Mitchell, S. (1999). Attachment theory and the psychoanalytic tradition. *Psychoanalytic Dialogues, 9*, 85–108.
Pine, F. (1985). *Developmental theory and clinical process.* New Haven, CT: Yale University Press.
Slade, A. (1999a). Attachment theory and research: Implications for the theory and practice of individual psychotherapy with adults. In J. Cassidy & P. R. Shaver (Eds.), *Handbook of attachment: Theory, research and clinical applications* (pp. 575–594). New York: Guilford Press.

Slade, A. (1999b). Representation, symbolization and affect regulation in the concomitant treatment of a mother and child: Attachment theory and child psychotherapy. *Psychoanalytic Inquiry, 19,* 797–830.
Slade, A. (2000). The development and organization of attachment: Implications for psychoanalysis. *Journal of the American Psychoanalytic Association, 48,* 1147–1174.
Slade, A. (2004a). The move from categories to phenomena: Attachment processes and clinical evaluation. *Infant Mental Health Journal, 25,* 1–15.
Slade, A. (2004b). Two therapies: Attachment organization and the clinical process. In L. Atkinson & S. Goldberg (Eds.), *Attachment issues in psychopathology and intervention* (pp. 181–206). Hillsdale, NJ: Erlbaum.
Slade, A. (2005). Parental reflective functioning: An introduction. *Attachment and Human Development, 7,* 269–281.
Slade, A. (in press). Working with parents in child psychotherapy: Engaging reflective capacities. *Psychoanalytic Inquiry.*
Slade, A., Sadler, L. S., de Dios-Kenn, C., Webb, D., Ezepchick, J., & Mayes, L. (2005). Minding the Baby: A reflective parenting program. *Psychoanalytic Study of the Child, 60,* 74–100.
Slade, A., Sadler, L. S., & Mayes, L. C. (2005). Minding the Baby: Enhancing parental reflective functioning in a nursing/mental health home visiting program. In L. J. Berlin, Y. Ziv, L. Amaya-Jackson, & M. Greenberg (Eds.), *Enhancing early attachments: Theory, research, intervention, and policy* (pp. 152–177). New York: Guilford Press.
Stern, D. N. (1985). *The interpersonal world of the infant.* New York: Basic Books.
Stern, D. N. (2004). *The present moment in psychotherapy and everyday life.* New York: Norton.
Tronick, E. Z., & Weinberg, M. K. (1997). Depressed mothers and infants: Failure to form dyadic states of consciousness. In L. Murray & P. J. Cooper (Eds.), *Postpartum depression and child development* (pp. 54–84). New York: Guilford Press.
Winnicott, D. W. (1965). *Maturational processes and the facilitating environment.* New York: International Universities Press.
Yeats, W. B. (1996). *The collected poems of W. B. Yeats* (rev. 2nd ed.) (W. B. Yeats & Richard J. Finneran, Eds.). New York: Scribner Paperback Poetry.

索　引

あ行

R—A—R　227
アイコンタクト　262
愛情表現　298
愛他行動の強さ　94
赤ちゃん部屋のおばけ　220
赤ん坊の観察者　73, 84
アタッチメント　207
　——安定性　73, 205
　——関係　72, 95, 282
　——軽視型（dismissal）　78, 120, 121
　——研究　276
　——行動における個人差　110
　——・システム　217
　——・セラピスト　285
　——促進　90
　——促進的行動　84, 93
　——促進的な養親　98
　——とトラウマ　165, 167, 180, 198, 200
　——に関する心的状態　121, 209
　——の質　110
　——の世代間のパターン　80
　——の組織化　277, 305
　——のプロセス　304
　——表象　277, 282
　——分類　74, 276
　——－養育システム　172, 180
　——理論　276
　——理論と研究　304
アダルト・アタッチメント・インタビュー
　（Adult Attachment Interview）　3, 78, 79, 83, 209
現われ始めた能力の強化　209
アルコール中毒　286
安心感　257
安心の感覚と納まっているという感覚　257
安全　268
　——感の輪の上半分　207

　——感の輪の下半分　207
　——感の輪の図　206, 207
　——感の輪の両手　207
　——基地　49, 184, 205, 268, 271, 272, 295
　——への過敏さ　212
安定したアタッチメント　39
安定自律型　79, 100, 121
アンビヴァレント型　125
　——・とらわれ型　277
怒り　251, 260, 266, 295, 301
意識的注意　284
異質な自己を発達させる　283
以前の里親経験　126
一貫性　92, 100
　——がない　288
陰性感情　92
うつ病　248
援助　253, 260, 266
応答性　284
オキシトシン　121
幼い里子の里親養育　124
恐れ　74, 282
おば，おじ　125
お化け　21
怯え怯えさせる　168, 301, 302
怯えさせる（脅かす）　282, 283
怯える　278, 282, 283
親業ストレス尺度　82, 93
親子心理療法　100, 247, 249, 255, 269, 273
親と子どものアタッチメント表象　81
親の解決状態と親子関係　153
親の表象　83

か行

解決　134
　——型　136, 152
　——過程　130, 159
　——感情型　142

索　引

――行動型　*143*
――思考型　*141*
――した心的状態　*132*
回避　*93, 216*
　　――・アタッチメント軽視型　*277*
　　――型　*125*
　　――行動　*95, 99*
回復力（resilience）　*78*
解離　*281, 289, 292, 294, 297, 299*
　　――感覚　*289*
　　――状態　*282, 291*
　　――性　*284*
　　――の状態　*299*
抱える環境　*227*
確実な避難所　*49, 205*
覚醒状態　*279, 280*
学童期初期　*74, 75*
獲得された安定自律型　*239*
過去の共有　*100*
過剰行動　*94*
家族研究　*152*
家族構成　*89*
家族生活　*261*
家族のセッション　*255*
語り　*280*
葛藤　*261*
家庭環境　*247*
要となる不安定な相互作用　*209*
要となる問題　*219*
噛み付く　*270*
かわいい　*120*
関係焦点的な介入　*172*
関係性　*227, 259*
　　――構築　*100*
　　――障害　*12*
　　――についての潜在的知識　*210*
　　――の構築　*98*
　　――の阻害　*21, 249*
関係素因モデル　*172*
関係的な二項対立　*302*
感情　*279, 280*

――覚醒　*306*
――経験　*279, 301*
――経験についての会話　*40, 48*
――調整　*227*
――的な投資　*117*
――の解離　*288*
――表現　*278*
危機　*281, 292*
危険　*278*
　　――度　*80*
　　――な状況　*303*
犠牲者　*293*
機能不全　*289*
虐待　*72, 263, 286*
　　――の目撃　*174*
逆転移　*289, 301*
脅威　*111, 122*
共感性　*249*
共感できる状態への移行　*242*
凝視　*281*
行政　*86*
協調的な遊び　*269*
協同構築作業　*91, 92, 95, 96, 100*
　　――における親子相互作用のアセスメント　*82*
共同の語り　*174, 192*
恐怖　*286, 291, 295, 306*
　　――感　*297*
　　――心　*303*
拒絶的行動　*90*
拒絶的な態度　*90*
緊急保護要求（Emergency Protection Orders）　*80*
近接要求　*282*
緊張　*262*
　　――した眼差し　*92*
屈辱感　*297, 301*
組み立てるための足場　*90*
クライエント　*277*
クリニック　*262*
ケアを受けられるという感覚　*257*

311

継続的な暴力　289
軽蔑　283
刑務所に入っている母親　124
ケースワーカー　123, 124
言語的行動　96
言語的なスキル　260
言語的・非言語的な相互作用　303
言語療法　267
行為問題　94
攻撃　247, 262, 299
　——性　260, 261, 264-266, 271, 273, 283
　——的　253, 265, 282
　——的な行動　263, 268, 269
公衆衛生　122
行動化　294, 300
行動上の問題　120
効力感　94, 95, 99
心の中のつらさや苦しみ　261
孤独感　251
子ども-親心理療法　172, 181, 183, 192, 196, 198
子どもに対する作業モデルインタビュー（Working Model of the Child Innterview, WMCI）　4, 10, 31, 32
子どものアセスメント　262
子どもの長所と短所の尺度　82, 93
子どもの内的作業モデル　260
子どものPTSD　169, 171
子どもの表象　83
子どもの負の内的作業モデル　255
「この子は私の赤ちゃん」（This Is My Baby : TIMB）　113, 118
コントロール　289
混沌　301, 303
　——とした行動　292
混乱　291

さ行

サークル・オブ・セキュリティ（the Circle of Security, COS：安全感の輪）　124, 205
　——の図　206, 207

　——面接　209
罪悪感　18
再組織化　131, 295
再統合　123
再配置（配置し直す）　132, 134, 155
査定　173
里親　112, 115-120
　——委託　86
　——家庭　86, 123, 280
　——措置　72
　——の感情的な投資　117
　——の特性　126
　——の養育責任　119
　——養育　123
里子　115, 116, 118, 119
　——の措置解除　119
里母　124
3者間機能　111
ジェームス・マスターソン（James Masterson）　232
支援　257
視覚的　281
資格のある臨床心理士　255
シグナル　284
思考　280
自己活性化　232
自己記入式　118
自己状態を心理化する環境　290
自己-他者感情の表象　291
自己内省性　240
自己発達の組織化　74
自己表象　239
自己没頭的　291
施設養育　110
自尊感情　294
自尊心への過敏さ　212
質的なアセスメント場面　72
質問　135, 156, 157
児童相談所　86, 116, 118, 263
児童保護局　109
自分の感情状態　252

自分の心的表象の分裂　284
自閉症スペクトラム障害　135, 152
シャーク・ミュージック　210
社会福祉課（イギリスの児童相談所）　86
終結　194
修正版ストレンジ・シチュエーション法　236
羞恥心　288, 303
柔軟性　95
主観的経験　280
受容　256
　──性　94
詳細分析　96
情緒的な親密性　251
情緒的に利用可能　266
情動　247
　──経験　283
　──シグナル　98
　──調整　251
　──調節　74
　──的行動問題の困難さ　94
常同行動　282
衝動性　292
衝動的　292
自律型　100
人格上の問題　35
神経系　122
神経質　300
信号　282
人生早期の発達研究　303
身体接触　282
身体的　281
　──虐待　263, 266
　──な距離　256
診断　134, 155
　──からの時間経過　153
　──の重篤さ　152
　──への反応インタビュー（RDI）　134, 135, 156
　──を受けること　131
心的構造の中心的様相　279

心的状態　283, 291
　──の断片化　284
侵入的な行動　93
親密性　118, 251
信頼感　262
信頼性　92, 110
心理化（mentalization）　32, 277, 288, 294
心理療法　305, 306
　──的な治療　305
心理臨床　304
ストーリー構成法　82
ストーリー構築　88, 91
ストーリーステム法　79, 83
ストレンジ・シチュエーション法　3, 110, 111, 208, 209
成育歴　273
精神医学的　253
精神衛生　74
精神現象　276
成人の親のアタッチメントの内的作業モデル　78
精神病　112, 261
精神病理的　254
精神分析　276, 279, 303, 304, 306
　──的心理学者　277, 306
　──的な思考　77
性的虐待　263, 266
生物学的　108
世界保健機構（WHO）　76
責任　113, 122
　──感　109, 118
窃盗犯　109
セラピスト　90, 91, 248, 256, 259, 262
専門家に対する理想化　24
相互作用におけるタイミングと質の研究　73
相互主観的　74
喪失　76, 131, 134
ソーシャルワーカー　82, 88
組織化　282, 283, 295
措置　86, 114, 115, 120, 280
　──時の年齢　120, 126

313

た行

対応困難な行動　*125*
体温　*108*
対象関係論　*278*
代父母　*125*
タイムアウト　*272*
タイムイン　*271, 272*
　　──養育　*230*
代名詞　*85, 100*
対面式（face to face）　*7, 33, 280, 281*
他者からの保護　*111*
妥当性　*277*
多面的な見解　*42*
探索　*207, 250, 257*
断片化　*291*
中核的過敏さ　*212*
注視嫌悪　*93*
抽象化　*280*
調整　*247, 278, 280*
　　──不全　*33, 281, 301, 303*
挑発的　*292*
懲罰的　*249, 291, 292*
調律　*91*
　　──不全　*74*
治療以前　*91*
治療開始後　*91*
治療計画　*32*
治療後アセスメント　*52*
治療的介入　*92, 99, 156, 250, 269*
治療的関係　*261, 290*
治療的幼稚園　*247, 250, 254, 255, 260, 267, 269, 273*
治療場面　*295*
治療前アセスメント　*45*
包まれている　*255*
包み込む環境　*255*
抵抗-両価性　*217*
敵対心　*283, 289*
敵対的　*293*
　　──な攻撃者　*293*
手続き的信念システム　*233*

手続き的なレベル　*84*
転移関係　*302*
同一化　*30*
同一視　*289*
投影　*252, 295*
洞察性　*42, 185*
洞察力（insightfulness）　*39*
　　──アセスメント（IA）　*41*
　　──アセスメント（IA）面接　*50*
　　──が無く一面的なタイプ　*42*
　　──が無く混合的なタイプ　*42*
　　──が無く離脱的なタイプ　*42*
統制型　*171*
統制的　*178, 180, 189*
　　──・懲罰的な方向性　*283*
　　──な行動　*167*
統制方略　*217*
統制-養護的　*177*
特別な絆　*94*
ドメスティック・バイオレンス（DV）　*167, 168, 174, 197, 198*
　　──の目撃　*169, 170*
トラウマ　*169, 260, 290, 301*
　　──経験　*75*
　　──的な出来事　*165, 174*
　　──被害　*289*
　　──歴　*265*
とらわれ型（preoccupation）　*78*

な行

内省　*227, 305*
　　──機能　*211, 277*
内的経験　*304, 305*
内的作業モデル　*74, 77, 211, 247, 248, 268*
内的な世界　*74*
内的表象　*279*
仲間との効果的な交流　*252*
仲間問題　*94*
生々しい状態　*300*
ニーズの調整　*260*
二項対立　*294, 301*

2者間機能　*111*
二重のレンズ　*166, 181, 189, 200*
乳児期　*282*
乳幼児－親心理療法　*35*
人間関係　*279*
認知機能　*287*
認知的歪曲型　*150*

は行
破壊的　*252*
発達的アセスメント　*72*
半構造化　*113*
反抗挑戦性障害　*248*
PTSD　*176-178, 287*
被害者　*266*
被虐待児　*74*
非言語的　*91*
　　――行動　*96*
　　――なレベル　*84*
非支持的な接触　*92*
非常に強い覚醒状態　*290*
ビデオ撮影　*206*
ビデオ振り返りセッション　*224*
ヒトの乳児　*121*
否認　*183*
表象　*32, 39, 205, 253, 280*
　　――形成　*21*
　　――世界　*32*
病理性　*277*
開かれた態度　*42*
敏感性（sensitivity）　*76, 154, 256*
不安定－その他型　*218*
フィードバック　*82*
夫婦療法　*263*
不確実性　*306*
福祉職員　*72*
複数の養育環境　*260*
不健全なアタッチメント　*249, 251, 252, 257, 259*
　　――方略　*208*
不健全な内的作業モデル　*247, 258, 273*
　　――の反映　*268*
不健全な養育　*77*
侮辱　*291, 292*
振り返りセッション　*75, 88*
不良な内的作業モデル　*249*
憤慨状態　*291*
憤怒　*283*
分離－固体化　*303*
分離への過敏さ　*212*
別離　*76*
保育所　*254*
防衛　*297*
　　――状態　*297*
　　――的　*249*
　　――方法　*264*
放心状態　*281*
暴力　*286, 303*
　　――嗜好性　*306*
　　――的　*252, 253*
保護　*108*
　　――者　*110*
本当ではない信号（miscue）を出す　*206, 228*

ま行
マイナス感情　*252*
マクロ分析　*96*
まだ十分に活用されていない能力　*218*
まだ十分発揮されていない強み　*208*
まっすぐな信号　*228*
麻痺　*297*
未解決－怒りのあるとらわれ型　*149*
未解決型（unresolved）　*78, 144, 152, 156*
未解決－情緒圧倒型　*146*
未解決－中和型　*145*
未解決な状態　*288*
未解決の心的状態　*132*
未解決のトラウマ　*302*
　　――の歴史　*287*
未解決－抑うつ型　*150*
未熟な組織化　*289*
見捨てられ抑うつ　*232*

未組織・未解決型 277
未組織型 284, 291, 302
　——アタッチメント 99, 277, 280, 282, 284, 289, 295
　——の心的状態 302
　——の心的状態の矛盾 294
未組織的 289
3つ組 232
無条件の愛 256
無条件の肯定的報酬 259
息子に関する表象 239
無秩序型 168, 170, 171, 180, 197, 198
　——アタッチメント 216
無秩序・混乱型 150
無能感 251, 289, 291, 293
　——と敵対心 291
　——や敵意 282
　——・抑制的な方向性 283
無能-敵対 293
　——関係 293
無能な被害者 293
無表情場面 33
無力 167, 188, 189, 196
　——感 180, 283
　——感-敵対心 282, 301
　——感-敵対心"転移" 302
明確な洞察力があるタイプ 42
メタ認知による監視（metacognitive monitoring） 288
問題行動 120, 126

や行

役割逆転 216
　——の関係 241
養育 113, 118, 122
　——経験 89, 98, 266
　——行動 121
　——者 122
　——者発達面接 209
　——責任 116-122
養護施設 114

養子 72, 74, 99, 263
　——縁組 72, 80, 86, 123, 285
　——縁組可能な家庭 124
養親 72, 76, 77, 96, 98, 99, 119, 266, 269
　——家族 273
　——家庭 72
　——との臨床的作業 99
幼稚園 254
養父 87-90
養母 109, 116, 261, 272
抑うつ 28
予測的妥当性 110
予測不能性 292, 303
欲求不満 74, 251
"44人の未成年の窃盗犯" 109

ら行

理解 256
力動 280
　——的な考え 304
　——理論 276
離婚 248, 286
リズムの結合 74
理想化 28
理想的なおばあちゃん 256, 257
利用可能な養育者 250
臨床家 123, 124, 253, 262, 264, 303
臨床状況の枠組み 35
臨床的活用性 277
臨床的観点 21
臨床面接 261
霊長類 110, 111

《訳者紹介》

数井みゆき（かずい　みゆき）序文，日本語版序文，第3章，第4章，第8章，第9章担当
　　茨城大学教育学研究科　教授
　　メリーランド大学大学院応用発達心理学専攻　心理学PhD.（1991年）
　　乳幼児のアタッチメントと親のアタッチメント表象の関連を，夫婦関係，家族関係，社会的サポート，およびストレス等との関連で検討してきた。その後，乳児院入所児対象のアタッチメントとトラウマと発達全般の研究を行ってきた。アタッチメント理論が応用領域，臨床領域へと広がる中で，証拠に基づいた活動を支えられるように，実証的な研究を計画・実行していきたいと考えている。
　　著書：『アタッチメントと臨床領域』（編著，ミネルヴァ書房，2007年）
　　　　　『アタッチメント―生涯にわたる絆―』（編著，ミネルヴァ書房，2005年）
　　　　　『アタッチメント障害とその治療』（共監訳，誠信書房，2008年）
　　　　　『結婚・家族の心理学』（共著，ミネルヴァ書房，1998年）
　　　　　『発達心理学の新しいかたち』（共著，誠信書房，2005年）　など

北川　恵（きたがわ　めぐみ）第2章，第7章担当
　　甲南大学文学部　准教授，臨床心理士
　　京都大学博士（教育学）（2001年）
　　関係性に基づく人格発達の理解とアセスメントに関する研究，発達研究知見と心理臨床の橋渡しに関する理論的・実践的研究に取り組んでいる。特に，様々なリスク（発達障害，不適切な養育経験など）を抱える親子への関係性支援に関心がある。アタッチメント理論に基づく親子関係支援プログラムである，サークル・オブ・セキュリティを日本で実践している。
　　著書：『情緒的対人情報処理と内的ワーキングモデル』（単著，風間書房，2003年）
　　　　　『アタッチメントと臨床領域』（共著，ミネルヴァ書房，2007年）
　　　　　『アタッチメント―生涯にわたる絆―』（共著，ミネルヴァ書房，2005年）
　　　　　『アタッチメント障害とその治療』（共監訳，誠信書房，2008年）　など

工藤晋平（くどう　しんぺい）第5章，第6章担当
　　広島国際大学心理科学部　講師
　　九州大学大学院人間環境学府人間共生システム専攻　博士（心理学）（2006年）
　　精神科臨床における精神分析的心理療法に長く携わり，その中でAAIを始めとする成人のアタッチメント研究の成果を取り入れる試みをしてきた。現在，新しい測定法によるアタッチメント表象の研究とその臨床適用を始めている。
　　著書：『成人のアタッチメント』（共訳，北大路書房，2008年）
　　　　　『愛着理論と精神分析』（共訳，誠信書房，2008年）
　　　　　『アタッチメントと臨床領域』（共著，ミネルヴァ書房，2007年）　など

青木　豊（あおき　ゆたか）第1章担当
　　目白大学人間学部　教授／相州乳幼児家族心療センター
　　山口大学医学部卒業　東海大学医学研究科内科系専攻博士学位（2003）
　　ルイジアナ州立大学医学部精神科にて，ハリスフェローシップ　1996～1998年，及び，チューレイン大学医学部精神科にてフルタイム・リサーチフェロー　1999年。
　　乳幼児精神医学の分野で，障害としてはアタッチメント障害やPTSDの研究，被虐待児に対

する評価・治療や，乳幼児－親心理療法の臨床実践と研究を行ってきた。今後もこれらの領域の研究と臨床を深めていくとともに，正常な乳幼児－親の関係性についても研究を広げていきたい。

著書：『脳とこころのプライマリケア4：子どもの発達と行動』（共著，シナジー，2010年）

　　　『アタッチメント─子ども虐待・トラウマ・対象喪失・社会的養護をめぐって─』（共著，明石書店，2008年）

　　　『子どもの心の診療シリーズ5：子ども虐待と関連する精神障害』（共著，中山書店，2008年）

　　　『現代のエスプリ：子育てを支える心理教育とは何か』（共著，至文堂，2008年）　など

《編集担当について》
　ダビッド・オッペンハイム（David Oppenheim）博士は，イスラエルのハイファ大学の心理学科の准教授であり，Infant Mental Health Journalの共同編集者である。20年以上にわたってアタッチメント研究を続けてきており，子どもの発達や精神衛生にとって，安定した情緒的に開かれた親子の関係性がいかに重要であるかということに焦点を当てている。オッペンハイム博士は，子どもの内的世界に対する親の洞察力によって，どのように安定したアタッチメントが発達するのかについて研究したり，また，臨床群の研究にアタッチメントの概念や方法を応用したりしてきた。アタッチメントの臨床応用について活発に講義を行ったり，執筆したりしている。

　ドグラス・F・ゴールドスミス（Douglas F. Goldsmith）博士は，認定された臨床心理士であり，ユタ州ソルトレイク市にある子どもセンターの常任理事である。子どもセンターは乳児期から就学前までの子どもを持つ家族に対する治療を専門としている。ゴールドスミス博士の専門はアタッチメントの問題に対するアセスメントと治療で，アタッチメント理論の臨床実践への応用について，いくつかの論文を執筆している。ユタ大学の教育心理学科，心理学科，精神医学科における非常勤講師も務めている。

《寄稿者の所属》
インガ・ブルム（Inga Blom），修士，ニューヨーク州，ニューヨーク市にあるニュースクール（New School）大学の心理学科所属。
エイミー・L・ブッシュ（Amy L. Busch），博士，カリフォルニア州，カリフォルニア大学の精神医学科および，サンフランシスコにあるサンフランシスコ総合病院に所属し，子どものトラウマ研究のプロジェクトに従事。
グレン・クーパー（Glen Cooper），修士，ワシントン州スポケーンにあるメアリークリフ（Marycliff）協会所属。
デボラ・ダゴスティーノ（Debra D'Agostino），修士，ニューヨーク州，ニューヨーク市にあるニュースクール（New School）大学の心理学科所属。
スマダール・ドルエフ（Smadar Dolev），博士，イスラエルのハイファ大学心理学科。
メアリー・ドジャー（Mary Dozier），博士，デラウェア州のニューアークにあるデラウェア大学心理学科。
ドグラス・F・ゴールドスミス（Douglas F. Goldsmith），博士，ユタ州ソルトレイク市にある子どもセンター所属。
ダミオン・グラッソ（Damion Grasso），修士，デラウェア州のニューアークにあるデラウェア大学心理学科。
ケイ・ヘンダーソン（Kay Henderson），修士，イギリス，ロンドンにあるロンドン大学の心理学科とアンナ・フロイト（Anna Freud）センター所属。
サウル・ヒルマン（Saul Hillman），修士，イギリス，ロンドンにあるロンドン大学の心理学科とアンナ・フロイト（Anna Freud）センター所属。
ジル・ホッジ（Jill Hodges），博士，イギリス，ロンドンにある，子どもの健康協会の脳と行動科学ユニット，および，アンナ・フロイト（Anna Freud）センター，さらにグレートオルモンド通り病院のための病院（Great Ormond Street Hospital for Sick Children）の心理学的医療部，児童思春期精神衛生サービス部に所属。
ケント・ホフマン（Kent Hoffman），博士，ワシントン州スポケーンにあるメアリークリフ

(Marycliff) 協会所属。

ジェイン・カニュイック (Jeanne Kaniuk), イギリス, ロンドンのコラム・ファミリー (Coram Family) 所属。

ニナ・コレン-カリー (Nina Koren-Karie), 博士, イスラエルのハイファ大学, 社会福祉学部に所属。

エリン・ルイス (Erin Lewis), デラウェア州のニューアークにあるデラウェア大学心理学科。

アリシア・F・リーバーマン (Alicia F. Lieberman), 博士, カリフォルニア州, カリフォルニア大学精神医学科および, サンフランシスコにあるサンフランシスコ総合病院に所属し, 子どもトラウマ研究プロジェクトに従事。

オリバー・リンドハイム (Oliver Lindheim), デラウェア州のニューアークにあるデラウエア大学心理学科。

ロバート・マービン (Robert Marvin), 博士, バージニア州のシャルロットビルにあるメアリー・エインズワース親子アタッチメントクリニックとバージニア大学心理学科に所属。

ダビッド・オッペンハイム (David Oppenheim), 博士, イスラエルのハイファ大学の子ども発達研究センターと心理学科に所属。

バート・パウエル (Bert Powell), 修士, ワシントン州スポケーンにあるメアリークリフ (Marycliff) 協会所属。

シャハフ・ソロモン (Shahaf Solomon), 修士, イスラエル, エルサレムにあるエルサレム大学の心理学科所属。

エフラト・シャー-センソー (Efrat Sher-Censor), 修士, イスラエルのハイファ大学心理学科所属。

アリエッタ・スレイド (Arietta Slade), 博士, コネチカット州, ニューヘブン, エール大学子ども研究センター所属。

ハワード・スティール (Howard Steele), 博士, ニューヨーク州, ニューヨーク市にあるニュースクール (New School) 大学の心理学科所属。

ミリアム・スティール (Miriam Steele), 博士, ニューヨーク州, ニューヨーク市にあるニュースクール (New School) 大学の心理学科所属。

ヌリット・イルミア (Nurit Yirmiya), 博士, イスラエル, エルサレムにあるヘブルー大学エルサレム校, 教育学部と心理学科に所属。

チャールズ・H・ジーナー (Charles H. Zeanah), 精神科医, ルイジアナ州ニューオーリンズ, チューレーン大学健康科学センター精神学科及び神経学科所属。